Masanobu Fukuoka

Die Suche nach dem verlorenen Paradies

Natürliche Landwirtschaft als Ausweg aus der Krise

pala-verlag

Inhalt

Vorbemerkung zur deutschen Ausgabe 8

Vorwort 9

Kapitel I

1. Die natürliche Landwirtschaft 14
   Ist „Nichts-tun"-Landwirtschaft möglich? 15
   Der Widersinn wissenschaftlicher Landwirtschaft 16
   Natürlich angebauter Reis 18
   Der Abgrund des Wissens 19
   Unwissende Landwirtschaft, fehlgeleitete Medizin 21
   Breitet sich natürliche Landwirtschaft weiter aus? ... 22
   Meine Methode der natürlichen Landwirtschaft 23
   Die Natur als Lehrer 26

2. Was ist Natur? 28
   Natur ist jenseits menschlicher Erkenntnis 28
   Der Weg über Berge und Täler führt nirgendwohin 30
   Erste Erfahrungen mit dem Reisanbau 30
   Die Unschuld der Kinder 31
   Den nackten Körper waschen 35
   Der natürliche Körper 36

3. Natürliche Landwirtschaft heute 37
   Einige kehren zurück zur Natur 37
   Was hemmt die natürliche Landwirtschaft in Japan? .. 41
   Wandelnde Einstellungen zur Natur 44

4. Die Welt des Buschmannes 47
    Die Berührung mit dem großen Geist 50

5. Landwirtschaft für morgen 51
    Natürliche Landwirtschaft für eine neue Zukunft 51
    Ausländer sind entschlossene Leute 52
    Ein Utopia errichten 55

Kapitel II

1. Meine Reise in Geta und Monpe 62
    Der Klang meiner Schritte 62
    Die Kultur der Kleidung 65
    Die Ursprünge der Kleidung 66

2. Die Kultur von Fleisch und Wein 68
    Landwirtschaft für Adel und Klerus 68
    Erste Station: Schweiz 70

3. Landwirtschaft in Italien 71
    Sommercamp bei Gianozzo 71
    Mailänder Reis 75
    Weiter nach Österreich 76
    Ein Vortrag in Wien 78

4. Der alte Mann und die Mühle 80
    Nordwärts Richtung Holland 80
    Der Nelissen-Hof 82
    Der alte Mann und die Windmühle 85

5. Europäische Zivilisation im Stillstand 87
    Die europäische Eßkultur 87
    Kirchen und Gott 92

6. Ein grüner Friede 94
    Die internationale Naturuniversität 94
    Der Pariser Friedensmarsch 96
    Waffen... zur Verteidigung? 97
    Betrachtungen über die Japaner 99

7. Eine Botschaft des Friedens 101

Kapitel III

1. Der wandernde Gott 110
    Benenne nicht den namenlosen Gott 110
    Verständnis, das nur für drei Viertel des Wegs reicht 111
    Es gibt nur einen Gott 113
    Wo ist Gott dann? 115
    Gott ist ganz allein 117

2. Gott und Natur sind eins 120
    Gott, Natur und Mensch als Einheit 121
    Über die Natur lernen entfernt von ihr 122
    Der Tod Gottes 123
    Die Welt des Nichts finden 129
    Kinder, Gott und Natur 132

3. Die Natur erschafft Gott 133
    Eine von Gott verlassene Menschheit 134
    Gott kennt weder Raum noch Zeit 136
    Der letzte Weg, der der Menschheit bleibt 138
    Ode eines Bauern 141

Kapitel IV

1. Wir müssen die Wüsten aufhalten 146
    Alles fängt damit an, Samen zu säen 150

Kann natürliche Landwirtschaft die Wüsten aufhalten? 152
Was wird in der Wüste wachsen? 154
Organische Landwirtschaft und Ökologie sind selbstvernichtend .. 156

2. Noch einmal Amerika 158

Was war aus der amerikanischen Landwirtschaft geworden? 159
Die Lebensmittelmärkte im Freien 161
Die wachsende Popularität der japanischen Küche 163
Natürliche Hausgärten 164
Ein natürlicher Hausgarten 166
Was ist „Rasen-Kultur"? 168
Lundbergs natürlicher Reis 169

3. Samen in der Wüste säen 170

Von der organischen zur natürlichen Landwirtschaft 172
Drei Don Quixotes 176
Eine Erklärung 180
Die Rückgewinnung der Wüste im Zen-Zentrum 181

Über den Autor 186

Vorbemerkung

Vor einigen Jahren hat Masanobu Fukuoka in seinem in aller Welt vielbeachteten Buch *The One Straw Revolution* (deutsch: Der Große Weg hat kein Tor) die Grundlagen dessen dargelegt, was er *Natürliche Landwirtschaft* bzw. *Nichts-tun-Landwirtschaft* nennt und seit mittlerweile rund 50 Jahren praktiziert: Die Fruchtbarkeit des Bodens erhöhen, gute Erträge erzielen und das mit einem möglichst geringen Einsatz an menschlicher Energie, ohne Bodenbearbeitung und ohne Düngung.

Die *Nichts-tun-Landwirtschaft* lehnt die herkömmlichen Ansichten der modernen wissenschaftlichen Landwirtschaft zugunsten eines sanfteren Ansatzes, der im Einklang mit den natürlichen Zyklen steht, ab. Dabei geht sie sehr viel weiter als die biologisch-organische Landwirtschaft, denn ihr liegt die tiefe Überzeugung zugrunde, daß die Natur immer recht hat, und daß sich die Rolle des Menschen darauf beschränken sollte, die Natur zu beobachten und natürliche Prozesse nachzuempfinden. Die Frage ist also nicht ,,Was kann ich *tun*?", sondern ,,Was kann ich *lassen*, was brauche ich *nicht* zu tun?"

In *Die Suche nach dem verlorenen Paradies* nun sieht sich Masanobu Fukuoka die Welt mit den Augen des Philosophen und *Nichts-tun-Bauern* an. Dabei ist sein Blick oft von so erfrischender Unbefangenheit, daß sich auch uns automatisch eine neue Sichtweise der Dinge und unserer selbst erschließt.

Seine Bilanz ist allerdings zum Teil erschreckend. Auf seinen Reisen nach Europa, die Vereinigten Staaten und Afrika mußte er feststellen, daß sich seine schlimmsten Befürchtungen bewahrheitet haben:,,Überall wo ich gewesen bin, schreitet die Verwüstung weiter fort. In Afrika ist es am schlimmsten, Amerika sieht zwar noch grün aus, aber die Situation verschlechtert sich rapide und die Ansichtskarten-Szenerie in Europa ist nur ein Abbild der wahren Natur. All diese Länder sind einmal grün und gesund gewesen, aber die menschliche Zivilisation hat sie des natürlichen Lebens beraubt und stattdessen Wüsten hinterlassen."

Aber er hat auch von ermutigenden Ansätzen zu erzählen, auch die hat er überall auf seinen Reisen vorgefunden. Er hat Menschen getroffen, die angefangen haben, seinem Weg zu folgen und nach seinen Prinzipien zu arbeiten und zu leben, und er hat einen guten, für die friedliche Veränderung unserer Welt so wichtigen spirituellen Geist verspürt, der ihn hoffnungsvoll stimmt.

Eine Vorbemerkung scheint vielleicht noch angebracht zum Gottesbegriff Fukuokas. Wenn Fukuoka — schon am Anfang dieses Buchs — von ,,Gott" spricht, dürfen wir nicht von unserem christlichen Gottesbild ausgehen. Er setzt sich später (ab Seite 110) ausführlicher mit dem Gottesverständnis auseinander.

Für ihn ist „der namenlose Gott nicht zu benennen", denn „Gott und die Natur sind eins".

Wenn wir versuchen, uns von unseren festgefahrenen Denkweisen zu lösen, wenn wir uns gedanklich einlassen auf Fukuokas Philosophie, die das Einigende, nicht das Trennende von westlicher und östlicher Kultur und Religion, von Christentum und Buddhismus, von Islam und Shintoismus hervorhebt, eröffnet sich uns eine neue, zutiefst friedliche Weltsicht, und dann haben seine Visionen, ein Utopia zu errichten und die Wüsten wieder zu begrünen, eine berechtigte Hoffnung auf Verwirklichung. Leicht ist das gewiß nicht.

Vorwort

Ich habe mich dafür entschieden, dieses Buch *The Road Back to Nature* (Titel der amerikanischen Ausgabe) zu nennen. Aber da vielleicht etwas unklar ist, was das genau heißt, möchte ich erklären, was ich mit ,,Zurück zur Natur" meine. Für mich bedeutet es das Bemühen, Gott, Natur und Mensch wieder zu vereinen. Leider müssen die Versuche des Menschen, zu Gott zurückzukehren, scheitern, wenn er nicht weiß, was wahre Natur und Gott sind.

Einige Leute meinen, die Natur, die der Mensch zerstört hat, sei immer noch Natur, die verwüsteten Länder, die von der Zivilisation zurückgelassen wurden, seien immer noch Natur. Aber soweit der Mensch auch über solche Felder und Berge wandern mag, und so lange er auch in einer zerklüfteten Bergschlucht leben mag, wo eine Bergquelle entspringt, der Mensch kann nur auf die äußere Schale der Natur schauen, nie wird er einen Zugang finden zu ihrem wahren inneren Herzen und ihrer Seele.

Die Seele der Natur ist auch der Wille Gottes, der in der Natur weilt. Dies ist nichts, was Wissenschaftler entdecken können, indem sie die Natur sezieren. Die Wissenschaftler wissen noch nicht einmal, daß sie überhaupt nicht in der Lage sind, die Seele einer Blume auf der Wiese zu verstehen.

Im Glauben, daß sie die Wurzeln des Lebens erforschen, extrahieren und synthetisieren die Genetiker die Gene, die in den Zellen aller lebendigen Dinge gegenwärtig sind. Aber die Seele der Natur liegt nicht in der DNS verborgen. Auch wohnt Gott da nicht.

In letzter Zeit behaupten Physiker, daß die geistige Haltung, die von dem östlichen Konzept des Nichts (*Mu*) verkörpert wird, den Lösungen im Bereich der Quantentheorie sehr nahe kommt, und ich habe gehört, daß die Astronauten, die im Raum schweben, im Zustand ihrer Schwerelosigkeit Gottes Gegenwart spüren. Aber Gott und Natur liegen jenseits der Reichweite des menschlichen Intellekts. Wie sehr der Mensch auch die Natur zergliedert oder mit seinem eigenen Geist die Existenz des menschlichen Intellekts negiert und alles *Mu* nennt, er ist weit davon entfernt, den wirklichen Zustand der Natur zu beobachten und das Wesen Gottes zu begreifen. Der Mensch bewegt sich nur immer weiter weg, von der Natur und auch von Gott.

Die unzusammenhängende und weitschweifige Entwicklung des Wissens, das sich ohne Richtung und Ziel ausdehnt, hat das menschliche Denken extrem verwirrt, und trennt dadurch Gott, Natur und Mensch — ursprünglich etwas Unteilbares — rücksichtslos voneinander ab und hinterläßt ein unzusammenhängendes

Chaos. Die Wissenschaft wütet, und die weltweite Zerrissenheit, die dadurch hervorgerufen wird, wird erst jetzt offenbar. Offen gesagt scheint keine Hoffnung mehr zu bestehen, daß der Mensch es schafft, zur Natur zurückzukehren und sich wieder mit Gott zu vereinen.

In einem Moment vor fünfzig Jahren wurde mir Gott offenbar. Von der Vision, die ich sah, war ich so überrascht, daß ich nicht mehr weiter auf der Straße gehen konnte, die ich gehen sollte. Stattdessen kehrte ich Gott den Rücken und versuchte, still dem Pfad eines einsamen Bauern zu folgen. Nach einiger Zeit nannte ich diesen Weg, ,,Der Weg zurück zur Natur", und erklärte — arrogant geworden — natürliche Landwirtschaft zu betreiben.

Obwohl ich behaupte, natürliche Landwirtschaft zu betreiben, ist alles, was ich wirklich getan habe, ziemlich aufs Geratewohl eine Form der Landwirtschaft zu entwickeln, die so nah wie möglich an der Natur ist, und dieser Form gemäß Getreide anzubauen. Ich fühlte, daß der Zweck dieser Bemühungen immer die Wiederbelebung der Natur sein mußte, die Manifestation und der konkrete Ausdruck Gottes, der tief in der Natur verborgen liegt. Natürlich gab es wenig Hoffnung, daß ich, der ich einmal den Willen Gottes ignoriert hatte, den richtigen Weg finden würde.

Trotz allem — wenn der Frühling auf meiner Farm des freien Geistes Einzug hält, bin ich dankbar, daß die Kirsch-, Pflaumen-, Pfirsich- und Birnbäume und die halbwilden Gemüse, die darunter wachsen, alle zu blühen anfangen und die Blüten sich mit dem Grün der Blätter mischen. Wenn ich jetzt so auf meinen Obstgarten blicke, dann ist das wirklich ein Anblick, der sich lohnt. Die Blumen der Natur verstreuen sich ohne Sorgen oder Bedenken.

Die Menschen, die meinen Obsthain besuchen, schauen sich die Pflaumenblüten an, die im Morgenlicht leuchten, und das Weiß und Blau der Rettichblüten und sind entzückt von der Schönheit des schimmernden Schauers fallender Blüten. Sie nennen meinen Obsthain ein Eden, ein Paradies auf Erden. Aber sobald sie damit fertig sind, auf die Auslöser ihrer Kameras zu drücken, eilen sie schnell nach Hause in die Klein- und Großstädte.

Obwohl sie diesen Platz hier wunderschön finden, haben die Leute heute nicht mehr die Zeit oder das leichte Gemüt, sich in dieses Gefühl zu vertiefen. Anstatt direkt in der rohen, unkultivierten Schönheit der Natur zu schwelgen, kehren sie mit entwickelten Filmrollen nach Hause zurück und sind damit zufrieden, sich an der natürlichen Schönheit, die sie auf ihren Fotografien eingefangen haben, zu erfreuen. Sie verlassen sich nicht auf ihren angeborenen-Schönheitssinn, die Natur als Objekt des Selbst-Ausdrucks übt eine größere Anziehungskraft aus. Die Natur ist nur noch ein Mittel, um unwürdige Menschen zu läutern.

Die Menschen stecken die Blumen in Vasen und wetteifern miteinander, wer die Blumen am besten arrangieren kann. Gefangen wie er ist, sieht der Mensch in den Blumen ein Bild von sich selber. Der zivilisierte Mensch von heute ist nicht mehr in der Lage, die Blumen (Gott) auf den Feldern zu sehen.

Der moderne Mensch, der die Blumen auf den Feldern aufgibt, um die wild und falsch blühenden Blumen der Zivilisation zu umarmen, versteht nicht mehr, was es heißt, zur Natur zurückzukehren.

Der Mensch hat immer gedacht, indem er Wissen anhäuft, sein Urteilsvermögen schärft und seine Denkfähigkeit vertieft, könne er die natürlichen Ressourcen ausnutzen, die menschliche Kultur verbessern und Glück für sich selber finden. Aber Intelligenz und Verstand waren nur widernatürliche Possen. Die größten Feinde des Menschen sind der menschliche Intellekt und das, was wir *Vernunft* nennen. Sie sind verantwortlich dafür, daß der Mensch seinen ursprünglichen ästhetischen Sinn und seine innere Fähigkeit zu verstehen verloren hat. Vernunft und Verstehen sind grundsätzlich entgegengesetzt. Sie spielen entgegengesetzte Rollen. Der Intellekt versucht, die Natur zu öffnen, aber er verschließt sie nur, denn menschliches Wissen ist nur die Anhäufung von Urteilen durch den menschlichen Intellekt. Zuerst schien es so, als könne die Vernunft ein Mittel sein, um mit Gott zu sprechen, aber stattdessen stellte sie sich als gefährliche Waffe heraus, die den Menschen der Weisheit beraubt.

Die Blume, die unschuldig wahrgenommen wird, ist selbst göttlicher Natur, aber wenn sie mit dem Intellekt studiert wird, wird sie zu einer kalten Blume der Vernunft transformiert, aus deren Herz die Natur ausgesperrt wird. Was ich sagen will ist, daß Gott nicht Himmel und Erde und den Kosmos schuf. Als die Erde geboren wurde, die Wiesenblumen blühten, die Schmetterlinge herumflogen und die Vögel sangen, da kam Gott aus eigenem Entschluß, um dort zu verweilen.

Anstatt zu Gott als einer Macht, die über den Himmeln wohnt, zu beten, hätte der Mensch unschuldig herumtollen sollen mit diesem wundervollen Geist, diesem Engel, der die Felder bewohnt. Das war der kürzeste Weg zurück zur Natur und zugleich der Große Weg zurück an die Seite Gottes.

Schau, wie wundervoll, die Blumen der Erde!
Dies ist das Land, wo die Götter leben;
Ein vollkommenes, fehlerloses, natürliches Paradies.

Nun im tiefen Schlummer des Frühlings in meinem Eden träume ich einen Traum, zur Natur zurückzukehren. Hier gibt es nichts, was getan werden muß;
keine Anstrengung ist erforderlich, nicht einmal Mut.

Aber keiner gibt sich auch nur damit ab, zurückzuschauen.
Wird der Weg zur Natur wieder
im Nebel verschwimmen?
                    Masanobu Fukuoka

Kapitel I

Natürliche Landwirtschaft - Eine persönliche Erfahrung

1. Die natürliche Landwirtschaft

Ich war 25 Jahre alt, als ich mein Examen an der landwirtschaftlichen Hochschule *Gifu* machte und eine Stelle in der Abteilung Pflanzenuntersuchung bei der Zollbehörde Yokohama annahm. Dort machte ich Pflanzenpathologie-Forschung und arbeitete eine Zeitlang als Pflanzeninspektor. Ich verbrachte unzählige Stunden damit, in mein Mikroskop zu sehen. Dabei wurde mir klar, daß die winzige Welt der Pilze und Bakterien etwas gemeinsam hat mit der weiten Welt der Himmelskörper. Auch bei diesen kleinen Pilzen gibt es männliche und weibliche Formen. Ich arbeitete gerade daran, Schimmelpilze zu kreuzen. Schimmelpilze sind dem Menschen sehr ähnlich, nicht nur ihrer Form nach, sondern auch in dem, was sie tun. Ich hing voller Zweifel und Staunen solcherlei Gedanken nach und wurde krank. Und eines Tages erlebte ich etwas, was man wohl mit dem Wort Glaubenswandlung bezeichnen könnte. Es war ein Wendepunkt. Ich möchte darauf nicht näher eingehen, aber ich hatte damals das Gefühl, daß Wissenschaft so etwas wie ein wildgewordenes Ungeheuer ist.

Mit dem Gefühl, daß alles absolut sinnlos ist, quittierte ich meinen Dienst beim Zoll und machte mich auf den Weg zurück nach *Shikoku*. Ich fuhr aber nicht auf dem direkten Weg zurück, sondern reiste ziemlich viel herum. Damals kam mir die Idee, natürliche Landwirtschaft zu betreiben. Ich zog mich in den Obsthain meines Vaters zurück, um das auszuprobieren.

Das war während der ersten Kriegsjahre. Als sich der Krieg ausweitete, war ein Leben in ruhiger Abgeschiedenheit nicht länger möglich. Ich nahm eine Stelle bei der landwirtschaftlichen Forschungsstation in der Nachbarpräfektur *Kochi* an und arbeitete dort bis zum Ende des Krieges als Verantwortlicher für den Insektenschutz. In dieser Zeit machte ich wissenschaftliche Untersuchungen über landwirtschaftliche Methoden, beriet die Bauern beim Reis- und Gersteanbau und ermutigte sie zur Samenzucht. Wegen des Krieges sollte die Lebensmittelproduktion enorm gesteigert werden.

Zur gleichen Zeit jedoch hatte ich auch die Vorstellung von natürlicher Landwirtschaft in meinem Hinterkopf. So machte ich neben meiner offiziellen wissenschaftlichen Arbeit auch Forschungen in natürlicher Landwirtschaft. Als der Krieg zu Ende war, konnte ich endlich Bauer werden, so wie ich es mir gewünscht hatte. Ich fing sofort an, meine Ideen in die Praxis umzusetzen. Ich war also noch sehr jung, als ich auf die „Nichts-tun"-Landwirtschaft stieß.

Und obwohl ich wußte, daß es einen solchen Weg gibt, hatte ich keine Ahnung, wie die Praxis aussehen könnte. Ich wußte nichts von den Methoden. In den folgenden Jahrzehnten habe ich auf der Suche nach diesen Methoden Landwirtschaft betrieben. Und nun habe ich endlich eine Vorstellung davon, wie diese Methoden aussehen könnte.

Ist ,,Nichts-tun''-Landwirtschaft möglich?

Meinen Lebensunterhalt verdiene ich heute mit einem Zitrusfrüchtegarten, der auf einem Berg liegt. Zusätzlich zu meinem Mandarinenhain habe ich noch ein großes Reisfeld, auf dem ich Reis und Gerste anbaue.

In den letzten Jahren lebte immer eine ständig wechselnde Gruppe von sechs bis zehn jungen Leuten in den Hütten, die in meinem Obstgarten stehen. Sie halfen mir bei der Feldarbeit. Die Leute, die hierher kommen, um hier zu leben und zu arbeiten, ernähren sich meist natürlich und sind Anhänger der biologischen Landwirtschaft, es sind Shintoisten, Christen und Mitglieder anderer religiöser Gruppen. Zu mir kommen junge Leute und Hippies, Gammler und Städter, Studenten und Ausreißer. Jeder kommt, wann er will, bleibt, solange er will und geht, wenn er dazu bereit ist.

Also, was tue ich? Ich baue Reis, Weizen und Zitrusfrüchte an, in erster Linie betrachte ich mich dabei als Reisbauer. Meine Technik, Reis anzubauen, verlangt, so wenig wie möglich zu tun.

Ich mußte zwangsläufig zu dem Schluß gelangen, daß es einen solchen Weg gibt, einen Weg, der das *Nichts-Tun* verlangt. Denn das erste Prinzip meines Gedankensystems ist, daß wir nichts verstehen; es bleibt uns versperrt, zu wissen und zu verstehen. Das zweite Prinzip ist, daß nichts, was es auch immer sein mag, Wert hat in und durch sich selber. Und das dritte Prinzip ist, daß alles, was mit dem Intellekt getan wird, wertlos ist; es dient keinem Zweck. Mit einem Wort, alles ist unnötig. Als ich zu dieser Schlußfolgerung gelangt war, verlor ich den Maßstab, um zu beurteilen, was wahr und was falsch ist.

Buddha sagt: ,,Form ist Leere und Leere ist Form. Alles ist nichts.'' Nach meiner Auffassung bedeutet das — akzeptiert man diese Aussage — daß alle Anstrengung vergeblich ist. Buddha sagt, daß wir nicht lebendig sind, wir wachsen nicht, und wir sind nicht tot. Die meisten Leute mögen vielleicht denken:,, Was für ein Unsinn. Jene Blume dort auf dem Tisch ist doch lebendig. Sie ist nicht verwelkt oder tot, stimmt's?'' Buddha aber sagt, daß sie weder tot noch lebendig ist.

Die Leute glauben, daß sie mehr als Fleisch und Blut sind; sie glauben, daß sie auch eine Seele haben. Sie verstehen den Körper durch den Schlag ihres Herzens. Buddha aber sagt, daß die Seele selbst nur etwas ist, was aus dem Körper kommt, und daß beides nicht existiert, daß das Fleisch und die Seele

Leere sind. Er sagt eindeutig, daß der Körper, der doch zu existieren scheint, nicht existiert. Man möchte wirklich gerne wissen, wie er so etwas sagen kann. Aber wenn wir das, was er sagt, wörtlich nehmen und akzeptieren, wenn wir akzeptieren, daß wir nichts wissen können, dann bedeutet dies, daß es nichts gibt, daß weder konkrete Phänomene noch geistige Bilder existieren. Wie sehr ich mich auch bemühe, dies zu erklären, mir gelingt es nicht. Ich wollte jedenfalls versuchen, es für mich selber zu demonstrieren. Ich machte mich daran, Buddha zu bestätigen, in dem ich auf den Feldern arbeitete. Ich habe mit dem Reisanbau nicht deshalb angefangen, um von meinen Ideen zu erzählen. Landwirtschaft zu betreiben war überhaupt nicht das, was ich tat. Ich versuchte herauszufinden, ob diese Idee, daß wir nichts zu tun brauchen, einen Wert hat oder nicht. Alles was ich tat, war zu versuchen, ob Reis angebaut werden kann, ohne etwas zu tun.

Als ich noch in der landwirtschaftlichen Versuchsabteilung in *Kochi* gearbeitet habe, ging ich selbst noch den entgegengesetzten Weg: ,,Warum nicht dies und jenes tun?" Aber das macht die Leute nur geschäftiger und die Dinge für den Bauern, der das alles tun muß, beschwerlicher. Die Leute quälen sich damit, ständig dies oder jenes tun zu müssen. Deswegen suchte ich nach dem Krieg als Bauer danach, was *nicht* getan werden muß. Ich fragte, ob ein Feld wirklich gepflügt und umgegraben werden muß, ob ein Reisbauer wirklich seine Setzlinge umpflanzen muß, ob es wirklich nötig ist, Kunstdünger auf den Feldern zu verteilen.

▎Der Widersinn wissenschaftlicher Landwirtschaft

Ich habe aus meinen Erfahrungen gelernt, daß es nicht notwendig ist, irgendetwas zu tun. Wissenschaftliche Wahrheit scheint schlicht und einfach Wahrheit zu sein, aber es ist nur *wissenschaftliche* und nicht *absolute* Wahrheit.

Ein Feld muß zum Beispiel gepflügt werden, weil der Mensch Bedingungen geschaffen hat, die das notwendig machen, er denkt folglich, daß es sich lohnt, dies zu tun. Der Bauer überflutet sein Reisfeld sechs Monate und geht mit dem Pflug hindurch. Dadurch verwandelt er die Erde in so etwas ähnliches wie Lehmschlamm. Die ständige Aktivität tötet die Mikroben und treibt die Luft aus der Erde. Durch das Bearbeiten der Erde werden die Erdklumpen in immer kleinere Partikel zerteilt. Schließlich muß der Bauer, ob er will oder nicht, seinen Pflug tief durch das Feld führen, um Luft in die Erde zu lassen. Er jätet und hackt und wühlt dabei die Erde immer wieder auf. Das alles ist zusätzliche Arbeit.

Was wäre passiert, wäre die Erde von Anfang an sich selbst überlassen worden? Ein kultiviertes Feld sich selbst zu überlassen, heißt, es aufzugeben, aber das meine ich nicht. Wenn ein Land nicht verlassen, sondern in seinem natürlichen Zustand belassen wird, wenn — wie in den Bergwäldern — die Erde nicht gepflügt oder bestellt wird, sondern sich selbst überlassen wird, dann entwickelt sich in einigen tausend Jahren ein reicher Boden.

Der Mensch tötet und zerstört den Boden. Dann packt er ihn in irgendwelche Behälter, bringt ihn ins Labor und testet ihn. Er findet heraus, daß man durch eine Steigerung der Pflugtiefe von 2,5 auf 5 Zentimeter so und soviel mehr ernten kann und daß eine Pflugtiefe von bis zu 7,5 Zentimetern sogar noch höhere Erträge bringt.

Natürlich, all das ist sehr sinnvoll, wenn man toten Boden nimmt und ihn unter unnatürlichen Bedingungen testet. Und dann heißt es, je tiefer man pflügt, desto mehr erntet man. Nun, Tatsache ist, daß man auch mit tiefem Pflügen jede Ernte erzielen kann. In China zum Beispiel pflügt man den Boden 7 Zentimeter tief und bekommt trotzdem hohe Erträge. Es besteht also kein Zweifel daran, daß man es so machen kann. Aber sie tun dies nur, weil sie glauben, daß es getan werden muß. Wäre es nicht besser gewesen, wenn es einen Weg gegeben hätte, Getreide *ohne* Pflügen anzubauen? Es müssen chemische Düngemittel eingesetzt werden, weil die Felder voll Wasser stehen, die Reiswurzeln faulen und die Pflanzen schwach sind. Mit halbverfaulten Wurzeln ist das Getreide verloren, wenn nicht schnell wirkende Düngemittel zum Einsatz kommen. Das und nur das ist der Grund, warum die chemischen Düngemittel eine stärkende Wirkung auf die Reispflanzen haben. Wenn der Mensch auf einem Feld Bedingungen schafft, die chemische Düngemittel notwendig machen, Reis auf dieses Feld pflanzt, dann Tests durchführt, in denen er die eine Hälfte des Feldes düngt und die andere nicht, dann ist klar, daß der gedüngte Teil größere Pflanzen produzieren wird. Darum glauben die Leute, daß Reis, der mit chemischen Düngemitteln angebaut wird, hohe Erträge bringt.

Aber wenn man mit Behältern aufs Feld kommt, sie mit Erde füllt und ins Labor trägt, dann ist das kein natürlicher Boden mehr. Der Boden ist abgestorben. Und wenn das Feld mit Wasser überflutet wird und dort Reis gepflanzt wird, dann reicht es nicht aus, dem Boden organische Substanz zuzuführen. Man braucht dann etwas, was sofort wirkt. Das ist das gleiche wie ein kranker Mensch, der eine besondere Nahrung braucht. Schwacher Reis braucht keine chemischen Düngemittel als Spezialnahrung. Wäre der Boden intakt und würde gesunder Reis angebaut, dann wären keine chemischen Düngemittel notwendig. Die Entwicklungen in der chemischen Technologie schaffen Böden, die gepflügt werden *müssen*. Als Resultat wächst schwacher, langstieliger Reis, und es brechen Viruskrankheiten aus, wenn die Pflanzen nicht mit Pestiziden gespritzt werden. Also werden sie gespritzt. Alles, was wirklich nötig gewesen wäre, war, einen Weg zu finden, den Boden auf natürliche Weise zu verbessern, aber anstatt zu versuchen, gesunden Reis zu züchten, züchten die Wissenschaftler Reis, der diesen unnatürlichen und künstlichen Methoden der Kultivierung angepaßt ist. Der Reis ist nicht verbessert, sondern verschlechtert worden.

Alles, was erreicht wurde, ist die Züchtung von schwachem Reis, einem Reis, der gespritzt werden muß. Er erfüllt die Anforderungen, die die Verbraucher an einen ,,geschmackvollen" Reis stellen. Daraus hat man geschlossen, daß es dem Reis gut tut, wenn er gespritzt wird. Es macht mir keinen Spaß, den Anwalt des Teufels zu spielen oder absichtlich eine konträre Position einzunehmen, aber ich bin dem gegenteiligen Kurs gefolgt, nämlich *nicht* dieses und *nicht* jenes zu tun. Natur ist nicht, seine Felder einfach brach liegen zu lassen. Indem ich mich auf den schmalen Grat zwischen Natur und dem Weg, ein Feld sich selbst zu überlassen, begeben habe, habe ich mich bis heute bemüht, zu lernen, was die wahre Form der Natur ist.

Natürlich angebauter Reis

Ich habe hier Reis vor mir liegen, den ich im letzten Herbst geerntet habe. Ich habe ihn nicht extra ausgewählt, diese Pflanze ist vollkommen frei von Krankheiten. Es gibt keinen einzigen Fleck, der auf eine Krankheit hindeutet. Keine Reiswelke, keine sklerotische Krankheit und keine Blattfleckenkrankheit. Das Einzige sind ein paar Fraßstellen von Heuschrecken. Ich habe hier auch eine Winterreispflanze, die ich vor Neujahr pflanzte. Und eine dritte Pflanze gehört zur gleichen Sorte, sie wurde aber im Juni gesät. Die beiden sind etwas unterschiedlich. Eine hat 12 bis 13 Halme, die andere 17 bis 18. Der Reis wurde in einem Abstand von ungefähr 10 cm gesät. Die Anzahl der Körner pro Ähre variiert ziemlich. Die kleinste hat ungefähr 120 Körner und die größte 260 bis 270. Der Reis, den ich anbaue, produziert normalerweise bis zu 12 Ähren mit durchschnittlich 250 bis zu 300 und mehr Körnern pro Pflanze. Die Anzahl der Ähren ist ungefähr die gleiche wie bei gewöhnlichem Reis. Von der Anzahl der Halme her sieht die Pflanze ziemlich normal aus, aber wenn man nachrechnet, kommt ein Durchschnitt von 250 Körnern pro Pflanze an Ertrag heraus. Vielleicht sehe ich die Dinge etwas großzügig, aber ich habe es immer wieder durchgerechnet — dieser Reis kann Erträge von bis zu 1700 kg pro Hektar bringen. Dieser Ertrag ist höher als der, den die wissenschaftliche Landwirtschaft erzielt. Der höchstmögliche Ertrag von im Freien angebautem Reis wird auf 1700 bis 2500 kg geschätzt worden, mein Reis ist nicht weit entfernt davon.

Ich möchte jetzt erklären, wie ich diesen Reis anbaue. Seit meht als zwanzig Jahren habe ich mein Feld nicht gepflügt, keine chemischen Düngemittel verwendet und keine Pestizide gespritzt.

Und doch ernte ich solchen Reis. Was ich habe, ist eine alte Reissorte mit viel Klebereiweiß. Ich weiß nicht ganz genau, wie alt sie ist, aber ich glaube, be, sie wurde in der *Tokugawa-Periode* (1600 - 1868) angebaut. Ich habe diese Sorte angebaut, um herauszufinden, welche Erträge mit den alten Sorten im Gegensatz zu den neuen Hochertragssorten, die die Züchter entwickelt haben, erzielt werden können. Ich wollte auch wissen, ob er geschmacklich gut ist oder nicht. Ich habe gehört, daß die *Samurai* solchen Vollreis aßen, während die Bauern Süßkartoffeln und Hirse gegessen haben. Vielleicht konnten die Samurai ihre Pferde besteigen, Helme und Rüstungen tragen und Schwerter schwingend in den Kampf ziehen, weil sie diesen Reis aßen.

Was den Geschmack anbelangt, so fand ich, daß er, als Vollreis gegessen, sehr gut schmeckt, aber als weißer polierter Reis nicht sehr appetitlich ist. Als ich den jungen Leuten mit gutem Appetit, die in meinem Obstgarten lebten, davon zu essen gab, meinten sie, es wäre der beste Reis, den sie je gegessen hätten. Dies läßt ernsthafte Zweifel an der Glaubwürdigkeit all jener aufkommen, die behaupten, die neuen Sorten schmeckten besser und würden höhere Erträge erzeugen.

Was würde passieren, wenn man den Boden nicht zu bearbeiten brauchte und wenn man keine Pflüge, keine Traktoren, keine chemischen Düngemittel und Pestizide brauchte? Die wichtigsten Zweige der chemischen Industrie würden zusammenbrechen. Kein Wunder also, daß keiner glauben will, daß eine solche Methode der Landwirtschaft möglich ist. Man muß sich nur einmal die landwirtschaftlichen Forschungszentren der Universitäten ansehen und was dort studiert wird. Die ganzen neuen Technologien schaden den Bauern nur. Die arbeitssparenden Methoden, von Armeen von Forschern entwickelt, erdrücken die Bauern mehr und mehr. Das reduziert die Zahl der Bauern. Wir haben es mit einem Boom der Agrartechnologie zu tun, die Chemikalien und Düngemittel produziert, die die Landwirtschaft zerstören. Die Unternehmer haben einen neuen Weg gefunden, um Geld zu verdienen. Wir sehen dem goldenen Zeitalter der bauernlosen Landwirtschaft entgegen. Die modernen landwirtschaftlichen Methoden haben nichts als Zerstörung gebracht und die Bauern geschröpft.

▎Der Abgrund des Wissens

Was wird an den Hochschulen gelehrt? Um es deutlich zu sagen, das Ziel einer Hochschule sollte sein, Leute auszubilden, die nicht verloren sind, weise Leute ohne Zweifel und Illusionen.
Deshalb geht man in die Schule. Vor langer Zeit war es Ziel des Studiums, Individuen auszubilden, die nichts zu *wissen* brauchten. Aber heutzutage sind die Hochschulen anders. Alles ist in Disziplinen aufgeteilt worden, es sind Bereiche für spezialisiertes Wissen geschaffen worden; je mehr man in diesen Spezialgebieten lernt, umso weniger begreift man die Welt als Ganzes. Die

Leute schauen sich einen einzelnen Wassertropfen oder eine einzelne Reispflanze an, und davon ausgehend stellen sie eine Behauptung auf. Die Forschung ist bruchstückhaft. Ein Fleck auf dem Blatt einer Reispflanze wird von einem Pflanzenpathologen untersucht; wird ein Insekt gefunden, schaut der Entomologe es sich an. Düngemittel werden von Düngespezialisten studiert, und Getreideanbau ist die Domäne der Pflanzenanbauexperten. Aber sind die Leute auf diese Weise in der Lage, eine Reispflanze wirklich zu kennen?

Wenn man an diesen Punkt kommt, muß man zugeben, daß der Mensch unfähig ist, zu wissen, was dieses Ding ist, das wir Natur nennen. Ich fragte einmal Studenten an der Universität, ob der Mensch fähig sei, die Natur zu kennen. Ein Drittel der Zuhörerschaft hob bejahend die Hände, das zweite Drittel sagte, der Mensch könne die Natur nicht kennen, und das verbleibende Drittel gab keine Antwort. Wissen die Studenten, die Ja geantwortet haben, wirklich, was es heißt, zu verstehen? Der Mensch ist unfähig, die Natur zu analysieren. Jene, die geantwortet haben, sie würden verstehen, verstehen nicht. Sie verstehen nicht, was es heißt, zu verstehen.

Wenn man verstehen würde, dann würden die Dinge klar werden, und man wäre fähig, auf natürliche Weise zu einer einleuchtenden Erklärung zu kommen. Werden wir einmal fähig sein, den Reis anzuschauen und ihn zu verstehen, dann wird keine Disziplin, die sich mit Reis beschäftigt, mehr notwendig sein. Aber an den Universitäten wird heutzutage nur studiert und studiert, und dabei verwickeln sie das Objekt ihrer Untersuchung nur in immer kompliziertere Knoten.

Wir haben hier eine einzige Reispflanze. Alles, was wir tun müssen, um diese Pflanze zu studieren, ist, sie genau zu betrachten. Aber man darf sie nicht zweifelnd ansehen. Man muß dem Reis glauben und sich beim Betrachten in die Reispflanze hinein versetzen. Alles, was wir tun müssen, ist, den Reis anzubauen, aber durch den Wunsch den Reis zu begreifen, zergliedern wir ihn in seine Bestandteile — Blätter, Stengel, Wurzeln — und untersuchen diese. Alles, was wir tun müssen, ist, den Reis anzuschauen, wie er in der Sonne wächst. Aber die Wissenschaftler untersuchen ihn unter dem Mikroskop. Sie bringen ihn in ihre dunklen Labors und studieren ihn dort, sie untersuchen Reis, der in kleine Töpfe gepflanzt wird. Und dann stellen sie die Frage: „Was ist Reis?" Sie haben gelernt, daß ihnen die Pflanzenpathologie eine Antwort gibt und die Landwirtschaft eine andere. Düngemittelexperten betrachten den Reis aus der Sicht der Düngemittelexperten, und die Wirtschaftler studieren die Ökonomie des Reisanbaus. Ein bißchen Wissen wirft zwei neue Fragen in unseren Köpfen auf. Werden diese beantwortet, stellen sich wieder neue Fragen. Zu sagen: „Ich verstehe", heißt, nicht zu verstehen. An den Hochschulen heißt „ich verstehe" nicht mehr, als den Untersuchungsgegenstand zergliedert zu haben und in die undurchdringliche Dunkelheit des Nichtwissens gewandert zu sein.

Unwissende Landwirtschaft, fehlgeleitete Medizin

Es ist genau wie mit den Farben schwarz und weiß. Die eine ist durch die andere definiert; frage, was weiß ist, und die Antwort wird sein, weiß ist das Gegenteil von schwarz. Und genau das ist es, wovon die Leute denken, es sei Wissen. Aber sie wissen nichts von einer weißen Blume, oder irgend etwas anders. Ich wette, daß keiner eine Blume ansehen und sagen kann, er „kennt" sie. Frage, was eine Blume ist, und du wirst herausfinden, daß keiner es wirklich weiß. Keiner — kein einziges menschliches Wesen — weiß, was diese Blume sagt, was für eine Art Willen sie hat, ob sie zum Menschen spricht, ob sie an etwas denkt oder ob sie an nichts denkt, was für eine Art Existenz sie in bezug auf den Menschen hat, und was real oder fiktiv ist.

Und trotzdem zerlegen und analysieren wir sie und geben ihr einen Namen. Der Botaniker ist zufrieden mit einer botanischen Erklärung. Der Fotograf macht eine Fotografie von der Blume. Wenn er eine Schwarzweiß-Aufnahme macht, ist er überzeugt, daß es eine schwarz-weiße Blume ist, und er nennt sie schwarz oder weiß. Der Mann, der Farbfotos macht, meint nur, daß die farbigen Blumen, die er auf seinem Film eingefangen hat, reale Dinge sind. Alles, was er getan hat, ist, auf einem Film festzuhalten, was er mit seiner eigenen Subjektivität gesehen hat. Er fotografiert nur eine Interpretation, und er bildet sich ein, daß er wirklich versteht.

Wir haben uns dem wirklichen Verstehen nicht genähert, sondern nur die Zweifel in uns vervielfacht, die uns vom Verstehen wegführen. Es ist, als hätten sich die Menschen eine Grube in die Erde gegraben, die Lampe der Unwissenheit angezündet und sich an der Errichtung einer unterirdischen Stadt erfreut, an einer strahlenden, unerschöpflichen, fehlerlosen Zivilisation.

In diesem Sinne glaube ich, daß an den Hochschulen Zweifel geschaffen und verbreitet werden. Sie ziehen eine endlose Kette von Zweifeln und Rätseln nach sich, die neue Räume und Labors notwendig machen, um diese zu lösen und um das Personal aufzustocken. Je größer der „Fortschritt" ist, um so größer wird die Hochschule, bis sie schließlich riesige Dimensionen annimmt. Die Universitäten haben heute solche Ausmaße, weil die Welt, in der wir leben, so komplex und unverständlich geworden ist. Die Universitäten erleben eine Blüte, weil sich unsere Zweifel und Fragen vervielfacht haben. Die Menschheit ist in die Irre gegangen ist, und die Universitäten, die uns aus dem Zustand der Unwissenheit heraushelfen sollten, sind gewachsen.

Die Zahl der Ärzte wird immer größer, auch die Krankenhäuser werden immer mehr. Die Ärzte glauben, daß sie die Kranken heilen. Wenn man Leute mit schwacher Konstitution schafft, dann Forschungen in Pathologie vornimmt und doch den menschlichen Körper weiter schwächt, dann steigt die Zahl der Forschungsthemen, die die medizinischen Berufe bereichern. Man

kann die Leute essen lassen, was sie wollen. Solange es Zahnärzte gibt, braucht man sich keine Sorgen zu machen. Es scheint in Ordnung zu sein, die Kinder alle Süßigkeiten essen zu lassen, die sie möchten Deshalb gibt ihnen die Mutter so viele Schleckereien wie sie wollen. Dann, wenn die ersten Löcher zu sehen sind, bringt sie die Kinder zum Zahnarzt, der ihnen Füllungen oder sogar neue Zähne macht. Glücklich, daß die Löcher gefüllt sind, gibt die Mutter ihren Kindern weiter Zucker und ist dabei sicher, daß, je mehr Süßigkeiten die Kinder bekommen, es ihnen um so besser geht. Darum fühlen sich die Leute so sicher, wenn unsere Krankenhäuser größer werden und neue Fortschritte auf dem Gebiet der Medizin gemacht werden.
Tatsache ist, daß der menschliche Körper in dem Maße schwächer wird, in dem die Medizin Fortschritte macht und die Zahl der Krankenhäuser steigt. Der medizinische Fortschritt ist nur ein Gradmesser für den Zusammenbruch des menschlichen Körpers.

Landwirtschaftlicher Fortschritt hat wirklich aus nichts anderem bestanden, als aus passiven Rettungsbemühungen, wenn der Reis krank wurde und die Erträge fielen. Obwohl die natürliche Landwirtschaft in der Lage war, gute Ernten zu erzielen, zerstörte der Mensch den Boden, und er zerstörte den Reis, indem er neuere, schwächere Sorten züchtete. So fielen natürlich die Erträge allmählich. Die Menschheit hat sich selbst in eine Position gebracht, wo es, wenn der Fortschritt in der Landwirtschaft zum Stillstand kommt, nicht länger möglich sein wird, die Erträge von gestern zu ernten. Die Wissenschaftler glauben, daß sie Forschungen durchgeführt haben, um die Erträge zu steigern, aber alles, was sie getan haben, ist, Techniken zu entwickeln, um die *Abnahme* der Erträge zu verringern. Mit einem Wort, die Agrarwissenschaft läuft auf folgendes hinaus: zuerst schafft der Mensch unnatürliche und unzureichendende Bedingungen, und dann entwickelt er Technologien, um die Produktivität des Landes wiederherzustellen. Wenn er am Ziel zu sein glaubt, führt er es stolz vor.

▎Breitet sich die natürliche Landwirtschaft weiter aus?

In Japan haben einige landwirtschaftlichen Versuchszentren begonnen, meine Methoden zu studieren. Man ist zu der Schlußfolgerung gelangt, daß *Direkt-Einsaat, keine Bodenbearbeitung* und *Reis/Gerste-Fruchtfolge* gut zu sein scheinen. Eine Forschungsinstitut hat einige Artikel publiziert, die die Reis/Gerste- Fruchtfolge durch Direkt-Einsaat beschreiben. Das ist fast Wort für Wort identisch mit dem, was ich vor zehn Jahren geschrieben habe. Es gibt nur einen entscheidenden Unterschied: die Forscher fügen hinzu, daß die Erträge etwas erhöht werden können, wenn zusätzlich zu diesen natürlichen Praktiken noch ein paar Pestizide gespritzt werden. Sie sagen auch, es könnte vielleicht angebracht sein, ein paar chemische Düngemittel zu verwenden. Das, was sie zu tun versuchen, ist, die natürliche Landwirtschaft in das Kleid der chemischen Industrie zu hüllen.

Ich stellte vor 10 Jahren fest, daß es vollkommen unnötig ist, Reissetzlinge zu verpflanzen. Endlich habe ich einigen Grund zu hoffen, daß meine Methode der Direkt-Einsaat im ganzen Land angenommen werden wird. Zugegeben, mit dem Aufkommen neuer mechanischer Reispflanzmaschinen haben sich die Aussichten etwas verringert, aber ich denke, das ist nur vorübergehend. Die Hersteller landwirtschaftlicher Maschinen scheffeln im Moment die Gewinne nur so, aber irgendwie glaube ich, daß das nicht sehr lange dauern wird. Wie man es auch betrachtet: die Erträge sind durch Direkt-Einsaat-Methoden höher als durch Verpflanzen. Den landwirtschaftlichen Technikern ist diese Tatsache nicht unbekannt. Sie wissen es, aber aus irgendeinem Grund zögern sie — vielleicht, weil sie einfach Angst haben, es öffentlich zuzugeben. Auf jeden Fall bin ich zuversichtlich, daß der Trend schließlich zur Methode der Direkt-Einsaat hingeht. Die Frage, ob man flach pflügt oder Direkt-Einsaat ohne Bodenbearbeitung betreibt, ist nur zwischen Forschern ein Streitpunkt. Das Problem ist, daß Forschungsinstitute mit Direkt-Einsaat und Nichtbearbeitung über einen längeren Zeitraum hinweg keine Erfahrung haben. Ich meine, daß, solange sie die Daten sammeln, die sie brauchen, zeitlich begrenzte Tests in Direkt-Einsaat *mit* Bodenbearbeitung in Ordnung sind. Aber Nichtbearbeitung ist die einfachste Methode von allen, und sie hat Vorteile. Wenn sich diese Methode verbreitet, dann ist die Zeit gekommen, die natürliche Landwirtschaft öffentlich zu machen. Und ich glaube, daß das nicht mehr lange dauert. Welche Anbaumethode hatte in den letzten beiden Jahren die höchsten Erträge im landwirtschaftlichen Versuchszentrum im *Ehime*-Bezirk? Richtig — die *Direkt-Einsaat-Nichtbearbeitungs-Methode.* Die Saaten wurden im Oktober und Dezember gesät, Reis und Gerste jeweils zusammen. Die Methode war der Methode sehr ähnlich, von der ich 1961 zum erstenmal berichtete. Es hat recht lange gedauert, aber einige Forscher haben endlich einen Versuch unternommen.

Meine Methode der natürlichen Landwirtschaft

Anfang Oktober nehme ich vielleicht 1/2 Kilo Kleesamen, rolle ihn zwischen meinen Fingerspitzen und streue ihn aus. Die Saatkörner fliegen ein paar Meter weit, so braucht man nicht allzu lange, um ein Feld auszusäen. Meine Kleepflanzen sind jetzt ungefähr 2,5 Zentimeter hoch.

Ein oder zwei Wochen, bevor ich den Reis ernte, nehme ich 5 bis 10 Kilo Gerstensaat, tue sie in einen Korb und streue sie über dem Feld aus. Wenn der Reis geerntet und gedroschen ist, streue ich das Stroh wieder auf dem Feld aus. Das Stroh sollte immer ungeschnitten auf das Feld zurückgebracht werden. Als ich einem Universitätsprofessor riet, das Stroh einfach zu verstreuen, schnitt er es und legte es sauber auf dem Feld aus. Natürlich keimte die Gerste nicht. Als er mich fragte, warum nicht, sagte ich ihm, er hätte das Stroh zu ordentlich hingelegt. Man braucht das Stroh nicht sorgfältig zu ordnen, es in Garben zusammenzubinden oder zu zerschneiden. Es muß lose verstreut werden. Die Gerste wächst in den Lücken, die zwischen dem Stroh gelassen werden, heran. Wenn ich Forschern sage, auf ein Testfeld der und der Größe könne man soundsoviel Stroh verteilen, halten sie meine Zahlen immer für zu hoch angesetzt. Es ist aber am besten, das gesamte Stroh wieder auf dem Feld zu verteilen. Es spielt keine Rolle, ob man 300, 400 oder 500 Pfund davon hat. Man verteilt einfach alles direkt über den Gerstenschößlingen.

Man kann auch etwas anderes ausprobieren. Man nimmt Reissaat und verstreut sie irgendwann zwischen Mitte November und Januar auf dem Feld. Zuerst wird der Klee wachsen, dann die Gerste. Dann sät man Reissamen darüber aus und geht nicht mehr auf die Felder, bis die Zeit kommt, um die Gerste zu schneiden. Eine Stunde, um die Samen auszusäen, zwei oder drei Stunden, um das Stroh auszustreuen, und die Gersteneinsaat ist vorbei. Bis zur Erntezeit kann man dem Feld fernbleiben. Wenn man aber besonders gute Ernten haben will, sollte man viel Hühnermist auf dem Feld verteilen. Sicher, bei all diesen Chemikalien, die heute bei der Geflügelhaltung verwendet werden, ist es vielleicht besser, keinen Hühnermist zu verwenden. Menschlicher Kot ist heutzutage auch umweltverschmutzt, und die Felder werden auch durch Spatzen, Maulwürfe oder andere kleine Tiere, die dort leben, gedüngt. Wenn man mehr Ertrag haben will, dann sollte man aber, bis sich eine bessere Alternative bietet, Hühnermist verwenden. Man sollte aber nichts anderes nehmen.

Wenn sich Forschungsinstitute damit befassen, wird auch der einfache Prozeß, einen einzigen Srohhalm zu verteilen, sehr kompliziert. Schon vor fast 20 Jahren sagte ich, das Stroh müsse ungeschnitten verteilt werden. Die Leute in der Präfektur *Ehime* fanden das zu einfach. Sie schnitten das Stroh mit einem Häcksler in kleine Stücke, brachten es in Körben auf das Feld und streuten es aus. Das dauert einen ganzen Tag und ist vollkommen unnötig, aber wenn jemand das Gefühl hat, daß er es so machen muß, dann soll er es tun. Natürlich braucht man entsprechend länger, um festzustellen, daß man das Stroh nicht häckseln muß. Nach drei Jahren sagten die Forscher des Ehime-Instituts den Bauern: ,,Fukuoka sagt, man kann das Stroh ganz lassen, aber uns scheint es richtiger, das Stroh in drei Teile zu zerteilen." Das machten sie ebenfalls drei Jahre lang, um festzustellen, daß es vielleicht besser ist, das Stroh in längeren Stücken zurück aufs Feld zu bringen. Alles in allem brauchten sie neun Jahre, bis sie so dachten wie ich.

Ich erinnere mich gut daran, daß vor dem Krieg allen Bauern gesagt wurde, sie sollten ihr Stroh wegen der Krankheitserreger, die darin sind, verbrennen.

Jeder dachte, daß das Stroh voller Krankheiten steckt. Nach Ansicht der Experten bedeutete das Verteilen von Stroh auf den Feldern gleichzeitig, die Krankheiten auf den Feldern zu verteilen. Deshalb gaben sie den Bauern Anweisung, das Stroh entweder zu verbrennen oder es nach Hause zu schaffen und Kompost daraus zu bereiten. Als Ansporn zum Kompostieren gab man den Bauern sogar Geld. Jeden Monat wurde ein Wettbewerb abgehalten. 100 Pfund verkompostiertes Stroh wiegen 200 Pfund. Das Stroh mußte nach Hause gebracht und sechsmal gewendet werden, um Kompost herzustellen. Es ist sehr anstrengend, heißen, dampfenden Kompost mit einer Forke in einem kleinen Stall zu wenden. Obwohl es eine höllische Arbeit ist, machten sich die Bauern daran.

Ich brauchte 10 bis 20 Jahre, um zu sagen: ,,Alles, was man tun muß, ist, das frische Stroh wieder auf dem Feld zu verteilen.

Aber das ist nicht genug, um die Experten zu überzeugen. ,,Haben Sie keine Krankheitserreger auf Ihrem Feld?'', fragen sie. Sehen Sie selbst nach, ob ich welche habe oder nicht. Ich war selbst Pflanzenpathologe, deshalb versuchte ich natürlich, die Erreger der Reiswelke und andere ansteckenden Krankheitserreger von befallenen Blättern zu isolieren. Aber es gelang mir nie. Die Tatsache, daß ich, der ich sehr gut Krankheitserreger isolieren konnte, keinen Erfolg hatte, konnte nur bedeuten, daß die Krankheitserreger tot waren. Wenn sie also tot waren, hieß das nicht, daß es richtig war, das Stroh auf die Felder zurückzubringen? Das war genau das, was ich machte. Aber die anderen Pflanzenpathologen brauchten fünf Jahre, um zur gleichen Schlußfolgerung zu kommen. Und die Boden- und Düngeexperten brauchten noch einmal fünf Jahre, um zu entdecken, daß es nicht notwendig ist, Mist zu streuen, wenn man das Feld mit Stroh bedeckt.

Schließlich kamen die Leute von der Pathologie-Abteilung des Forschungszentrums und der Dünger- und Landwirtschaftsabteilung. Sie machten einige Experimente und verglichen die Resultate. Und siehe da, sie fanden heraus, daß Reisstroh gut ist. Sie brauchten sieben Jahre, um zu begreifen, daß Reis nicht verpflanzt werden muß.

Es gab einmal eine Zeit, als der Einzelne *alles* betrachtete — die Krankheiten, die Pflanzen, den Boden und die Dünger. Aber heutzutage ist die Forschung in kleinste Disziplinen zergliedert. Und es heißt, wenn man alle Daten kombiniert, erhält man ein vollständiges Bild. Aber man kann nicht etwas auseinandernehmen, die Einzelteile wieder zusammenfügen und erwarten, daß das herauskommt, womit man angefangen hat. Wenn man eine Blume, um sie kennenzulernen auseinandernimmt, die Blütenblätter abrupft, die Blätter vom Stengel streift und sie von Pathologen und Botanikern untersuchen läßt und dann versucht, alle Teile zusammenzusammeln, um die ursprüngliche Blume wiederherzustellen, wird man scheitern. Aber genau das ist es, was die Forscher zu tun versuchen. Und darum entfernen sie sich von dem wahren Wesen der Dinge und von der Natur.

Alles wäre in Ordnung, wenn die Agrarwissenschaftler und -techniker im Interesse der Bauern handeln würden, aber seht Euch die heutigen Universitäten an. Alles, was man sehen kann, sind Gebäude. Es gibt zu viele Hörsäle, aber wo sieht man einen Bauern? Die Bauern können nirgendwo zur Beratung hingehen. Früher konnten sie wenigstens zu den Universitäs-Feldern gehen und fragen, wie irgendetwas angebaut wird. Aber heutzutage weiß man nicht, wohin man sich wenden kann.

Es gibt keine *nicht-umweltbelastenden* Pestizide. Heutzutage spritzen die Bauern sogenannte *niedrigtoxische* Mittel. ,,Niedrig-Toxizität" ist nicht gleichbedeutend mit *schwach toxisch*. In Wirklichkeit bedeutet es, daß die Toxizität für das menschliche Auge nicht sofort sichtbar ist und daß sie durch chemische Analyse schwer zu bestimmen ist. Die Niedrig-Toxizität dieser Pestizide erlaubt eine breite Anwendung. Aber gerade dies macht sie noch gefährlicher, weil in schneller Abfolge neue Typen entwickelt werden und die ganze Sache noch komplizierter wird. Wissenschaft und Technologie schlagen die Leute mit der einen Hand und helfen ihnen mit der anderen. Beide Tendenzen kann man an den Universitäten beobachten. Jede Hochschule reklamiert für sich ihre eigene Politik und ihre eigenen Ziele. Die Dinge sind ganz klar außer Kontrolle geraten, aber wer wird sie wieder unter Kontrolle bringen, und in welche Richtung? Ich glaube, daß wir in ein Zeitalter der Konfrontation zwischen Wissenschaft, Philosophie und Religion eingetreten sind.

Die Natur als Lehrer

Eine der Methoden, die neuerdings in Japan studiert werden, ist die organische Landwirtschaft, die im Westen so eine große Gefolgschaft hat — die östliche Landwirtschaft eifert der westlichen Landwirtschaft nach.

Landwirtschaftliche Forschnungsinstitute und Universitäten haben eine ganze Menge Arbeit in die Erforschung organischer Methoden gesteckt.

Angesichts des toten Bodens sagen die Leute: ,,Laßt uns organisches Material ausbringen." Aber wenn dies alles wäre, dann würde es genügen, zu den primitiven landwirtschaftlichen Methoden der Vergangenheit zurückzukehren. Oberflächlich betrachtet scheinen sich organische Landwirtschaft und natürliche Landwirtschaft zu gleichen, aber man sollte seine Entscheidung für die eine oder die andere Methode sorgfältig abwägen.

Ich brauchte 20 oder 30 Jahre, bis ich sagen konnte: ,,Streut Stroh auf die Felder. Stroh zu verstreuen macht Kompostieren unnötig." Vor 1000 Jahren pflügten die Bauern in Japan ihre Felder nicht. In der *Tokugawa-Periode* (1600 bis 1868) begannen sie, flach zu pflügen. Und im späten 19. und frühen 20. Jahrhundert wurden dann westliche Methoden eingeführt, und das Tiefpflügen wurde im ganzen Land üblich. Ich bin dabei, zu einer Methode der Landwirtschaft zurückzukehren, die keine Bodenbearbeitung erfordert. Man könnte natürlich sagen, ich sei zur Vergangenheit zurückgekehrt, aber natürliche Landwirtschaft ist nicht einfach die Rückkehr zu primitiven Methoden. Ich pflüge meine Felder nicht, aber ich säe Klee. Das ist der einfachste Weg, um Reis anzubauen. Wenn der Frühling kommt, wächst der Klee dicht und schnell. In diesen Klee säe ich, und später überflute ich meine Felder, um den Klee zu schwächen und dem Reis einen Vorsprung zu geben. Dann entwässere ich und überlasse das Feld sich selbst. Das Stroh und der Klee tun mehr für die Fruchtbarkeit des Bodens als große Traktoren. Von einer primitiven landwirtschaftlichen Methode aus der Vergangenheit kann man also gewiß nicht sprechen. Es mag primitiv erscheinen, wenn man nur auf das Wort „Nicht-Pflügen" achtet, aber das ist in der Tat eine biologische Methode der Landwirtschaft, die Pflanzen und Tiere statt schwerer Maschinen benutzt. Und wenn man darunter versteht, die Bodenfruchtbarkeit durch Mikroorganismen zu erhöhen, dann wird daraus fortschrittlichste Wissenschaft.

Natürliche Landwirtschaft ist eine Methode, die einen Schritt über die Wissenschaft hinausgeht. Der Beweis dafür ist, daß ich in den letzten 20 Jahren kein einziges Buch zu diesem Thema gelesen habe und es doch geschafft habe, mit meiner Praxis des Reisanbaus an der Spitze in Japan zu stehen. Wer die Ergebnisse, von denen ich vor zehn Jahren berichtet habe, mit dem vergleicht, was die landwirtschaftlichen Versuchszentren erarbeitet haben, wird sehen, daß heute fast überall das getan wird, was ein einsamer Bauer vor zehn Jahren zu tun versuchte. Und sie kommen zu den gleichen Ergebnissen — aber zehn Jahre nach mir.

Ich möchte damit nur zeigen, daß ich immer den kürzesten Weg gehe. Damit meine ich, daß die Natur mein Lehrer ist. Die Natur ist in allem und immer vollkommen. Ich hatte einen guten Lehrer. Andere haben die Natur zergliedert und sie nur fragmentarisch betrachtet, deshalb ist auch das, was sie lernen, unvollständig.

Sie haben einen schlechten Lehrer, deshalb lernen sie trotz ihres Eifers und ihres Fleißes wenig. Wissenschaft vermag nur, das wahre Bild der Natur zu imitieren. Ich habe nicht den geringsten Zweifel daran, daß alles, was der Mensch mit Hilfe wissenschaftlicher Erkenntnisse schafft, der Natur unterlegen ist. Wenn man begreift, was für ein wunderbares Ding die Natur ist, kann man sich nur in demütiger Anerkennung vor ihr verbeugen. In dem Moment, in dem wir demütig werden vor der Natur und auf unser Selbst verzichten, wird das Selbst in die Natur aufgenommen, und die Natur erlaubt ihm zu leben. Es reicht aus, diesen Weg zu kennen und ihn jeden Tag zu gehen.

* * *

Diesen Vortrag habe ich 1975 gehalten. Heute sind die Dinge auf meiner Farm etwas anders. Seit einigen Jahren leben keine Studenten mehr in meinem Obstgarten, ich habe mich in ein Leben der Abgeschiedenheit und des Studiums zurückgezogen. Mein Sohn und seine Frau versorgen die Hälfte meines Obstgartens. Ich kümmere mich um die andere Hälfte und ein etwa 4000qm großes Reisfeld, wo ich tue, was mir gefällt.

Auf den ersten Blick scheint dieser Obstgarten eine ungeordnete Wildnis zu sein, aber ich denke, daß er innerhalb einiger Jahre die Form einer integrierten Farm annehmen wird, darauf warte ich schon voller Vorfreude.

Was das Reisfeld betrifft, so habe ich dort seit nunmehr über 30 Jahren die Methode der Direkt-Einsaat/Nichtbearbeitung mit Reis/Gerste-Fruchtfolge und ständiger Gründüngungsuntersaat angewandt. Aber weil mir klar geworden ist, welche Methoden überall und von jedem angewandt werden können, habe ich in den letzten Jahren einige bedeutende Änderungen in meinen Methoden vorgenommen.

2. Was ist Natur?

Natur ist jenseits menschlicher Erkenntnis

Wenn mich jemand fragen sollte, was Natur ist, könnte ich, glaube ich, keine zufriedenstellende Antwort geben. Und doch macht jeder freien Gebrauch von diesem Wort „Natur", ohne sich viel Gedanken darüber zu machen. Auch ich rede von der Form und dem Geist der Natur, als wüßte ich alles darüber, aber tief drinnen fühle ich, daß allein die Erwähnung dessen und der bloße Versuch, die Natur zu beschreiben, die Wurzel des Irrtums sind.

Vielleicht wird man der Natur eher gerecht, wenn man es so ausdrückt: die Natur hat keinen Geist und keine Form. Wenn man fragt, was Natur ist, dann werden Bilder von Feldern und Bergen mit üppiger Vegetation heraufbeschworen, Bilder vom Kosmos, himmlischen Körpern und den Weiten der Wildnis. Religiöse Menschen stellen sich das Wesen der Natur vielleicht wie das Universum vor, das in der Genesis beschrieben wird.

Meist stellen sich die Menschen die Natur als Summe natürliche Phänomene vor, wie sie von den Naturwissenschaften begriffen werden. Sie glauben, daß die Pflanzen, wie der Botaniker sie betrachtet, die Natur selbst sind.

Ich glaube, daß es nicht möglich ist, das wahre Wesen oder den Zustand der Natur auszudrücken. Wir sind unfähig, in direkten Kontakt mit dem Wesen der Natur zu kommen und machen nichts anderes, als immer wieder um ihre Peripherie zu kreisen und Assoziationen heraufzubeschwören.

Sogar das Bild, das die Leute sich von einer Natur, von einer Welt machen, die ganz sich selbst überlassen ist, ist eine Vision, die dem menschlichen Verstand und menschlichem Tun entsprungen ist. Der ,,Tabula-rasa-''Zustand der Natur***, der die vom Menschen gesehene Natur transzendiert und der eintritt, wenn man alle Kenntnisse von der Natur fallen läßt, ist der wahren Natur näher.

Weil jedoch, ,,Tabula rasa'' nur das Gegenteil ist von dem, was *nicht* ,,Tabula rasa'' ist, hilft es wenig, die Dinge so auszudrücken. Es gibt keinen Weg, um die Natur so zu beschreiben, wie sie wirklich ist. Das Beste wäre vielleicht noch, folgendes zu sagen: das, was in der Seele auftaucht, wenn man alles, absolut alles abgeworfen hat, dieses unerklärliche Etwas, das man wahrnimmt, nachdem man sogar das Licht transzendiert hat, und worüber der *Haiku*-Dichter *Bosho* in seinem Gedicht schrieb:,,Oh wie glänzend das Sonnenlicht auf den jungen grünen Blättern'' — das könnte Natur genannt werden. Ich glaube, eine bessere Erklärung ist nicht möglich.

Es sollte nun klar sein, daß es unmöglich ist, das Wort ,,Natur'' zu erklären. Doch trotzdem scheinen die Leute zu glauben, sie könnten die Natur verstehen, wenn sie sie in jedem möglichen Licht studieren, wenn sie die Natur, die der Naturalist kennt, und die Natur, die der religiöse Mensch kennt, die Natur, wie der Künstler sie sieht und die Natur, wie der Philosoph sie sieht, zusammenfügen. Aber wahre Natur kann nicht zerteilt und analysiert und dann wieder zusammengesetzt und als kollektives Ganzes verstanden werden.

Verstehen entsteht nicht durch Analyse und Reflexion. Die Leute glauben, daß die Form der Natur von verschiedenen Perspektiven aus zergliedert und durch künstliche Einsicht begriffen werden kann, aber dem ist nicht so. Auch Gott zeigt uns viele verschiedene Gesichter, aber in dem Moment, in dem wir zwischen diesen unterscheiden und zu jedem etwas sagen, hört Gott auf, Gott zu sein. Genauso wird Natur unnatürlich, wenn sie bildlich festgehalten wird. Begrifflich klassifiziert, auseinandergerissen und auf Distanz gehalten wird sie zu etwas vollkommen Anderem. Und wenn die Natur von Gott entfremdet wird, ist sie nicht länger in der Lage, zu ihrem eigentlichen Selbst zurückzukehren. Dies ist das gleiche wie die Entfremdung des Menschen von Gott (oder die Verbannung des Menschen durch Gott). Je stärker sein Wunsch nach Wissen ist, um so weiter entfernt sich der Mensch von der Natur.

---

*ANMERKUNG:*** *tabula rasa* — in der Philosophie die Vorstellung eines bei der Geburt unberührten Zustands.

Natur, die das unterscheidende und relative Denken des Menschen transzendiert, ist wahre Natur; aber das, was jenseits der relativen Welt des Menschen liegt, kann nicht mit menschlicher Sprache ausgedrückt werden.
Bewußt oder unbewußt, der Mensch kann die Natur nicht verstehen. Sogar wenn man zu sagen wagte, daß die Natur vom einem jenseits des Unbewußten liegenden Standpunkt aus gesehen wahr und Gott sei, so kann doch der Mensch einen solchen Punkt nicht erreichen. So bedauerlich dies auch sein mag, das bedeutet, daß der Mensch die transzendente Natur und Gott nicht kennt. Alles, was wir tun können, ist, zu erklären, daß die Natur etwas ist, was nicht erläutert werden kann.

Der Weg über Berge und Täler führt nirgendwohin

Weil der Bergsteiger glaubt, er muß einen Berg besteigen, um ihn zu kennen, besteigt er den Berg.
Aber um den wahren Berg zu kennen, muß man ihn von einem Abstand aus sehen, der den Berg transzendiert. Der Mensch kann auf einen Berg steigen und auf dessen Gipfel stehen, aber er kann nicht über ihn und jenseits von ihm steigen.
Unfähig, den Berg in seiner Ganzheit zu erfassen, gibt er sich damit zufrieden, nur einen kleinen Teil gesehen zu haben, und klettert wieder hinab.
Berge besteigen, an den Strand gehen, dem Gesang der Vögel zuhören — all dies scheinen Wege zu sein, ein bißchen von der Natur einzufangen. Aber wievielen solcher Freizeitbeschäftigungen man auch nachgehen mag, sie ergänzen sich nicht zu einem wahren Verständnis der Natur, sondern blähen nur die naturwissenschaftlich geprägte Begrifflichkeit über die Natur weiter auf.
Die Anhäufung unterscheidenden Wissens vertieft die Verwirrung nur. Dieses Wissen entfremdet den Menschen immer mehr von der Natur.
Es gibt keine Möglichkeit, den Berg jenseits des Berges in Worte zu fassen. Die Natur kann nur mit einem nicht-unterscheidenden Herzen verstanden werden. Um einen Berg zu sehen, muß man sich jenseits des Berges begeben. Um den Himmel zu sehen, muß man sich jenseits des Himmels begeben. Man muß den Berg von der Welt des Himmels aus sehen, was nur durch eine philosophische Perspektive möglich ist. Dies ist nicht die Aussicht, die man vom Gipfel aus hat, wenn man einen Berg bestiegen hat. Das Meer der Wolken, die Täler und Hügel tief unten, die weit entfernten Bergketten, die man vom Gipfel eines Berges aus sieht, sie alle sind ein Teil der zeitlichen Welt. Von der himmlischen Welt aus gesehen, liegen sogar die Wolkenspitzen unter dem Himmel. Der Himmel über dem Himmel kann nicht transzendiert weren. Wir wenden uns die ganze Zeit der bewußten Welt zu, durch die wir nicht zur un-

bewußten Welt gelangen können. Darum ist unsere Welt eine leere Welt, in der wir nichts verstehen.

Auch die Natur sich selbst zu überlassen, ist nicht natürlich. Da der Mensch die wahre Natur nicht kennt, kann er auch nicht wissen, ob die Natur, die, nachdem er sie verändert und zerstört hat, sich selbst überlassen bleibt, zu ihrer ursprünglichen Form zurückkehren wird oder ob sie sich in die gegenteilige Richtung zu einer ,, Anti-Natur'' entwickeln wird.

Vielleicht könnte man sagen, daß der einzige Weg, sich der Natur anzunähern, darin besteht, zu erkennen, daß der Mensch nichts versteht — weder die Natur noch die Anti-Natur.

Die Unschuld der Kinder

Ich sage oft, daß es am besten ist, so wenig wie möglich zu verstehen. Die Leute finden dies falsch. ,,Wenn man Klee nicht von Sauerklee unterscheiden kann'', sagen sie, ,,kann man keine natürliche Landwirtschaft praktizieren. Man muß wissen, wann man sein Feld überfluten und wann entwässern muß, wann man Stroh streuen muß und ob man Rettichsamen in die Lücken säen soll oder nicht.''

Ich bezeichne dies lieber als *spontanes* Wissen, das vor dem wissenschaftlichen Wissen da war und nur zur Erklärung dessen dient, was die Natur natürlicherweise tut. Man muß Wissen nicht von der Wissenschaft haben. Es reicht, von der Natur zu lernen (das heißt, sie zu imitieren).

Wenn ich Rettichsaat mit Klee gemischt säe und zu erklären versuche, daß die Gründüngung es dem Rettich ermöglicht, ohne Dünger zu wachsen, dann bringt mich dies an einen schwierigen Punkt, denn die anderen denken dann, daß es notwendig ist, zu wissen, daß der Klee eine Gründüngungspflanze ist, während der ähnliche Sauerklee keine ist, und daß es viele Arten von Klee gibt, von denen einige meinem Zweck besser dienen als andere. Aber das ist genau das gleiche wie zu glauben, um Gott oder Buddha zu verstehen, müsse man ihre vielen Gesichter kennen; es ist das gleiche wie zu glauben, man könne die Erleuchtung, wenn man stirbt, nur erlangen, wenn man die Sutren gut kennt. Die Erleuchtung ist auch möglich, ohne auch nur ein einziges Buch der Sutren zu kennen; es ist nicht wahr, daß man unbedingt etwas über Pflanzen wissen muß, um natürliche Landwirtschaft zu praktizieren. Sutren werden benutzt, um die buddhistischen Gottheiten zu erklären. Ähnlich dient, da die meisten Menschen etwas über Pflanzen wissen, botanisches Wissen dazu, um natürliche Landwirtschaft zu erklären. Wissen scheint geeignet zu sein, um Gott und Buddha zu erklären, aber denjenigen, der ein wahrer Mensch, ein tatsächlich erleuchteter Mensch werden will, behindert es mehr als es ihm wirklich hilft.

Zum Beispiel ist es nicht notwendig, einem Kind zu sagen: ,,Dies hier ist Sauerklee, er sieht aus wie Klee, ist aber kein Klee." Ein Kind versteht das nicht und braucht solch botanisches Wissen nicht. Lehre ein Kind, daß Klee eine Gründüngungspflanze ist, und das Kind wird das Verständnis für den wahren Grund der Existenz diese Pflanze verlieren. Alle Pflanzen wachsen und existieren aus einem Grund. Wenn wir ein Kind mit unwichtigem, mikrokosmischem Wissen einengen, dann verliert es seine Freiheit, mit seinen eigenen Händen makrokosmisches Wissen zu erlangen. Wenn Kindern erlaubt wird, frei in einer Welt zu spielen, in der Wissenschaft transzendiert wird, dann werden sie selber natürliche Methoden der Landwirtschaft entwickeln.

Natürliche Landwirtschaft ist immer unvollständig. Sogar mein natürlicher Weg der Landwirtschaft ist nur der Anfang. Alles, was ich sage, ist, daß der Sauerklee auf einem kleinen Hof manchmal stören kann, deshalb ersetzt ihn durch Klee. Aber wenn sich eine größere, eine ,,Makro-Form" der natürlichen Landwirtschaft etabliert haben wird, dann wird alles, auch Sauerklee, erlaubt sein. Irgendwann müssen wir einen Punkt erreichen, wo in der Welt nichts mehr nicht seinem Zweck dient.

Schaut Euch Kinder an, vor einer Weile besuchte mich eine Gruppe von 40 oder 50 Kindern im Kindergartenalter, sie rannten herum, spielten und erfüllten den Obstgarten mit ihrem Lachen. Sie fanden Samen der langen, dickstämmigen Klette, die dort wuchs, und hatten ihren Spaß daran, sich gegenseitig damit zu bewerfen.

Das Spiel der Kinder trug dazu bei, gerade so wie der Wind und die Vögel, die Ahornsamen fortzutragen und die Klettensaat auszuäsen. Sie waren ein Teil des natürlichen Gemüsegartens geworden.

Wenn man Kinder auf einem Berg aussetzt, dann werden sie es schaffen, für sich selber zu sorgen. Sie wissen, wie man lebt. Ein Erwachsener kann natürliche Landwirtschaft nicht praktizieren, ohne zwischen Klee und Unkraut zu unterscheiden, aber junge Menschen suchen ihre Nahrung in der Natur so wie sie sie vorfinden. Ich glaube deshalb, daß wissenschaftliches Wissen nur so lange notwendig ist, solange die natürliche Landwirtschaft noch unausgereift und in der wissenschaftlichen Landwirtschaft verhaftet ist.

In gewissem Sinn ist mein Buch *The Natural Way of Farming* der Versuch, mit makro-wissenschaftlichen Begriffen zu erklären, daß man natürliche Landwirtschaft ohne mikro-landwirtschaftliches Wissen praktizieren kann. Experten reden z.B. von der Notwendigkeit zu pflügen, zu düngen und Pestizide zu spritzen. Ihnen antworte ich: ,,Wenn man die Dinge so und so tut, dann braucht man nicht so viel von diesem und jenem." Ich sage nicht ohne Grund, daß man Getreide ohne Düngemittel, Pestizide oder Pflügen anbauen kann. Wenn ich es wissenschaftlich erklären müßte, würde ich es so tun: Obwohl ich nicht mechanisch pflüge, bearbeiten Pflanzenwurzeln und kleine Tiere den Boden biologisch. In der Tat, dieses biologische ,,Pflügen" bearbeitet den Boden tief. Die praktische Grenze für Pflüge in Japan liegt bei ungefähr 15 Zentimeter. Sogar die großen Maschinen, die in Amerika benutzt werden, pflügen nicht tiefer als etwa 30 Zentimeter. Getreidewurzeln und Würmer gehen tiefer. Wenn der Boden sich selbst überlassen bleibt, wird er tiefer und auf natürliche Weise reicher. Den Boden mechanisch zu pflügen, tötet ihn nur. Anstatt das zu tun, was er vorhatte, nämlich den Boden zu bereichern, ruiniert der Bauer ihn, in dem er pflügt.

Wenn ich die Dinge auf diese Weise erkläre, sagen die Leute: ,,Oh, ich verstehe, daß die Technik der natürlichen Landwirtschaft, Nicht-Pflügen und Direkt-Einsaat, der kürzeste Weg ist, um den Boden zu verbessern." Doch sie erkennen nicht, daß die Wissenschaft keinem nützlichen Zweck dient.

Sie glauben, ich hätte eine fortgeschrittene Form natürlicher Landwirtschaft entwickelt, indem ich die Erkenntnisse der Wissenschaft auf die primitiven landwirtschaftlichen Methoden meiner Vorfahren angewendet habe.

Nein, natürliche Landwirtschaft ist weder eine Methode, die zur unwissenden Vergangenheit zurückkehrt, noch eine Methode, die auf der Basis wissenschaftlichen Wissens entwickelt wurde. Ich habe es schon viele Male gesagt: natürliche Landwirtschaft wurde ganz plötzlich in einem Moment vor ungefähr 50 Jahren geboren. Mir wurde bewußt, daß Pflügen, Düngemittel und Unkrautjäten nicht notwendig sind. Diese Schlußfolgerung zog ich nicht auf der Basis wissenschaftlichen Wissens, sondern sie ergab sich aus der religiösen Erkenntnis heraus, daß alles unnötig ist. Ausgangspunkt war die Philosophie, die den menschlichen Intellekt verwirft und bestreitet, daß Objekte und menschliche Handlungen irgendeinen Wert haben. So bewegt sich die natürliche Landwirtschaft allmählich fort, sie bewegt sich in Richtung auf die Verwerfung der Wissenschaft. Die Unwissenheit, aus der die natürliche Landwirtschaft erwuchs, ist dieselbe wie die der Kinder. Es ist gut möglich, daß nur unwissende Kinder neue natürliche Wege der Landwirtschaft entwickeln werden.

Wenn ich vom Nicht-Wert aller Dinge rede, dann kann man das gut auch auf das anwenden, was der Mensch Natur nennt und als Natur versteht. Auch sie ist ohne Wert, denn sie hat keine Auswirkungen auf das Glück des Menschen.

Das erste Mal, als ich Professor *Keiichi Sakomoto* von der Universität Kyoto traf, sagte ich ihm: ,,Warum führen Sie nicht das Studium der *Mu*-Wirtschaftswissenschaften ein!*** Ich bin ein Bauer, alles, was ich tun kann, ist deshalb, Ihnen vom landwirtschaftlichen Standpunkt aus zu demonstrieren, daß alles wertlos ist. Da ihre Spezialität die Prinzipien der Wirtschaft sind, sollten Sie eine Wirtschaftstheorie entwickeln, die die gängingen wirtschaftlichen Erkenntnisse, daß die Dinge Wert haben, über Bord wirft und sich statt-

---

ANMERKUNG:***Mu: Nichts. Hier im Sinne von Nicht-Aktivität, Nicht-Wert.

dessen auf das Prinzip gründet, daß die Dinge *keinen* Wert haben. Es sollte möglich sein, eine neue Wirtschaftswissenschaft zu entwickeln, die die marxistische Wirtschaft und die moderne Ökonomie verwirft."

Ich sagte dies vor zehn oder zwanzig Jahren. Zuerst schien er seine Zweifel zu haben, aber nun bewegt er sich langsam in diese Richtung. Ich kann mir natürlich denken, daß das ein sehr schwieriges Unterfangen ist.

Die ersten Fragen, die sich ergeben, wenn man versucht ein System der *Mu*-Ökonomie zu etablieren, werden sein, ob Dinge Wert haben, und ob die Bedingungen und Voraussetzungen, die die Dinge notwendig machen, wirklich wesentlich für den Menschen sind. Der Grund, warum wir denken, daß ein Glas Wasser Wert hat, ist, daß Bedingungen existieren, die ihm Wert geben. In der Wüste hat dieses Wasser Wert. Aber unter anderen Bedingungen — zum Beispiel bei einer Überschwemmung — hat Wasser überhaupt keinen Wert. Abhängig davon, ob eine Stunde vor oder nach dem Regen, hat Wasser einen hohen oder einen geringen Wert. Was ist also der Wert der Dinge? Steckt ein innerer Wert in dem, was wahre Natur genannt wird, oder entdeckt der Mensch einen Wert in der Natur innerhalb der Dinge? Oder ist Wert vielleicht das Produkt der Beziehung zwischen beidem? Was bestimmt den wahren Wert des Wassers? Ich glaube, die Ökonomen sollten sich daranmachen, eine Ökonomie des Glücks zu etablieren, die von diesem Punkt ausgeht.

Die alten griechischen Philosophen sagten, es sei nur wichtig, die fünf Elemente zu kennen — Erde, Wasser, Feuer, Wind und Licht — aber ich vermute, daß sie sogar die fünf Elemente lieber verworfen hätten. Viel weniger wichtig wäre deshalb, vierhundert Elementarpartikel und Elemente zu studieren und zu begreifen.

Die Menscheit sieht heute einen Wert in der Wissenschaft, aber was für ein Wert ist das? Ich habe das Gefühl, bei all dieser Forschung kommt nur heraus, daß wir in einer Welt, die nicht die geringste Verbindung zu wahrem Glück hat, mit vier- oder fünfhundert Elementen herumspielen.

Der Japaner *Hideki Yukawa* zum Beispiel bekam für seine Elementarpartikel-Forschung den Nobel-Preis, aber ich habe meine Zweifel, daß das zum Glück der Menschheit beigetragen hat. *Yukawa* drang tief in die winzige Welt der Elementarpartikel ein und entdeckte ein weites mikrokosmisches Universum. Die Leute haben vielleicht geglaubt, daß er so dem makrokosmischen Universum näher kommen würde. Aber als er sah, daß es in einem Makrokosmos kein ,,groß" und in einem Mikrokosmos kein ,,klein" gibt, konnte er nicht mehr weitermachen, er suchte stattdessen sein Heil im Buddhismus. Yukawa erkannte, daß man ,,groß" und ,,klein" durch die Wissenschaft nicht erklären kann.

Die Tatsache, daß die Natur keinen inneren Wert hat und daß wir auch keine Wissenschaft brauchen, wirkt sich direkt auf das Glück oder Unglück des Menschen aus. Einfach ausgedrückt könnte man sagen, daß Glück nicht aus Dingen entsteht.

Den nackten Körper waschen

Den Fremden, die meinen Hof besuchen, rate ich, die nahegelegenen heißen Quellen von *Dogo* zu besuchen. ,,Macht Euch einen schönen Tag dort. Bevor Ihr in Eure Heimat zurückkehrt, solltet Ihr dort Eure Seele reinigen." *Dogo* ist Japans älteste heiße Quelle. Der Legende nach hat sie eine Shinto-Gottheit geschaffen, und es waren schon viele berühmte Leute dort. Am schönsten ist es, sich auf den Granitboden der Bäder auszustrecken. In einem Steinbad wärmt sich der Rücken, und man fühlt sich wohl. Das Gefühl, wenn man mit seinen Armen und Beinen ausgestreckt liegt, ist unbeschreiblich. Der ganze Körper dehnt sich. Wenn die Muskeln sich entspannen, wird einem wohlig zumute und man fühlt sich frei. Auch das Herz lockert und entspannt sich. Man wird frei und gelöst. Diese Lockerung des Körpers ist, glaube ich, ein Weg zum Einssein mit Buddha. Es ist eine Abkürzung zu Buddha, deswegen gehe ich immer dorthin. ,,*Zazen* ist auch gut, aber durch die Entspannung im Bad kann man am besten ein vollkommenes Glücksgefühl erreichen."

Ich habe nichts dagegen, wenn jemand auf einer *Tatami* (Reisstrohmatte) versucht, *Zazen* zu praktizieren, aber das Ergebnis ist das gleiche wie bei einem Bauern, der Unkraut harkt. Ich möchte wissen, ob man zur Ruhe kommen kann, wenn man seine Beine kreuzt, die Hände faltet und vollkommen still bleibt. Ich denke, wenn man seine Arme und Beine bewegt, dann wird die Aufmerksamkeit darauf gelenkt, das entfernt den Geist und man erreicht die gleichen Resultate wie wenn man still sitzt.

Dies sollte auch als Möglichkeit, Zen zu praktizieren angesehen werden. Es ist leicht zu sagen: ,,Sitz im Lotussitz still, schau die Wand an und befreie deinen Geist von Gedanken." Aber es ist schwer, das auszuführen. Je mehr man den Leuten sagt, nicht zu denken, umso mehr denken sie. Deshalb wird Übenden oft gesagt: ,,Zählt vor euch hin: eins - zwei - drei." Aber dadurch wird man an den Akt des Zählens gefesselt. Zählen ist ermüdend und Energieverschwendung, deshalb macht man nicht weiter. Seinen Kopf zu gebrauchen, um zu zählen, ist nicht erlaubt, aber es ist auch nicht erlaubt, den Geist wandern zu lassen und das Zählen zu vergessen. Wie sehr man sich auch bemüht, man erlebt einen Mißerfolg. In der Tat, je größer die Anstrengung, um so größer die Wahrscheinlichkeit des Mißerfolgs.

Jemand, der durch seine eigene Aufmerksamkeit und Absicht *Zazen* zu praktizieren gefesselt ist, kann sich noch nicht einmal bewegen. Man würde sich wahrscheinlich freier fühlen, wenn man den sehr geringen Eintritt zahlen und in die heißen Bäder gehen würde, um sich auszustrecken. Das ist leichte, angenehme Zen-Meditation. Ich sage nicht, daß *Zazen* schlecht ist, aber ich dränge auch niemanden dazu. Um ehrlich zu sein, ich selbst habe es nie praktiziert. Alles, was ich getan habe, ist, mich in ein heißes Bad zu legen und mich wohl zu fühlen. Die Leute sollten leicht und angenehm leben und einen friedlichen Tod sterben. Dafür ist ein natürlicher Körper am besten.

Meditation ist sehr populär, aber wo sie mit geistiger Konzentration verknüpft ist, ist sie für mich eine Art Gehirnwäsche, was gefährlich ist. Zen ist, glaube ich, darauf ausgerichtet, der Welt der Ideen zu entfliehen. Es ist dumm, sich an Dinge wie die Seele oder böse Geister zu binden, die überhaupt nicht existieren.

Der natürliche Körper

Ein Mensch hat großen Eindruck auf mich gemacht, *Dr. Keizo Hashimato*, ein Chiropraktiker aus *Sendai*, den ich einmal auf einer Versammlung traf. Was er tut, wenn ein Patient hereinkommt, ist sehr einfach: er legt den Patienten auf eine Couch und berührt seine Arme und Beine leicht, das ist alles. Was er will, ist einfach: der Patient soll sich wohlfühlen. ,,Wenn der rechte Arm weh tut, wenn er ihn hochhebt, dann lasse ich ihn den linken Arm in die andere Richtung schütteln. Ich versuche nur, zu erreichen, daß er sich wohlfühlt. Wenn er den Schmerz los werden kann, dann ist es schön."

Mit andern Worten, es reicht aus, sich zu entspannen. *Dr. Hashimoto* sagt, die Leute sollten fröhlich leben und fröhlich sterben. Dies sind wirklich weise Worte.

In eine ähnliche Richtung geht das, was ein Professor für Sport an der Universität von *Nihon* sagt: ,,alles, was man während einer Übung tun muß, ist, den Körper vollkommen schlaff und die Glieder hängen zu lassen." Ich berührte seinen Körper und war erstaunt, daß sein Körper, obwohl er still stand und nichts tat, innerlich bebte. Seine inneren Organe bebten von selbst.

,,Der menschliche Körper agiert, als wäre er aus Wackelpeter gemacht," erklärte er, ,,er ist wie ein Lederbeutel, der mit Wasser gefüllt ist. Wenn man ihn schüttelt, dann schwappt er auch innen über. Laßt eure Arme und Beine und alles andere einfach liegen. Keiner muß sich überanstrengen." Er sagte seinen Zuhörern, sie sollten Körper aufbauen, die so flexibel und stark wie eine Peitsche sind.

Nach meinem Eindruck werden Techniken der östlichen Medizin wie *Shiatsu* (Fingerdruck-Therapie) und *Akupunktur* allmählich vereinfacht und vereinheitlicht. Im Gegensatz zu allen anderen habe ich das Gefühl, daß die Dinge sich eine Nichts-Tun-Richtung bewegen. Ich war schon lange der Meinung, daß die Sportarten, die richtiges Training brauchen, um den Körper härter zu machen, ein Fehler sind.

Krankheit entspringt immer aus dem, was unnatürlich ist. Geistige Disharmonie mit der Natur macht den Geist hart, unnatürliches physisches Verhalten macht den Körper steif. Wenn man solche Bedingungen über einen langen Zeitraum hinweg erträgt, ohne etwas zu ändern, wird das schließlich zu ernsthaften Krankheiten führen. Um zu genesen, muß man das Herz erleichtern und unbeschwert und ohne Stress leben. Das, so denke ich, ist alles, worum es geht. Wenn man nichts tut und zum natürlichen Körper eines Kindes zurückkehrt, dann wird sich die Gesundheit verbessern. Wenn man vom vielen Denken neurotisch geworden ist, dann wird die Rückkehr zum Zustand eines Kindes, das an nichts denkt, die Neurose heilen.

In den ersten beiden Tagen beschäftigten sich die Leute, die zu mir kamen, um in meinem Obstgarten zu leben, noch mit bestimmten Dingen, aber nach einer Woche fingen sie an, das Zeitgefühl zu verlieren. Sie kamen zu mir und fragten mich, was für ein Wochentag sei. Aus einer Woche wurden zwei, drei Wochen. Nach zwei Wochen hatten sie das Gefühl, als könnten sie noch für zwei oder drei Monate bleiben. Und wenn drei Monate um waren, wurde es ganz leicht, ein Jahr oder zwei zu bleiben.

3. Natürliche Landwirtschaft heute

Einige kehren zurück zur Natur

Alle Aspekte des modernen Lebens — Lernen, Politik, Wirtschaft — bewegen sich von Gott weg. Seit vielen Jahren versuche ich, die natürliche Landwirtschaft als den kürzesten Weg zu Gott und als eine Art zu leben zu propagieren, zu der die Menschen zurückkehren sollten. Aber was die natürliche Landwirtschaft betrifft, sehen die Dinge ziemlich hoffnungslos aus. Die Leute begeistern sich für Naturkost und organische Landwirtschaft, und die ,,Zurück zur Natur"-Bewegung scheint auch in Japan Fuß gefaßt zu haben. Aber verglichen mit der Zeit vor 35 Jahren scheint es mir, als würden sich die Leute weiter von der Natur wegbewegen, als würde unsere Zivilisation wirklich zusammenbrechen. Der Grund dafür, daß die Dinge so hoffnungslos sind, ist, daß die Japaner, obwohl sie sagen, daß sie ,,zur Natur zurückkehren", es doch nicht tun.

Wenn dagegen die Menschen aus dem Westen davon sprechen, zur Natur zurückzukehren, dann tun sie es meist auch. Vor einiger Zeit sagte mir ein junger Brite, der gekommen war, um in meinem verwilderten Obstgarten zu leben: ,,Nirgendwo in Japan konnte ich für meinen Geist Frieden finden. Aber nachdem ich hierhergekommen bin, kann ich endlich frei atmen." Er stellte keine Fragen über die Techniken der natürlichen Landwirtschaft und tat nichts, während er hier war. Die Fremden kehren zufrieden heim und wenn sie zurück sind, setzen sie die natürliche Landwirtschaft in die Praxis um. Viele lesen nur ein einziges Buch *Der große Weg hat kein Tor* und machen sich sofort daran, meine Methoden auszuprobieren. Auf meinen Auslandsreisen in den letzten paar Jahren habe ich viele getroffen, die genau das getan hatten.

Warum können die Japaner nicht, was die Menschen aus dem Westen können? Die Japaner haben sehr lange auf winzigen Feldern eine komplizierte und methodisch durchdachte Art von Landwirtschaft betrieben. Sie scheinen die Natur am allerbesten zu kennen, und man sollte meinen, daß gerade sie am wenigsten Mühe haben, zu ihr zurückzukehren. Warum sind die Japaner dann heute trotz ihres Geredes, daß sie die Städte verlassen wollen, nicht in der Lage, sich niederzulassen und zur Natur zurückzukehren? Sie schaffen es nicht, länger als drei oder vier Jahre durchzuhalten, und schließlich hören sie wieder auf mit der Landwirtschaft. Die Leute aus dem Westen machen es gleich von innen heraus richtig und bleiben dabei.

Wenn ich Besucher aus Großbritannien frage, was sie von *Margret Thatcher* halten, sagen sie meist: ,,Nein, danke." Und sie fügen hinzu: ,,Wie sehr man sich auch bemüht, zu Hause etwas in Bewegung zu bringen, die englische Kultur ist zum Scheitern verurteilt. Es gibt dort keine Hoffnung auf Genesung." Sie kommen, um meine Farm zu besuchen, schauen sich ein bißchen um, sind überzeugt, daß es funktioniert und gehen dann nach Australien, um Land zu bewirtschaften. Viele reisen über meine Farm nach Australien oder Neuseeland. Sie sagen, daß es für Westeuropa keine Hoffnung mehr gibt.

Die Japaner, die aus Tokyo und den anderen Großstädten kommen, sagen, daß sie die Stadtkultur verachten, daß sie raus und zur Natur zurückkehren wollen. Sie haben die gleichen Wünsche und Motive wie die Ausländer. Warum können nur die Leute aus dem Westen direkt einsteigen und nach ihren Gefühlen handeln?

Für mich ist eine Erklärung, daß sie sehr genau um die Irrtümer der westlichen Philosophie wissen.

Obwohl die Japaner mit der östlichen Philosphie und dem Buddhismus vertraut sind, sind dies nur Konzepte für sie, sie haben die Seele dieser Lehren vergessen. Die Menschen aus dem Westen zweifeln an der westlichen Philosophie und der westlichen Kultur, sie entscheiden sich dafür, dieses Chaos zu verlassen und sich östlichem Gedankengut und dem Buddhismus zuzuwenden. Wenn sie sich einmal dazu entschlossen haben, stürzen sie sich voll hinein. Die Japaner bleiben in der japanischen Kultur und in der Vorstellung einer lieblichen Natur der Vergangenheit verhaftet — deswegen sind sie, glaube ich, unfähig, sich selbst zu befreien.

Ich glaube, ein anderer Grund ist auch, daß die Leute aus dem Ausland, die sich meine Felder anschauen oder die meine Bücher lesen, eher die Möglichkeit haben, diese Methoden selbst auszuprobieren. In Japan ist es schwierig, so einen Entschluß in die Tat umzusetzen, weil die Gesellschaft im allgemeinen weniger tolerant ist. Von allen Seiten ist man Kritik und Hindernissen ausgesetzt: ,,Sie können das und das nicht tun, es verstößt gegen die Empfehlungen der landwirtschaftlichen Genossenschaften'', oder: ,,Die Politik der Regierung erlaubt nicht, das zu tun, was Sie vorschlagen.'' Ich habe gehört, daß Land in Australien nur ein Hundertstel von dem kostet, was man in Japan dafür bezahlen muß. Ich hatte junge Besucher auf meiner Farm, die vorhatten, natürlich zu leben, sie arbeiteten und sparten ein Jahr lang Geld, um etwas Land in Australien zu kaufen und Bauern zu werden.

Das Land ist billig, deshalb muß man sich keine Sorgen machen, wenn die Erträge mal etwas sinken. Aber in Japan wird schon eine kleine Ertragsminderung verächtlich belächelt, und wenn man seine Felder nicht spritzt, wird man dafür gerügt, weil man den umliegenden Bauern Schaden zufügt.

Diesen Dingen widmet man seine ganze Aufmerksamkeit, und schließlich begräbt man seine Hoffnungen. Und trotzdem, den Japanern mangelt es heutzutage an Entscheidungskraft. Sie sind zu skeptisch und haben keine Festigkeit in ihren Überzeugungen.

Ich glaube, daß es ein Plus ist, daß die Ausländer kein Japanisch sprechen, wenn sie auf meine Farm kommen. Wenn Japaner meine Farm besuchen, kommen sie mit dem Wunsch, natürliche Landwirtschaft zu lernen. Das wird in ihrer Haltung offenbar. Sie kommen mit ihrem Wissen und wollen hören, was jemand anderes zu sagen hat. Sie vergrößern also ihren Wissensvorrat, bevor sie anfangen, natürliche Landwirtschaft zu betreiben. Aus dem Westen dagegen kommen die Leute, nachdem sie nur *Der große Weg hat kein Tor* gelesen haben. In dem Buch schreibe ich, daß der Intellekt keinem Zweck dient, daß man auf ihn verzichten sollte. Diejenigen, die kommen, nachdem sie das gelesen haben, haben sich darauf vorbereitet, genau das zu tun. Sie leeren ihre Köpfe, und sie geben sich wie buddhistische Jünger der natürlichen Landwirtschaft vollkommen hin. Sie machen keine Anstrengungen, um etwas zu lernen. Aber die Japaner tun das, sie sagen: ,,Mr. Fukuoka, lehren Sie mich etwas.''

Es ist eigentlich nicht so schlecht, wenn sie mich mit ihren scharfen, aufmerksamen Augen anschauen und mich herausfordern: ,,Wie schmeckt natürlich gewachsener Rettich?'' und ,,Ist ein Rettich Buddha oder Natur?''

Einige denken, daß alles, was man braucht, um natürliche Landwirtschaft zu praktizieren, Antworten sind auf Fragen wie: ,,Wo kann ich Kleesamen kaufen?'' und ,,Wieviel Saat werde ich brauchen?'' Ich denke, dies ist der

Hauptunterschied zwischen Japanern und Leuten aus dem Westen in ihrer Haltung zu natürlicher Landwirtschaft. Einige, die meine Bücher lesen und an das glauben, was ich sage, kommen den ganzen Weg von Europa, Amerika, Kanada, Mexiko, Australien oder von wo auch immer. Sie sagen, daß sie gekommen sind, weil sie glauben, daß das, was ich sage, die Wahrheit ist. Sie lesen, daß man den Intellekt und das Wissen aufgeben muß und akzeptieren das als die Wahrheit ohne Schranken. Deswegen können sie ganz neu anfangen. Sie schätzen es, das klare Quellwasser zu trinken und in den Hütten in meinem Obstgarten zu leben, und wenn sie mich verlassen, sagen sie: ,,Es war großartig, ich bin froh, daß ich gekommen bin." Das ist Reinheit des Geistes.

Vor einigen Jahren kam ein junger Mann von einer religiösen Organisation zu mir auf die Farm. ,,Ich fühlte, das irgendetwas nicht stimmte", sagte er. ,,Als Leiter der Sekte wurde ich auf einen Sockel gehoben, aber ich war nichts weiter als eine Galionsfigur. Deshalb habe ich mich zurückgezogen und bin hierher gekommen. Ich würde ihnen gerne auf ihrer Farm aushelfen und dafür arbeiten, daß die natürliche Landwirtschaft sich im Land ausbreitet."

,,Wenn du sagst, Du entsagst allem, dann tu es", sagte ich. Mir gefiel nicht, was er darüber gesagt hatte, mir aushelfen zu wollen und die natürliche Landwirtschaft zu verbreiten. ,,Du sagst die ganze Zeit, du hättest alles aufgegeben, aber du hast es nicht wie jemand aus dem Westen getan, nicht wahr? Wenn du deine Vergangenheit abwirfst, dann wirf sie ganz ab. Du bist mit zehn, zwanzig Jüngern hergekommen. Warum? Und du sprichst davon, mir bei der natürlichen Landwirtschaft zu helfen, aber bist du wirklich in der Lage dazu, als Landarbeiter zu arbeiten? Du kennst die Mühsal eines Bauern nicht. Hast du schon jemals in der Landwirtschaft gearbeitet?"

,,Nein, habe ich nicht." ,,Nun, warum um alles in der Welt denkst du, du kannst mir helfen und die natürliche Landwirtschaft verbreiten? Ich praktiziere sie seit 40, 50 Jahren, aber ich kann sie immer noch nicht lehren. Und ich habe nicht einen einzigen Jünger. Dein Angebot macht mir keine Freude, sondern ärgert mich." Als Führer so vieler Gläubigen verstand er schnell. Als er mich verließ, sagte er: ,,Ich werde auf Hokkaido Bauer werden."

Was ihm geholfen hatte, war eine Passage aus meinem Buch *Kami no Kakumei* (Die Gott Revolution)***:

Genötigt zu sprechen, sagt Gott nichts
Unfähig, etwas zu sagen, spricht der Mensch.
Der Mensch kennt die Wahrheit nicht, aber er erklärt alles
Gott ist in allen Dingen, aber er erklärt nichts
Gott handelt nicht und erschafft doch alle Dinge
Der Mensch tut alles, aber er erschafft nichts.

ANMERKUNG:*** Von diesem Buch soll auch eine englische Ausgabe erscheinen.

Was hemmt die natürliche Landwirtschaft in Japan?

Ich werde manchmal gefragt, warum keiner der Bauern in meiner Umgebung daran gedacht hat, Landwirtschaft so zu betreiben, wie ich es tue. Ein Bauer macht jedes Jahr das Gleiche, so vergeht sogar eine Zeit von 40 oder 50 Jahren wie ein Blitz. Ich habe nicht das Gefühl, daß es ein sehr langer Zeitraum ist, in dem ich natürliche Landwirtschaft betreibe, und ich glaube, die Bauern in meiner Nachbarschaft denken ebenso. Es stimmt, daß wir nicht die Zeit gehabt haben, um uns auf den Feldwegen zwischen den Reisfeldern lang zu unterhalten. Und ich habe nie einen Vortrag in der Stadt gehalten. Der Bauer nebenan sagt einfach: ,,Schwül heute, nicht?" oder: ,,Das ist ja ein kaltes Wetter heute", wenn er auf dem Weg zu seinen Reisfelden an mir vorbeifährt. Und wenn er einen Seitenblick auf mein Feld wirft, stellt er fest, daß es immer voller Unkraut ist, daß es hügelig und uneben ist und daß es manchmal überflutet ist und manchmal nicht. Ihm scheint das ein ziemliches Durcheinander ohne jegliche Ordnung zu sein. Man kann nicht leugnen, daß ich auch schlechte oder unregelmäßige Ernten auf meinen Feldern hatte. Meine Nachbarn bedauern mich, gehen einfach vorüber, und versuchen, ihren Blick von etwas solch Traurigen abzuwenden. Jedes Jahr habe ich etwas Neues ausprobiert und mit neuen Reisanbau-Methoden experimentiert. So bin ich für den Bauern, der Stabilität schätzt, eine Art Ketzer — eine arme Seele. Keiner wagt, seine Methode der Landwirtschaft zu ändern und meinem Beispiel zu folgen. Oder besser: keiner hat auch nur die leiseste Idee davon, was ich tue und wie ich es tue.

Das kommt daher, weil ich immer versuche, meine Methoden zu ändern; ich tue nie zweimal genau das gleiche. Ich habe schon Resultate vorzuweisen, die die Leute in meiner Gemeinde begeistern würden.

Ich denke mir, daß die Leute hier über das Fernsehen und aus der Zeitung schon häufig etwas über die natürliche Landwirtschaft gehört haben. Aber sie haben ihren Stolz. Sie glauben, daß es keinen Weg gibt, Getreide anzubauen, ohne zu pflügen und ohne künstlichen Dünger und Pestizide einzusetzen. Sie denken:,,Wir müssen es ja wissen, wir bauen seit Jahrzehnten und Jahrhunderten Getreide an." Wenn sie Photos von *Daikon*-Rettichen sehen, die unter ungespritzten Mandarinenbäumen wachsen, dann glauben sie nicht, daß sie von alleine wachsen. Und wenn sie es glauben, dann tun sie es als Zufall ab. Nicht ein einziger Dorfbewohner hat meinen Obstgarten auf der Bergspitze und die Rettiche, die dort wachsen, jemals mit eigenen Augen gesehen. Meine unmittelbare Nachbarschaft hat meine Felder gesehen und doch nicht gesehen. Das ist, wie wenn ein Vogel singt, und niemand ihn hört. Weil sie mein Feld immer sehen, meinen sie, zu verstehen. Darum schauen sie es sich nie genau an und sprechen auch nie darüber. Keiner zeigt auch nur das geringste Interesse.

Das bißchen natürliche Landwirtschaft mit Reis und Gerste oder Weizen, das heute betrieben wird, machen Leute von weiter weg. Auf die Farm kommen Leute aus *Okinawa, Hokkaido,* oder aus dem Ausland. Das kommt daher, weil in den Augen der Bauern die Fehler zu offensichtlich sind. Die Bauern streben eifrig nach landwirtschaftlichen Methoden, die als verläßlich gelten. Wenn aber eine Methode keine ordentlichen und gleichmäßigen Erträge bringt, wenn ein Feld ungleichmäßig verläuft und im Getreide Unkraut wächst, dann schenken sie ihm meist keine Aufmerksamkeit. In gewissem Sinne kennen die Leute aus meinem Dorf die Härten der natürlichen Landwirtschaft besser als alle anderen.

Obwohl ich eigentlich denke, daß ich prinzipiell schon jedes Jahr die gleiche Methode anwende, verändern sich die Umstände immer, und das hat verschieden gute Ernten zur Folge. In einigen Jahren hatte ich gute, in anderen Jahren schlechte Erträge. Wenn ein Bauer auf meinen Feldern eine Stelle sieht, die nicht gut ist, zieht er den Schluß, daß natürliche Landwirtschaft instabil ist und probiert sie nicht aus. Ein Bauer, der eine schlechte Ernte hat, leidet immer noch ein oder zwei Jahre darunter. Es ist sogar noch schlimmer: wenn ein Bauer heutzutage auch nur eine einzige Mißernte hat, ist er vielleicht nicht mehr in der Lage, seine Pacht zu bezahlen.

Diese Angst vor Mißernten hat sich über drei oder vier Jahrhunderte hinweg so fest verankert, daß Bauern nichts so sehr mißfällt, wie unregelmäßige Ernten. Keiner ist so methodisch und unnachgiebig wie der Bauer. Was mich betrifft, so habe ich gerade das Gegenteil getan, ich habe alle unüblichen Anbauarten, die es gibt, ausprobiert. Es ist also nicht überraschend, wenn die hiesigen Bauern und ich getrennte Wege gehen.

Landwirtschaftsspezialisten wissen, daß es mindestens zehn Jahre dauert, um auch nur die kleinste landwirtschaftliche Reform durchzuführen. Bevor man einem Bauern vorschlagen kann, eine neue Methode auszuprobieren, muß sie normalerweise erst das Landwirtschaftsamt erproben. Dann empfiehlt sie die Präfektur und der technische Stab, der landwirtschaftliche Neuerungen verbreitet, macht auf den lokalen Bauernhöfen die Runde und erklärt den einzelnen Bauern die Technik. All das dauert mindestens zehn Jahre.

Kein Wunder also, daß es zehn bis zwanzig Jahre brauchte, um die Methode, die ich vorschlug, Getreide in Hügelreihen auszusäen, im Land zu verbreiten. Keiner schenkte dem irgend eine Aufmerksamkeit, solange ich sie *Schnitt-Saat* nannte, aber als die Leute im Forschungsinstitut sie testeten, mechanisierten und *Voll-Schicht Saat* nannten, wurde sie sofort aufgenommen. Es ist nicht so, daß keiner die Methode kannte oder niemals darüber gehört hätte. Die Bauern wußten, daß es sie gab, aber sie warteten ab, was die Spezialisten sagen würden und was für einen Rat die Leute in der Präfektur geben würden. Die meisten Bauern denken, wenn das Forschungsinstitut, die landwirtschaftlichen Genossenschaften und das Bauernhandbuch eine Methode empfehlen, ist sie sicher genug, und man kann sie übernehmen. Sie sind davon überzeugt, daß man Mißerfolge erzielt, wenn man den andern auch nur einen Schritt vorausgeht.

Heutzutage bekommen die Bauern in Japan ihre Anweisungen, was sie wann pflanzen sollen, welchen Typ von Pestiziden sie sprühen sollen und wie oft, von den allmächtigen landwirtschaftlichen Genossenschaften. Diese Direktiven, von Computern ausgespuckt, bestimmen das tägliche Arbeitspensum des Bauern.

Wenn der Bauer sich genau daran hält, nehmen die Genossenschaften ihm seine Produkte ab und sein Geld wird via Datenübertragung auf sein Bankkonto überwiesen. Alles wird für ihn gemacht. Solange er sein Geld nimmt und das tut, wie ihm gesagt wird, geht alles glatt. Wenn man einer Laune folgend keine Pestizide verwenden will, und wenn die Auberginen nach der bewußt ausgelassenen Spritzung (eigentlich sollten sie alle vier Tage gespritzt werden) auch nur einen kleinen gelblichen Stich bekommen, hat das 30 Prozent Ausfall zur Folge. Und man muß sich auf mehr als nur eine schlechte Ernte gefaßt machen. Es wird unmißverständlich gesagt: ,,Sie müssen aufhören, Feldfrüchte anzubauen."

Die Menschen in den Städten machen sich keine Vorstellung davon, wie sehr Bauern an die landwirtschaftlichen Genossenschaften gebunden sind. Ein Bauer haßt nichts so sehr, wie Tests durchzuführen. Sie machen einfach keine. Wenn man etwas anderes macht als die anderen, ist man jemand, der nur aus Hobby Landwirtschaft betreibt. Deshalb führen die Forschungsinstitute die Tests durch.

Ich glaube, die meisten landwirtschaftlichen Forschungensinstitute westlich von Tokyo schenken der natürlichen Landwirtschaft einige Aufmerksamkeit. Viele Zentren studieren meine Methoden seit Jahren, sie nennen es zwar nicht ,,Fukuoka-Landwirtschaft", aber sie haben begonnen, nach meinen Methoden zu arbeiten — natürlich immer mit wissenschaftlichen Änderungen dieser oder jener Art.

Ich bin sicher, daß alle Bauern natürliche Landwirtschaft betreiben werden, wenn meine Methoden unter landwirtschaftlichen Spezialisten erst einmal Anerkennung finden. Gleichzeitig gehe ich davon aus, daß meine Anstrengungen, die Bauern zu überzeugen, solange umsonst sind, wie nicht all diese Zentren ihre Ergebnisse veröffentlicht haben. Ich bin mir der Rolle, die die Forschungszentren spielen, sehr wohl bewußt, deswegen habe ich nie auf eigene Faust versucht, den Bauern direkt Ratschläge zu geben. Nur in einem Kloster in *Kyushu* habe ich vor kurzem auf eine Einladung hin einmal direkte Anleitung gegeben.

Vor vielen Jahren habe ich einmal für ein Jahr in der Gegend von *Matsuyama* gearbeitet. Der Leiter des örtlichen landwirtschaftlichen Büros war zu einem weiter entfernten Versuchs-Zentrum gegangen, um die Direkt-Einsaat-Nicht-Bearbeitungsmethode zu erlernen. Dort erzählte man ihm, daß die Methode in der Präfektur, aus der er kam, von Mr. Fukuoka angewandt werde. Das erstaunte ihn sehr, und als er zurückgekehrt war, bat er mich, ihm zu helfen.

Ich habe mit ihm in einigen Dörfern ein Versuchsprogramm des Direkt-Einsaat-Anbaus entwickelt. Zu Anfang waren die Bauern alle dagegen, aber schließlich machten sie mit.

Auf der Landwirtschaftsmesse gewann nach der natürlichen Methode angebauter Reis den ersten Preis. Der zweite Preis ging an konventionell angebauten Reis, und der dritte Preis ging wieder an ein Produkt der natürlichen Landwirtschaft. Durch dieses Resultat wurde erreicht, daß man denken konnte, *jede* Anbaumethode sei akzeptabel.

Irgendwann wurde der Direktor zur Präfektur des Hauptbüros zurückbeordert. Und *ein* Spezialist allein ist zu wenig, um die Leute richtig anzuleiten. Mein Telefon klingelte in dieser Zeit Tag und Nacht. Die Ratsuchenden fragten zum Beispiel: ,,Soll ich Wasser auf mein Feld lassen? Ich hatte es nicht vor, aber meine Frau hat es einfach gemacht! Und anschließend hat es mein Vater wieder entwässert. Und ich muß den Streit jetzt ausbaden. Was soll ich tun?"

Ich stellte fest, daß, solange nicht Präfektur, landwirtschaftliche Versuchszentren und landwirtschaftliche Spezialisten und Berater zusammenarbeiten, kein geschlossenes landwirtschaftliches Beratungsprogramm möglich ist. Ich zog mich deshalb zurück. Ich hatte ein ganzes Jahr darauf verwandt, aber im Laufe von zwei oder drei Jahren war dort alles wieder beim alten, obwohl sich zu Anfang die Methode in der Nachbar-Präfektur ziemlich gut ausgebreitet hatte.

Aber das Landwirtschaftsministerium förderte die moderne Landwirtschaft mit großen Maschinen und die Mechanisierung des Umpflanzens. So wurde meine Methode im Keim erstickt, als die Dinge gerade in Bewegung kamen. Aus diesem Grund habe ich auch viele Jahre meinen Mund gehalten.

Heute glaube ich aber, daß sich — nach der Schnelligkeit zu urteilen, mit der sich meine Gersteanbaumethode ausbreitet — auch der Reisanbau, der einen Kompromiß zwischen natürlicher und wissenschaftlicher Landwirtschaft schließt, gut verbreitet. Dies, kombiniert mit einigen einfachen, aber rigorosen Verbesserungen, die ich bei meinen Methoden vorgenommen habe, und mit denen auch Neulinge zurechtkommen, würde auch schon einiges verändern.

Wandelnde Einstellungen zur Natur

Die wundervolle Landschaft Japans wird seit vielen tausend Jahren von Bauern bearbeitet. Sie dienten der Natur, sie betrieben Landwirtschaft, ohne umzugraben oder den Boden zu zerstören.

Auf diese Art und Weise schützten sie die Erde. Und hierin liegt auch die Größe der japanischen Bauern. Aber diese Tradition wurde den jungen Leuten nicht überliefert. Und dafür gibt es glaube ich, verschiedene Gründe. Zuerst einmal änderten sich die sozialen Verhältnisse nach dem Krieg mit erstaunlicher Geschwindigkeit. Die spirituellen Gedanken, die die Arbeit und das Einswerden mit der Natur betrafen, wurden beiseite geschoben. Und Bauern, die so fühlten, hatten keine Zeit, dies den Jungen weiterzugeben.

Ein anderer Grund war, daß die bäuerliche Jugend in Japan noch bevor sie ein Gefühl für die Natur entwickeln konnte, durch die machtvolle, schnelle Entwicklung der Landwirtschaft und durch den Glanz wissenschaftlicher Technik geblendet wurde.

Drittens war die Fruchtbarkeit der Erde so groß, daß ausbeuterische, auf moderner Wissenschaft beruhende Methoden der Landwirtschaft, eine zeitlang ökonomische Gewinne abwarfen. Selbst noch nach Jahrzehnten der Zerstörung hatte die Erde eine Fruchtbarkeitsreserve, so daß die Ausbeutung bis heute weitergehen konnte. Trotz des seit Jahren andauernden Angriffs liefert der Boden weiterhin Reis und Getreide. Da die Bauern herausgefunden haben, daß sie Getreide anbauen können, solange sie Pestizide und Düngemittel verwenden, verlassen sich die Bauern bis zum heutigen Tage auf die Güte der Erde. Sie glauben, daß es richtig ist, die Erde zu zerstören und dadurch finanziell zu profitieren.

Im Westen jedoch gibt es eine solch nachsichtige Natur schon nicht mehr. Oberflächlich gesehen mag das Land sehr schön erscheinen, aber weil die Erde hart und ausgelaugt ist, haben die Bauern keine andere Wahl mehr, als auf chemische Düngemittel zu bauen. Tatsächlich ist die Energie, die in das Land gesteckt wird, manchmal größer als die Energie, die durch die Ernte gewonnen wird. Deswegen sind die Bauern dort in einer finanziell unsicheren Lage und können keine Gewinne erzielen. Als Folge davon müssen die europäischen Bauern im Vergleich zu den Japanern das zehnfache und die Amerikaner müssen gar das hundertfache an Land bewirtschaften, damit es sich lohnt. Allmählich wird ihnen bewußt, daß die Methoden, nach denen sie bis jetzt gearbeitet haben, nicht gut sind. Viele sind bereit, die natürliche Landwirtschaft auszuprobieren, da sie keine andere Alternative haben.

Obwohl auch die Bauern in Japan die Erde getötet und mit ihrer Wissenschaft verkrüppelt haben, meinen sie, sie könnten noch eine Weile so weitermachen. Wegen des Ausmaßes der Vergiftung der Lebensmittel haben sich auch in Japan einige wenige dazu entschlossen, natürliche Landwirtschaft auszuprobieren. In Japan sind viele Leute zum Kauf natürlicher Lebensmittel übergegangen, wegen der Umweltbelastung trauen sie normalen Lebensmitteln nicht mehr. Aber ich habe das Gefühl, daß es ein Fehler ist, die Dinge von dieser Seite aus anzugehen.

Die Menschen im Westen haben gemerkt, daß sie ihrem Körper schaden, wenn sie unnatürliche Nahrung essen. Sie haben das Vertrauen in die Nahrung verloren und wissen, daß sie nicht länger auf die Gnade der Natur um sich herum zählen können. Am Anfang steht bei ihnen die Erkenntnis, daß sie durch ihre eigenen Anstrengungen leben müssen, das ist für sie keine Angelegenheit von gut oder schlecht. Sie können dem nicht entfliehen, deshalb versuchen sie es so. Sie kommen zu mir und sagen:,,Ich weiß, daß die westliche Landwirtschaft, die Natur und mein Körper keine Chance haben, deswegen begebe ich mich auf diesen neuen Weg." Es ist eine Art ,,Dreisprung": wenn die Leute aus dem Westen auf meinen Hof kommen, haben sie die ersten beiden Sprünge schon gemacht. Alles, was noch zu tun bleibt, ist, den letzten Sprung zu tun. Aber die Japaner, die mich besuchen, befinden sich immer noch am Anfang der Anlaufbahn.

Die Japaner wiegen gern die Vorzüge des Westens und Ostens gegeneinander auf. ,,Bis heute sind wir dem japanischen Weg gefolgt," werden sie sagen, ,,deshalb sollten wir von jetzt an westliche Methoden übernehmen. Und was könnte besser sein, als beide zu kombinieren?" Im Gegensatz dazu sind die Leute im Westen verzweifelt und suchen nach einem ganz anderen Weg. Die Japaner eilen den Westlern auf dem Weg in die Irre hinterher, überholen die Westler, die kehrtgemacht haben, und bewegen sich nun in die entgegengesetzte Richtung.

Innerhalb kurzer Zeit wird auch Japans natürliche Schönheit vollkommen zerstört und durch eine falsche Natur ersetzt worden sein. Aber das scheint noch keiner wahrzunehmen. Das erste Zeichen ist das Kiefernsterben. Ich denke, das Tempo, in dem die Kiefernwälder zusammenbrechen, ist das gleiche, in dem die Natur in diesem Land zusammenbricht.

Ich bin sicher, daß der Schlüssel für die Wiederbelebung der zerstörten Natur im Westen die traditionelle Haltung der Umsicht und des Respekts ist, wie sie die japanischen Bauern der Erde entgegengebracht haben.

Aus diesem Grund müssen der Geist und die Seele der japanischen Bauern wiederbelebt werden. Aber diese Seele ist verlorengegangen; keiner wird heute mehr barfuß in einem Reisfeld herumkriechen. Hier eine Passage, die ich 1983 geschrieben habe:

- **Die Seele der Tausend Fehler wiederbeleben**

Die tausend Reisfelder, die unsere Vorfahren über tausende von Jahren hinweg mit viel Mühe aufgebaut haben, sind eine Miniaturstudie von Japan. Beim Anblick eines Bauern, der an einer hohen Steinmauer Unkraut jätet, kann sich das Geheimnis des Ostens offenbaren. Diese terrassenförmigen Reisfelder verbergen im reichsten Boden der Welt die über Jahrhunderte hinweg gewachsenen Erfahrungen.

Heute ist der Mond, der sich in den vielen einzelnen Feldern spiegelt, gebrochen in tausend verschiedene Bilder, gesehen durch tausend verschiedene Augen. Aber der Mond, der klar am Himmel schwebt, ist einzig. Gott, Natur und die Seele des Menschen — das, was alles unterschiedlich zu sein scheint — sind eins. Dies war und wird immer der einzige Weg des Menschen sein, zu leben.

Der einzige Weg ist, ohne erkennbares Ziel zu leben, Ehre und Reichtum vollständig abzulehnen, und im Einklang mit der Natur zu leben. Die Sorgen fließen weg mit dem Mond, der sich in den bewässerten Reisfeldern spiegelt. Die fünf Elemente, die für den Menschen wesentlich sind (Erde, Wasser, Feuer, Wind und Licht) kann man am Herdfeuer einer strohgedeckten Hütte finden. Das ist genug. Das Herdfeuer ist das Universum; nichts zu besitzen heißt, niemals ohne Besitz zu sein. Kultur und das Licht religiöser Lehren kann man nicht in den Städten und Tempeln mit blendendem Glanz finden. Vergiftet durch die moderne wissenschaftliche Landwirtschaft, deren Grundlage die westlichen Philosophien sind, die den Menschen von der Natur trennen, nähert sich das Land in den bäuerlichen Gegenden Europas und Asiens dem Untergang. Vegetation und Nahrung sind beide in eine falsche Richtung gegangen. Die Landwirtschaft ist die Wurzel der Kultur. Wenn die Methode der Landwirtschaft falsch ist, stört das die Eßgewohnheiten und die Kultur und zerstört ein Volk. Das krönende Werk, daß die menschliche Kunst im Zusammenspiel mit der Natur erlangt hat, sind die tausend Reisfelder. Der menschliche Geist und die Natur (Gott), die in diesen tausend Reisfeldern wohnen, sind in Japan im Sterben begriffen. Antike Ruinen mögen eines Tages verfallen, aber die tausend Felder dürfen niemals sterben.

Eines Tages wird das Trio, werden der alte Geist der japanischen Bauern, östliches Gedankengut und östliche Methoden miteinander harmonieren. Dann und nur dann wird es eine reichere, leichtere und entspanntere Form der Landwirtschaft geben, die die japanische Natur wie in der Vergangenheit erhält. Das ist unser Traum.

4. Die Welt des Buschmannes

Vor ein paar Jahren zeigte das japanische Fernsehen eine Dokumentarreihe über die Buschmänner im südlichen Afrika. Ich habe nur ein paar Sendungen gesehen, aber sie brachten mich dazu, über die Lebensweise des Buschmannes nachzudenken und darüber, ob die Natur, in der er lebt, die gleiche Natur ist, die die natürliche Landwirtschaft anstrebt.

Nach dem wenigen zu urteilen, was ich gesehen habe, geht es dem Buschmann gut, sein leuchtendes, fröhliches Gesicht deutet darauf hin. Ich hatte das Gefühl, zu wissen, warum er so ein Gesicht hat, die zivilisierte Gesellschaft mag ihn auslachen, aber das macht ihm nichts aus. Dies ist das Gesicht eines natürlichen Menschen, der in seiner eigenen Freude aufgehen kann.

Was mir aber auffiel, war die Umgebung, in der er lebt. Ich sah ihn mit dem Stock eine Art Wurzel ausgraben. Er mußte eine ganze Weile gehen, um diese Wurzel zu finden und auch, um Feuerholz zu sammeln. Das heißt, die Natur ist dort arm. Warum das Gebiet, in dem er lebt, so unfruchtbar ist, weiß ich nicht, aber wenn der Buschmann wirklich ein einfaches Leben führen und natürliche Landwirtschaft betreiben würde, dann wäre sicherlich die Natur um ihn herum üppiger. Der Buschmann lebt nur scheinbar ein natürliches Leben. Mit anderen Worten, die Balance zwischen den Menschen, den Tieren und den Pflanzen ist zerstört worden.

Der Buschmann hat, ich habe es schon gesagt, ein wundervolles glückliches und fröhliches Gesicht. Trotzdem deutet das nicht darauf hin, daß er die Natur wirklich kennt. Es ist ein Fehler anzunehmen, daß einfache Menschen oder Menschen, die eine natürliche Existenz führen, notwendigerweise natürliche Menschen sind. Vielleicht ist das Gesicht des Buschmannes wie das eines Kindes — ein Gesicht, das die Natur nicht kennt und Gott vergessen hat. Die Leute heutzutage haben sich von der Natur wegbewegt und sie vergessen. Aber auch einfache Menschen wie die Buschmänner kennen die Natur vielleicht nicht. Vielleicht leben sie nur an einem Ort, der von Gott verlassen wurde, als die Natur starb. Vielleicht sind sie glücklich, weil sie nicht wissen, daß sie in einer Welt leben, die von der Natur und von Gott verlassen wurde. Vielleicht haben sie den Segen der Unwissenheit.

Meine Vision ist es, mit Gott zu leben und ein Leben zu führen, in dem man sich aufrichtig der Natur erfreut. Dafür ist es sehr wichtig, die wahre Natur zu kennen.

Das Land des Buschmannes ist kein Paradies. Er lebt ein Leben voller Mühsal und Knappheit inmitten einer unnatürlichen Umgebung. Er hat ein schwieriges Leben und sich selbst der Verwüstung der Natur ergeben. Seine Welt ist verarmt, es gibt kein wirkliches ökologisches Gleichgewicht. Die unsichere Balance, die existiert, ist im Zusammenbruch begriffen. Der Buschmann wird weiterhin ärmer werden. Bei einer wahren ökologischen Balance, würde sich die Natur zu immer größerem Überfluß entwickeln und das menschliche Leben bereichern. Mit reicher meine ich, mehr mikrobisches Leben, reicheren Pflanzenwuchs und fruchtbareren Boden. Aber der Buschmann schafft es kaum, zu überleben, und er scheint nichts anderes zu tun, als seine trostlose Umgebung resigniert zu akzeptieren. Dies ist körperliche und seelische Armut, ich glorifiziere die Armut nicht.

Die Natur ist grundsätzlich perfekt. In ihr findet man die höchsten Wahrheiten, das höchste Gute und die größten Reichtümer. Sowohl spirituell als auch materiell ist die Natur mit dem größtmöglichen Reichtum ausgestattet. Die Natur ist ein Ort, wo Blumen blühen und Vögel singen, ein Ort voller Verse und Lieder. Hier liegt alles. Sie ist ein Paradies, in dem Freude und Zufriedenheit regieren. Dies ist die Richtung, in die sich die Natur bewegt. Die Natur ist niemals einen Moment zu spät oder zögernd.

In gewissem Sinn bewegt sich die Natur nicht nach vorne und weicht auch nicht zurück. Es mag so scheinen, als würde ich mir selbst widersprechen. Aber wenn man es von einer natürlichen Perspektive aus sieht, die sich über Zeit und Raum hinweg ausdehnt, ist beides ein und dasselbe.

Die Natur ist immer absolut perfekt; sie fließt beständig von Perfektion zu Perfektion. Ihre äußere Form ändert sich mit der Zeit, aber die Natur selbst ist unwandelbar und unbeweglich. Es gibt kein ,,höher" oder ,,niedrig" bei Gott und der Natur, denn die gegensätzlichen Zustände von Vollkommenheit und Unvollkommenheit existieren nicht. Wissenschaftlich, relativ und kurzsichtig gesehen, scheint die Natur sich vom Einfachen zum Komplexen zu bewegen. Sie scheint sich vorwärts zu bewegen und weiter zu entwickeln . Das ist jedenfalls das, was Darwin in seiner Evolutionstheorie sagt. Aber natürlich ist das nicht der wahre Zustand der Natur, höchstens ihre äußere Form.

Ich war selbst erstaunt, als ich den Weg der natürlichen Landwirtschaft einschlug und feststellte, daß die Insekten in meinen Feldern neue Reissorten schaffen. Dies scheint die Idee zu unterstützen, daß die Natur viele Dinge willkürlich schafft und immer reichhaltiger wird. Zum Beispiel die Akazie: sie bereichert nicht nur den Boden jedes Jahr, ihre Blüten liefern unendlich viele Pollen für die Honigbienen, und sie verstreut eine unglaublich große Samenmenge, das mag verschwenderisch erscheinen, aber sie liefert auch Samen für Insekten und Vögel. Dieses Bespiel kann auch als Beweis dafür angesehen werden, daß die Natur, die im Einklang mit sich ist, sich zu blühender Fülle entwickelt. Die Seele der Natur sucht keinen Verfall. Nach wie vor ist der Mensch verantwortlich, wenn die Natur zusammenbricht. Wenn schwerer Regen eine Bergseite zum Abstürzen bringt, dann scheint das natürliche Zerstörung zu sein. Aber von einer anderen Warte aus betrachtet, zerstört die Natur sich nicht selber. Sie nimmt nur viele verschiedenen Formen an.

Wann immer wahre natürliche Zerstörung vorzuliegen scheint, hat der Mensch den Lauf der Natur zu einem früheren Zeitpunkt gestört und den Verfall verursacht. Das Zugrundegehen des Bodens und das Blühen künstlicher Getreidesorten zeigen die Zerstörung der Natur. Auch, wenn die Reisernte reichlich ist, wird die Humusdecke dünner. Insekten und Frösche leben nicht länger im Feld, und Libellen fliegen nicht mehr darüber hinweg. Wenn kein Gedicht oder Lied zurückbleibt, ist die Natur gestorben und läßt den Menschen in materieller und spiritueller Verarmung zurück.

Wenn die Natur in Wahrheit reich und üppig ist, dann sollte der Mensch fähig sein, in ihrer Umarmung ein glückliches Leben zu führen. Für mich ist der Anblick von Gewächshäusern, Reihe an Reihe, ein Zeichen der Armut.

Nach meinen Berechnungen könnte man, wenn man jedes Jahr einen einzigen Akaziensamen in die Erde steckt, mehrere Male in seinem Leben eine schöne Bergkette wiederaufforsten. Wenn das Haus durch einen Sturm oder durch ein Erdbeben zerstört würde, könnte man sich über die Gelegenheit freuen, eine neue Behausung zu bauen. Ich frage mich, was wohl erfreulicher ist: dies, oder sein Leben lang die Demütigungen zu ertragen, die die Welt anzubieten hat, während man sich das notwendige Geld zusammenspart, um sein eigenes Haus zu bauen, wo man endlich frei atmen kann?

Ich rede hier nicht darüber, zur Vergangenheit zurückzukehren. Ich schlage vor, es eine Rückkehr zur Gegenwart zu nennen. Das beinhaltet weder ein Festhalten an der Vergangenheit, noch irgendwelche Erwartungen an die Zukunft, sondern einfach in der Natur der Gegenwart zu leben. Alles, was wir tun müssen, ist, uns dem Fluß der Natur zu ergeben. Wenn man sich in dem großen Fluß der Natur bewegt, gibt es kein ,,schnell'' oder ,,langsam'' mehr. Es gibt ein Tempo der Natur, und doch gibt es keines. In der Natur existiert die Zeit und existiert doch nicht. Wir unterscheiden zwischen Morgen und Abend. Aber die Natur hat keine Nacht und keinen Tag. Wenn die Leute in der Lage sind, aufzuwachen, wenn der Tag kommt, und zu schlafen, wenn die Nacht kommt, dann existiert Zeit nicht länger.

Man muß ganz in der Gegenwart leben, sich nicht vom Strom wegtragen lassen, sondern seine ganze Energie auf den Augenblick, auf diesen Moment richten, das ist wahrhaft reiches Leben.

Die Natur ist eine erstaunliche Realität. Man muß immer im Kopf behalten, daß es eine überwältigende Erfahrung sein kann, mit der wahren Natur in Kontakt zu kommen. Dies ist im Grunde eine Welt der Inspiration, die mit Recht ,,Der Große Geist'' genannt werden darf.

Die Berührung mit dem großen Geist

Vor einiger Zeit machte sich in Tokyo eine Prozession auf den Weg, die sich ,,Marsch für das Überleben'' nannte. Ihr Weg ging durch Hokkaido, und in einer kalten Winternacht erreichte sie mein Haus. Mir fiel eine junge Indianerin auf, die ihre Hände am Herdfeuer ausstreckte und ihren Körper wärmte. ,,Warum bist du diesen ganzen Weg gelaufen?'' fragte ich. ,,Ich habe nach mir selber gesucht'', antwortete sie.

Ohne viel darüber nachzudenken, sagte ich: ,,Aber du bist genau *hier*, nicht wahr?''

Sie schaute überrascht zu mir hoch und starrte mich eine Weile an. Dann rief sie plötzlich: ,,Oh... Großer Geist! Großer Geist!''

Am nächsten Tag sagte sie, sie hätte sich entschieden, nicht mit den anderen weiter nach Kyushu zu gehen, sondern nach Amerika zurückzukehren.

Alle waren sprachlos, aber als sie ihr strahlendes Gesicht sahen, versuchten sie nicht, sie umzustimmen.

Als der Abschied kam, umarmte sie jeden. Ich widmete ihr in meinem Herzen ein Gedicht. Es war ein gutes Gedicht, doch beim Abschied gab ich ihr nur meine guten Wünsche mit auf den Weg. Ich glaube, daß im Moment, als sie an etwas Wunderbares rührte — vielleicht die Heimat ihrer Seele oder den Geist Gottes, der sich in der Natur verborgen hält — die Worte ,,Großer Geist" unwillkürlich über ihre Lippen kamen. Für mich war es ein wundervoller Tag, an dem ich den großen Geist der amerikanischen Indianer berühren durfte und die Weite und den Glanz der Seele von Mutter Natur spürte.

5. Landwirtschaft für morgen

Natürliche Landwirtschaft für eine neue Zukunft

Ich habe schon gesagt, daß natürliche Landwirtschaft keine primitive Form der Landwirtschaft ist. Sie ist weder eine Variante der organischen Landwirtschaft, noch eine landwirtschaftliche Methode von früher. Natürliche Landwirtschaft ist ein Weg der Landwirtschaft, der Vergangenheit und Zukunft transzendiert. Ich glaube, sie ist ein Weg der Landwirtschaft, der seit Gandhis Tagen praktiziert wird. Sie ist nur noch nicht konkret in Erscheinung getreten. Es mag Leute geben, die die Realität Gottes kennen. Aber die meisten Leute kennen Gott nicht, und sie erkennen auch nicht, daß er existiert. Das ist auch früher schon so gewesen.

Ich finde es nicht im mindesten überraschend, daß nichts Konkretes zurückgeblieben ist, nichts, was Gandhi-Landwirtschaft genannt werden könnte. Es wäre nur natürlich, wenn es eine Form der Landwirtschaft gäbe, die versucht, so wenig wie möglich zu tun, um Getreide für den Fortbestand des Menschen anzubauen. Wenn die Leute, mit dem Ziel, eine wirklich einfach Art der Landwirtschaft zu finden, in der Lage wären, wie Vögel, die ihre Nahrung einfach vom Feld auflesen, zu leben, dann könnte die natürliche Landwirtschaft als brauchbarer Weg überleben.

Wenn es auf der anderen Seite als harte Arbeit angesehen würde, Reis auf den tausend Reisfeldern anzubauen, als Leben, in dem das Herz durch die tausend

Monde, die sich in den Feldern spiegeln, entzweit wäre, dann wäre dieser Weg der Landwirtschaft schwierig und hätte keinen Bestand.

Bis man die Frage sicher mit „ja" beantworten kann, ob es wahre Freude vermittelt, viele tausend Felder zu bebauen, und ob irgend ein Wert in der Erfahrung der Bauern liegt, die nichts anderes kennen, die dort geboren sind, dort arbeiten und dort sterben, muß sich das Wertsystem der Bauern und der Gesellschaft allgemein vollkommen ändern, und die gängigen Landwirtschaftsmethoden müssen durch leichtere Methoden ersetzt werden.

In diesem Sinne ist natürliche Landwirtschaft mehr ein auf die Zunkunft und nicht auf die Vergangenheit verweisender Weg. Ein natürlicher Bauer kann den Mond betrachten, der sich in den vielen Reisfeldern spiegelt und ein ruhiges Leben frei von den Sorgen der Welt genießen. Im Familiengemüsegarten mit natürlicher Landwirtschaft ein wahres menschliches Leben führen — dies ist das Ideal, das meiner Vision entspricht.

Wenn sich die Gesetze ändern würden, wenn die 120 Millionen Japaner, anstatt sich in Tokyo und den anderen städtischen Zentren zusammenzuballen, sich über das gesamte Ackerbauland, das dieses Land hat, ausbreiten könnten, würde das für jeden der 60 Millionen Erwachsenen 1000 qm bedeuten. Ohne Maschinen zu gebrauchen, könnten sie auf ihrem Stück Land ein Haus bauen und alles anbauen, was sie brauchen — Gemüse, Obst, Getreide. Wenn sie, um einen Schutz rings um ihr Grundstück anzulegen, jedes Jahr ein Samenkorn oder ein Schößling der *australischen Akazie* in die Erde bringen würden, dann hätte in zehn Jahren jeder genug Brennmaterial für sein Heim und brauchte keinen einzigen Tropfen Heizöl. Japan wäre groß genug dafür.

Hier mag man einwenden: „Aber was ist mit Autos? Was ist mit diesem und jenem?" Doch wenn sie darauf vorbereitet wären, ein Leben abzulehnen, wo jeder mit dem Auto herumfährt, und wenn sie stattdessen das Leben in einer Berghütte genießen könnten, dann hätten sie auch alles Lebensnotwendige direkt zu ihren Füßen. Man könnte ein spirituelles Leben ohne den geringsten Mangel und die geringste Unannehmlichkeit führen. Dies hätte idealerweise die Form kleiner, autarker Gemeinschaften. Für alles würde an Ort und Stelle gesorgt.

Das Heim, die Gemeinde und das Land, alle wären in der Lage, autark zu leben und sich selbst zu versorgen. Dann könnten sich alle Menschen auf der Welt endlich aus einer Position der Gleichheit heraus die Hände reichen.

Ausländer sind entschlossene Leute

Wenn sich jemand dafür entscheidet, seinen Beruf aufzugeben und natürliche Landwirtschaft zu betreiben, dann wird er ohne Zweifel davon leben können. Aber die meisten Menschen machen sich Sorgen darüber, ob sie auch wirklich ihren Lebensunterhalt verdienen können. Zumindest sorgt das die Japaner am meisten, wenn sie einen solchen Schritt in Betracht ziehen. Sie sagen, daß sie Frau und Kinder zu versorgen haben, und worüber sie sich am meisten Gedanken machen, ist, wie sie ihre Kinder in die Schule schicken könnten, wenn sie sich irgendwo in den Wäldern niederlassen würden, um Landwirtschaft zu betreiben. Viele Leute beschäftigt auch, daß sie ohne Elektrizität nicht das moderne Leben von heute führen können. Das ist vermutlich richtig, denke ich.

Ich möchte gern von einem jungen Mann namens *Kobayashi* erzählen. Er kam mit seiner jungen Frau und einem neugeborenen Kind auf meinen Hof und blieb drei Jahre. Beim Abschied sagte er mir: ,,Ich mache mir Sorgen, was aus unserem Sohn wird, wenn er ins Kindergartenalter kommt." ,,Mein Gott", sagte ich, ,,du bist ein intelligenter Junge mit Universitätsdiplom, und du machst dir darüber Gedanken, ob du in der Lage bist, dein Kind zu erziehen?" Das gab ihm zu denken und half ihm bei seinem Entschluß. Sie ließen sich irgendwo tief in den Bergen nieder, rodeten 2000 qm und schafften sich ein Kalb an. Als ich ihn vor kurzem sah, sagte er mir, daß sie noch nicht einmal soviel Land gebraucht hätten, die Hälfte sei mehr als genug.

Ein solcher Schritt läßt sich leichter realisieren, wenn man noch allein ist. Deshalb klappen viele Dinge auch in einer Wohngemeinschaft, die aus unverheirateten Leuten besteht, einigermaßen gut. Bei verheirateten Paaren gibt es Komplikationen, wenn der eine etwas möchte, der andere aber nicht.

Ausländer tun sich in diesen Dingen leichter. Wenn zum Beispiel ein Paar eine Affaire anfängt, dann schauen die anderen Leute einfach weg. Das würde in Japan nicht passieren. Hier würde jeder gleich fragen, ob man heiraten will oder nicht; sie würden einem keine Ruhe lassen. Die Leute aus dem Westen würden einfach sagen:,,Tu, was du willst." Im Westen schließt man sich in seinem Haus ein und mischt sich nicht in die Angelegenheiten anderer. In Japan ist das ganz anders. Das macht sogar das Gemeindeleben schwierig. Damit kann auch der fundamtentale Unterschied in den Denkweisen der beiden Kulturen zu tun haben. Und das Gleiche gilt für natürliche Landwirtschaft: wenn jemand aus dem Westen beschließt, es zu versuchen, dann tut er es auch. Die Japaner ziehen es vor, die Dinge zuerst mit Mutter, Vater und sonst jemandem zu besprechen. Sie müssen jedermanns Meinung dazu hören, bevor sie einen Entschluß fassen. Aber dies alles verwirrt sie nur und macht sie handlungsunfähig. Im Westen fragt man niemanden nach seiner Meinung. Man entscheidet sich und handelt. Schon den Kindern wird beigebracht, selbständig zu sein, deswegen haben die Menschen im Westen ein starkes Gefühl für Selbständigkeit. In Japan werden die Kinder zuhause von der Mutter und der Großmutter aufgezogen. Nichts wird getan, ohne daß es von allen diskutiert wird. Entscheidung und Handeln sind immer eine gemeinsame Anstrengung.

Ich habe zum Beispiel gehört, daß den Kindern in Kalifornien erlaubt wird, selbst zu entscheiden, wann und ob sie die Schule besuchen oder nicht. Wenn sie sich gegen die Schule entscheiden, dann müssen die Eltern sie zuhause unterrichten. Die Kinder werden so aufgezogen, daß sie in solchen Angelegenheiten für sich selbst entscheiden können, und die Eltern respektieren dies.

Wenn sich die Leute aus dem Westen einmal entschieden haben, daß natürliche Landwirtschaft der Weg ist, den sie gehen wollen, dann ist die Frage, ob sie sich davon ernähren können oder nicht, von untergeordneter Bedeutung. Da man nichts wissen kann, wenn man es nicht versucht, stellen sie diese Sorge hintan und fangen sofort mit der natürlichen Landwirtschaft an.

Auf die Menschen aus dem Westen machen Japaner einen unentschlossenen Eindruck. Man kann schlecht einschätzen, ob die Antwort, die sie geben, ja oder nein bedeutet. Wenn im Westen zum Beispiel jemand gegen Atomwaffen ist, dann ist er, auch wenn er zugeben mag, daß Atomkraft auch für nützliche Zwecke eingesetzt werden kann, grundsätzlich dagegen.

Die Japaner sind dagegen eher ein durchtriebenes Volk ohne feste Überzeugungen. Sie wägen das Gute gegen das Schlechte ab und entscheiden sich immer für das, was ihnen zum Vorteil gereicht.

Im Westen wenden sich die, die der Ansicht sind, daß die westliche Zivilisation zum Stillstand gekommen ist, ohne zurückzuschauen der östlichen Kultur zu. Die Japaner hingegen picken sich aus beiden Zivilisationen das heraus, was ihnen gefällt, aber sie entscheiden sich nicht definitiv.

Da sie wissen, daß die moderne wissenschaftliche Landwirtschaft, die auf der westlichen Philosophie basiert, für die Zerstörung der Natur verantwortlich ist, während die fernöstlichen Praktiken die Natur schützen, sind viele Bauern im Westen ohne zu zögern zu östlichen Landwirtschaftsmethoden übergegangen. Aber die Japaner wägen lieber sorgfältig die Vor- und Nachteile von beidem ab, und wählen aus, was ihnen in dem Moment gerade am besten paßt. Und das nur, nachdem sie die Angelegenheit mit jedem, den sie kennen, besprochen haben, sie nehmen sich sehr lange Zeit, bis sie sich entscheiden. Junge Leute im Westen entscheiden sich auf der Stelle, ohne auch nur mit ihren Eltern zu reden.

Bedenkt man den Volkscharakter der Japaner, so scheint die natürliche Landwirtschaft in Japan wenig Verbreitungschancen zu haben. Und dies, obwohl das traditionelle kulturelle Klima des Ostens der Entwicklung von natürlichen ,,Nichts-Tun"-Menschen doch zu entsprechen scheint. Für die Ausländer ist der Aufbau einer natürlichen Farm die Verwirklichung einer Utopie. Die Japaner denken sich das Paradies als mythische Welt, aber für die Leute im Westen ist das Paradies eine sehr lebendige Utopie, sie wissen, daß die gegenwärtige Gesellschaft keine Zeit mehr verschwenden darf, um dorthin zurückzukehren.

In letzter Zeit wird in Japan viel darüber geredet, die Umwelt zu schützen und die natürliche Vegetation wiederherzustellen. Aber wenn ich davon spreche, zur Natur zurückzukehren und die heiligen Dorfhaine der Vergangenheit neu anzulegen, fragt man mich:,,Zu welchem Zweck? Um im Wald zu wandern?" Die Idee, dort ein Utopie zu verwirklichen, kommt ihnen nicht.

Anders ausgedrückt: wenn ich davon rede, zur Natur zurückzukehren, haben die meisten Leute in Japan keine Vorstellung davon, wo die Natur ist und was es bedeutet, dorthin zurückzukehren.

Es ist also leicht zu verstehen, warum sie nicht ernsthaft bei der Sache sind. Unfähig, wahre Natur von falscher Natur zu unterscheiden, nehmen sie oft die bloße Imitation für das Wirkliche. Es überrascht also auch nicht, daß sie nicht in der Lage sind, sich die Natur als eine Utopie vorzustellen.

Das wahre Leben kann man am Herdfeuer finden. Hier hat man nichts, aber gleichzeitig hat man unerschöpfliche Reichtümer. Alle fünf Elemente, von denen die alten Griechen gesprochen haben, sind hier gegenwärtig. Wenn diese Vorstellung allerdings nur im Kopf existiert und man sie nie direkt erfahren hat, dann spürt man am Herdfeuer nur dessen Rauch und nichts von der Freude der Unendlichkeit.

Das Herdfeuer ist das Universum, und das Universum ist ein trunkener Traum in einem irdenen Topf. Vielleicht sollte es einmal gesagt werden: statt zur der Welt des Erhabenen aufzuschauen, ist es besser, am Herdfeuer anzufangen.

Ein Utopia errichten

Die Struktur der bäuerlichen Gemeinden in Japan ist vielleicht aus den Bedürfnissen des Lebens selbst entstanden. Die üblichen Nachbarschaftseinheiten, die aus fünf Familien bestehen, könnten z.B. entstanden sein, weil man mindestens vier Leute braucht, um einen Sarg zu tragen. Aus den kleinsten Einheiten mit fünf Familien wurden Einheiten, die aus zehn Familien bestanden, um in Gemeinschaftsarbeit Straßen und Bewässerungskanäle zu bauen. Das Siedlungsmuster der heutigen Bauerndörfer hat sich wahrscheinlich mit dem Beginn des gemeinschaftlichen Verpflanzens und Erntens entwickelt.

In größeren Städten läßt sich ein anderes Siedlungsmuster beobachten. In ,,Tempelstädten" wie in Kyoto zum Beispiel, sammelten sich wahrscheinlich Studenten und Schüler in der Nähe eines Priesters, ließen sich irgendwo nieder und bildeten eine sprituelle Gemeinschaft. Aber als es dann verheiratete Paare gab und andere sich vom aktiven Dienst zurückzogen, bauten sie von der Gemeinschaft abgetrennte Flügel oder unabhängige Wohnungen. Als die Leute anfingen, Zäune um ihre Häuser zu bauen, wurden die Beziehungen zu den Nachbarn distanzierter.

Ich nehme an, daß größere Gebiete mit Wassergräben und starken Mauern umgeben wurden, um dies zu verhindern und den Zusammenhalt in der Gemeinde aufrechtzuerhalten. In den Tempelstädten entwickelten sich die anfangs spirituellen Gemeinschaften zu den Nachbarschaftsgemeinden, wie wir sie heute noch in den Städten sehen. Ich glaube, daß es der Ausgangspunkt zur Schaffung solcher Gemeinschaften war, *Utopias* zu errichten.

Ein Stadtplaner hat mir einmal gesagt, daß riesige Flächen frei würden, wenn alle einstöckigen Häuser Tokyos durch 20-stöckige Gebäude und Eigentumswohnungen ersetzt würden. Diese Flächen könnte man dann bepflanzen und so eine schöne, lebendige städtische Umgebung schaffen. Aber irgendwie zweifele ich daran, daß Gebäude, die von einer künstlichen Natur umgeben sind, jemals eine angenehme und dauerhafte Heimstätte für den Menschen sein können. Der Mensch wird auf der Erde geboren und stirbt auf ihr. Wenn er sich vom Land trennt, kann er den Bestand des Wesentlichen nicht wahren.

Viele junge Leute, die auf meine Farm kommen, haben die aufrichtige Hoffnung, wahre, natürliche Menschen zu werden. Sie sind frei und offen genug, um ein offenes Familienleben mit dem Gemeinschaftsleben zu verbinden. Bei mir haben sich junge Leute versammelt, die bis zu drei Jahren gemeinschaftlich hier lebten und studierten. Wenn sie die Zuversicht haben, es alleine zu schaffen, gehen sie weg, wie junge Bienen, die sich vom Mutterbienenstock lösen, um eigene Bienenstöcke zu gründen.

Die Frage, ob Landwirtschaft in der Klein- oder Großfamilie vorzuziehen sei, und ob eine kommunale oder eine kooperative Organisation besser sei, hängt — um auf die Bienenanalogie zurückzukommen — wirklich davon ab, von welcher Blume der Nektar gesammelt wird. Wenn die Natur reich und üppig ist, dann ist eine getrennte Einfamilien-Landwirtschaft machbar. Aber wo die natürliche Umgebung kärger ist, kann es notwendig sein, eine engverbundene Gemeinschaft zu bilden.

Noch wichtiger ist, daß auch in der Gemeinschaft alleinstehende Leute leben, und daß diese Menschen trotz ihres Alleinseins eine große, umfassende Liebe für die Gesellschaft und die Menschheit haben. Der Mensch kann nicht durch Systeme festgelegt werden. Es geht nicht darum, die Menschen durch Systeme zu schützen, in einem Paradies unverfälschter Natur wird kein System mehr nötig sein.

Die Frage von privatem oder öffentlichem Landbesitz wäre kaum ein Problem, wenn diejenigen, die arbeiten, so viel Land bekämen, wie sie bearbeiten können. Besitzrechte, die es nur deswegen gibt, um die Besitzgier zu befriedigen, machen überhaupt keinen Sinn. Da es keine Möglichkeit gibt, Habgier zu mäßigen, gibt es auch keine Grenze für solche Wünsche, die nur dazu dienen, die Welt in Unordnung zu stürzen.

Viel besser wäre der Aufbau einer freien Umgebung, die eher den Wunsch befriedigt, Land zu kultivieren, als es zu besitzen.

Japan ist ein kleines, dicht besiedeltes Land, wovon 70 Prozent bewaldet oder bergig sind. Doch obwohl nur 30 Prozent des Landes bebaubar sind, stünden im Durchschnitt jeder Familie mehr als 4000 qm Ackerland zur

Verfügung, bestimmt genug, um die Nahrung anzubauen, die eine Familie zum Leben braucht. Land ist für die Bauern wertvoll, und es ist leicht einzusehen, warum sie es nicht abgeben wollen. Das ist aber nicht der Grund für die in letzter Zeit steigenden Bodenpreise. Die Bauern haben — früher wie heute — ihr Land untereinander zu einem gleichbleibenden Preis, der einer bestimmten Menge Reis entsprach, ge- und verkauft. Die horrenden Bodenpreise, die wir in letzter Zeit erleben, sind eine Folge der Spekulationen staatlicher Gesellschaften.

Obwohl Japan ein kleines Land ist, gibt es hier Land genug, um Häuser zu bauen. Es ist nur so, daß Gebiete, die als Bauland ausgewiesen sind, begrenzt sind. Wenn die Leute in den Städten Häuser in den Hügeln und Bergen und in den Reisfeldern und Äckern bauen könnten, dann gäbe es unbegrenzt viel Land. Land, das zum Wohngebiet erklärt wird, und auf dem Häuser gebaut werden dürfen, muß eine etwa vier Meter breite Straße haben, breit genug für ein Feuerwehrauto und ein Abwassersystem. Das Gesetz erlaubt nicht, Häuser in Wäldern, Wiesen oder auf Ackerland zu bauen, aber Hütten ohne Elektrizität und mit Reisstrohböden kann man bauen, wo immer es einem gefällt.

Wenn die Leute in den Städten sich zu einem Leben in den Bergen entschließen würden oder Kampagnen gegen die Zoneneinteilung starten würden, würden die Bodenpreise fallen. Es würde ein Gesetz genügen, das festlegt, daß Häuser nicht dicht nebeneinander gebaut werden dürfen, sondern in einer Entfernung von mindestens 100 Metern stehen müssen. Jedem stünde es frei, eine strohgedeckte Hütte oder ein Bambushaus zu bauen, wo immer er will. Eine Umgebung wo das Wasser aus einer Quelle kommt und die menschlichen Exkremente zur Erde zurückgeführt werden, ist am saubersten, und der Platz, wo die Leute ein freies und schönes Leben führen können.

Nur überfüllte Wohnbezirke brauchen eine Wasserversorgung und Abwassersysteme und die Feuerwehr. Und so hoch das moderne, zivilisierte Leben auch entwickelt sein mag, man kann es niemals mit der Vollkommenheit eines Lebens in Harmonie mit der Natur vergleichen.

Was brauchen die Menschen eigentlich zum Leben? Wenn eine Familie zehn Hektar Land hat, auf dem sie Reis, Getreide, Gemüse und Früchte anbaut, wenn sie ihre Kleider aus Baumwolle herstellen und das Haus mit Bambus, Akazien und anderen Bäumen umgeben ist, dann haben sie alles, was sie das Jahr über brauchen: Essen, Kleidung, Unterkunft und Brennholz.

Es gibt nichts mehr, was sie mit dem Auto herbeiholen und kaufen müßten. Die Ängste und Sorgen der Gesellschaft über soziale Systeme und Gesetze haben nichts mit dem Leben in einer Berghütte zu tun. Wenn man ein Haus in der Wildnis bauen würde, weit weg von solchen Sorgen, und um sich herum ein reiches natürliches Gebiet schaffen würde, dann würde dies bestimmt das Paradies für natürliche ,,Nichts-Tun''-Menschen werden.

In europäischen Ländern wie der Schweiz, Österreich und auch in Holland, das zu den am dichtesten besiedelten Ländern Europas gehört, findet man, sobald man aus den Städten aufs Land kommt, Häuser, die allein inmitten weiter Wiesen und tiefer Wälder stehen. Zum Teil sind die Straßen gerade und asphaltiert, viele sind holprig und gewunden, an denen ruhige, alte Holz- oder Ziegelhäuser stehen. Es hätte mich nicht gewundert, wenn dort ein Kreuzritter in Rüstung oder sogar Don Quichotte selbst herausgetreten wäre, um mich zu begrüßen. Auch im zivilisierten Europa gibt es noch Menschen, die das Leben in den Berghütten der Vergangenheit genießen.

Natürlich versuche auch ich, meine natürliche Farm in ein Utopia zu verwandeln, aber selbst wenn ich ein ideales Dorf schaffen könnte, es gäbe keinen, der dort leben wollte. Die Kinder aus der Stadt können in meinen Hütten, wo Fenster und Türen aus Reispapier bestehen, vor Angst nicht schlafen. Und das Leben in meinem Obstgarten auf dem Berg wird ihnen bald langweilig. Wenn sie mit meinen Orangen Fangen spielen würden, wären sie es bald leid und würden fragen: ,,Gibt es denn keine anderen Früchte hier?" Wenn ich sagen würde: ,,Da hinten steht ein Dattelpflaumenbaum", würden sie weglaufen und sagen: ,,Ich habe keine Zeit, so weit zu gehen."

Und wenn man den Eltern sagt, sie sollten ein paar Süßkartoffeln backen, können sie noch nicht einmal ein Feuer im Ofen machen. Und sie haben Angst, obwohl ich ihnen erkläre, daß das Feuer ruhig allein gelassen werden kann, ohne daß die Hütte Feuer fängt.

Ich lehre sie, das Feuerholz in der Form des chinesischen Zeichens für Feuer (火) zu legen, und erkläre, daß das Feuer im Winter und Sommer unterschiedlich angezündet wird. Wenn es endlich brennt, macht ihnen der Rauch so sehr zu schaffen, daß Kartoffelbacken nicht mehr in Frage kommt. Die Hausfrau aus der Stadt ist weit davon entfernt, ein zivilisierter Mensch zu sein, sie ist zu einem Tier geworden, das Angst vor dem Feuer hat.

Die Hausfrau, die die Knopfdrückbequemlichkeit des Stadtlebens gewöhnt ist, hat keine Vorstellung davon, wie sie mit den Dingen in den Berghütten umgehen soll. Die Aussteiger aus der Stadt fühlen sich schon eher wohl hier im Obstgarten. Sie werden oft als Individuen betrachtet, die kein soziales Verständnis haben, weil sie einen andern Weg eingeschlagen haben als der Normalbürger. Aber was passiert, wenn Menschen mit einer ganz anderen Sichtweise der Dinge hierher kommen? Im Buddhismus werden jene, die vom ausgetretenen Pfad abweichen, als Ketzer angesehen. Wie der Zuschauer, der die Handlung auf dem Spielfeld besser verfolgen kann, als die Spieler selber, so ist das Individuum, das vom Weg des Buddha abkommt und einer anderen Straße folgt, seiner selbst bewußt und kann erlöst werden, während der, der sich in buddhistische Lehren versenkt, die Sicht des Buddha verliert. Der Schurke im Knast ist eher zu erlösen, als der tugendhafte Mann, der alles zu wissen scheint.

Die, die denken, die Natur zu verstehen, fühlen sich auf meiner Farm nicht wohl. Wenn sich nur ,,Ketzer" auf meiner Farm versammeln würden, dann würden vielleicht ein oder zwei die Gunst der Welt gewinnen.

Meine Farm steht aber Studierenden nicht mehr offen und ich empfange auch kaum noch Besucher. Ein Grund dafür ist, daß ich selbst nicht mehr so viele Jahre zu leben habe. Mein Entschluß, mich zurückzuziehen, ist aber eher darauf zurückzuführen, daß ich jetzt die Perspektive sehe, daß sich die Farm selbst erhalten kann, ohne daß ich mich um sie kümmern muß.

Selbst ohne daß jemand sie betreibt, müßte die Farm eigentlich in der Lage sein, sich auf natürliche Weise zu verbessern. Ich glaube, was ich bis jetzt getan habe, ist, eine Möglichkeit zu schaffen, eine durch die wissenschaftliche Landwirtschaft zerstörte Farm zu ihren ursprünglichen Bedingungen zurückzuführen.

Wird der Erde die Chance gegeben, ihr früheres, fruchtbares Selbst zurückzugewinnen, dann würde sie sich erholen, selbsterhaltend werden und sich auf natürliche Weise in einen idealen Zustand transformieren.

Wenn die Natur einmal vollkommen wiederhergestellt sein wird, dann wird die Farm keine Pflege mehr brauchen. Mein Arbeit als Verwalter wird beendet sein.

In Erwartung dessen, habe ich einige *haiku* geschrieben:

Um diese kleine Hütte
blühen Kirschen und Weinreben
Und Hähne krähen

Blühender Rettich
Hühner hier und da verstreut
Niemand ist zu sehen.

Ein irdisches Paradies, voll mit Pfirsich- und Kirschblüten, mit blühendem Rettich und Wein, dem Bellen eines Hundes und dem Gackern der Hühner. Stellt Euch vor, Ihr trinkt inmitten alldessen am Herdfeuer Tee:

Roh von Hand gehauen
stehen die Firststangen der Hütte
dem Herdfeuer im Frühling ausgesetzt

Dies sieht aus wie ein feines Leben, nicht wahr? Vielleicht ist dies überhaupt kein Paradies, sondern eine Flucht vor der Wirklichkeit!?

Kapitel II

So sah ich Europa

1. Meine Reise in Geta und Monpe

Ich reiste 1983 nach Europa. Ich war eingeladen worden, auf mehreren Sommercamps Vorträge zu halten. Ein junger Grieche namens *Panos* und eine junge Italienerin, *Miriam*, die beide auf meiner Farm gewesen waren und mitgearbeitet hatten, boten sich an, mich zu begleiten, und so entschloß ich mich, zu gehen. Insgesamt verbrachte ich 50 Tage in Europa. Die beiden kümmerten sich um alles, und ich hatte eine angenehme und sorglose Fahrt in *monpe* (weiten Baumwollhosen) und *geta* (japanischen Holzschuhen).

Ich reiste mit dem Auto durch fünf oder sechs Länder, genoß die wundervolle Landschaft und besuchte einige größere Bauernhöfe, die an neuen Wegen der Landwirtschaft arbeiten. Einige Male sprach ich auch vor großen städtischen Auditorien. Wir sahen uns Sehenswürdigkeiten an, und auf langen Ausflügen hielten wir an Straßencafés, um Tee zu trinken. Wo immer ich hinkam, warteten Leute auf mich, die ich direkt oder indirekt kannte, deshalb gab es weder mit dem Essen noch mit der Sprache Probleme. Und in den Sommercamps war meist für eine Simultanübersetzung in drei bis fünf Sprachen gesorgt.

Der Klang meiner Schritte

Meine ungewöhnliche Aufmachung führte zu einigen unvorhergesehenen Ereignissen. Ich war schon so angezogen ins Flugzeug nach Europa gestiegen. Als wir in *Anchorage* kurz zwischenlandeten, bin ich ausgestiegen, um mir die Beine zu vertreten. Ich ging durch die Ladenstraße des Flughafens, plötzlich rief ein junges, westliches Mädchen, das an einem der Souvenirstände arbeitete, auf japanisch: „Willkommen, *Hanasaka-Jiisan.*"*** Alle Leute drehten sich nach mir um, und dann fingen wir an zu lachen. Dies gab mir die Gelegenheit, mit den

---

ANMERKUNG:*** Eine Anspielung auf die Hauptfigur in einem japanischen Volksmärchen, die ähnlich angezogen ist.

Leuten etwas ins Gespräch zu kommen. Normalerweise besteigen die Leute ein Flugzeug stocksteif, so als wären sie Feinde. Aber wenn ich dabei bin, lockert das die Atmosphäre etwas auf.

Auf dem *De Gaulle-Flughafen* ging ich umher und suchte den Abflugsschalter für das Flugzeug in die Schweiz, als ein Polizist kam. Angesichts dieses kleinen Mannes in der seltsamen Kleidung rief er: ,,Wundervoll!" und führte mich höchstpersönlich zum richtigen Schalter.

Ich folgte ihm gehorsam, und die Leute betrachteten mich wie eine Sehenswürdigkeit. Ich wurde sehr freundlich behandelt, wodurch ich auch umgekehrt auf die Leute zugehen und mich in die Situation einfühlen konnte.

Wenn ich lief, klapperten meine *Geta* auf dem Kopfsteinpflaster. Dabei entdeckte ich, wie gut Europas Kopfsteinpflaster klingt. Japanische Straßen sind meist asphaltiert. Ich dachte darüber nach, auf welcher Art Straße man wohl gut läuft. Die europäischen Straßen sind in den Großstädten und in den kleinen Dörfern immer noch mit Stein gepflastert wie in der Vergangenheit.

Ich konnte die starke Zuneigung der Europäer für Steinpflaster fühlen, als ich ihnen beim Straßenausbessern zusah. Sie arbeiten auf den Asphaltstraßen nicht mit schweren Maschinen. Arbeiter in ledernen Überhosen graben jeden Pflasterstein einzeln aus und setzen ihn wieder ein. Die Straßen, die durch die Stadt führen, wurden vor langer Zeit strategisch festgelegt, sie drehen und winden sich und sind mit dem Auto fast unpassierbar. Sie werden unverändert gelassen, weil die Leute nicht ihr Straßenpflaster zerstören wollen. Daher führen keine geraden Straßen durch die Städte.

Man sagt, daß Kutschenspuren und das Geräusch von Pferdehufen darin eingegraben sind. Weil jeder Stein unterschiedlich ist, entsteht eine Art Musik mit einem ganz eigenen Rhythmus, wenn man über die Straße läuft. Ob man will oder nicht, hört man die ganze Zeit das Geräusch seiner Schritte.

Mir schien, als würde der Klang des Ostens in den *Geta* widerhallen. Ob es ein singender Ton ist (*ke-tang, ke-tong*) ein Schlag (*klipper, klapper*) oder ein einsames *picki-pocki* hängt vom Wetter und vom Klima ab. Und wenn man beim Gehen sehr in Eile ist, rufen die *Geta* :,,Warum eilst du so?"

Die *Geta* warnen einen immer, wenn man schnell oder langsam läuft oder geistesabwesend ist.

Dem Klang meiner *Geta* zuzuhören, brachte mich auch in die Stimmung, ein paar schlechte *haiku* zu schreiben:

Auf meiner Reise durch Europa
mein ständiger Begleiter —
der Klang der Geta,

Ke-Tang', Ke-Tong'.
Ich lausche meinen Fußtritten —
eine Geta-Reise.

Der Klang der *Geta* ist wirklich ein Ton der östlichen Philosophie. Mir fiel auf, daß ich nicht nur meine eigene Stimmung am Klang der Geta ablesen konnte, sondern anhand der Reaktionen auf meine *Geta* auch etwas über den nationalen Charakter der Menschen sagen konnte. Aber in jedem Land sind es die Kinder, die zuerst darauf aufmerksam werden.

Sie starrten mir schon von weitem gebannt entgegen und beobachteten mich, bis ich vorbeigegangen war. Aber die Erwachsenen merkten nichts, sie nahmen keine Notiz. Engländer, Österreicher und Deutsche, die hoch erhobenen Hauptes wichtigtuerisch umherstolzierten, brauchten lange, um meine *Geta* zu registrieren. Aber die Italiener, die behaupten, das am meisten verspottete Volk in Europa zu sein, merkten es schnell. Das liegt an ihrem geringen Selbstbewußtsein, das sogar beim Gehen offensichtlich wird. Man kann das an ihrem Körperbau und daran sehen, wie tief sie ihre Köpfe halten. Auch die Holländer — sie tragen selbst Holzschuhe — bemerkten meine *Geta* gleich.

Ich habe mit Leuten darüber geredet und sie darauf aufmerksam gemacht, daß jeder verschieden geht. Die Engländer gehen mit ihren Köpfen, die Deutschen mit ihren Schultern, die Franzosen mit ihrer Brust. Die Italiener laufen mit ihren Beinen, schwingen dabei ihre Hüften und schauen nach unten, als wollten sie vermeiden, von den anderen Europäern ausgelacht zu werden.

Meine eigene Kleidung trug viel dazu bei, daß ich mir dessen bewußt wurde. Später, als ich mehr darauf achtete, hatte ich das Gefühl, daß ich an der Art, wie Leute laufen, erkennen kann, woher sie kommen. Die Italiener, das sieht man auch an ihrem Verhalten, sind die offenherzigsten und gesprächigsten.

Aber Italiener haben auch ihre Schwächen, z.B. ihre Schuhe. Eines Tages, als ich einen Hof auf dem Land besichtigte, fragte mich jemand:,,Tragen die Japaner auch *Geta*, wenn sie auf dem Feld arbeiten?"

,,Nein," antwortete ich, ,,wir tragen meist Schuhe aus Stroh oder Bambusborke." ,,Warum Strohsandalen?" ,,Um die Erde nicht zu verletzen."

,,In eurem Land," fuhr ich fort, ,,ist die Erde nicht gut, und die Berge haben keine Bäume. Italien ist das ärmste Land Europas, weil seine Erde so hart geworden ist. Ich hielt meine Augen offen, als ich von der Schweiz nach Österreich reiste, bevor ich nach Italien kam, und ich sage euch, je weiter man nach Süden kommt, um so weniger Bäume gibt es. Mir fiel auf, daß im Norden Eures Landes sehr wenig Baumarten wachsen. Die meisten Berge dort sind wirklich völlig kahl. Und ein Berg ohne eine Baumdecke deutet immer auf einen zerstörten Boden hin. Sogar Feldfrüchte wachsen in Italien am schlechtesten. Der Grund für all dies ist bei euren Füßen zu suchen. Warum tragt ihr alle die Schuhe römischer Legionäre?"

Aus irgendeinem Grund lieben es die Italiener, die nicht sehr groß sind, harte, genagelte Schuhe zu tragen, die härtesten Schuhe, die in Europa in der Landwirtschaft getragen werden. Ich habe das Schuhzeug der römischen Le-

näre nie gesehen, aber ich stelle mir vor, daß es so ausgesehen haben muß.
„Weil ihr auf der Erde mit den gleichen harten Lederschuhen herumtrampelt wie sie auch bei der Eroberung Europas benutzt wurden, ist die Erde so stark verdichtet, daß der Boden nicht mehr fruchtbar ist. Die Japaner sorgen gut für ihren Boden. Sie glauben, daß es Unglück bringt, wenn man mit solch harten Materialien wie Eisen auf dem Boden läuft. Deswegen ist der Boden in Japan auch weich und fruchtbar. Solange der Boden sorgsam behandelt wird, werden die Feldfrüchte natürlich wachsen."

Das beeindruckte sie ziemlich. Ich besuchte eine italienische Kommune. Die Leute, die dort natürliche Landwirtschaft betreiben, hatten sehnsüchtig auf mich gewartet, weil sie hören wollten, daß sie ihre Sache gut machen. Ich fand das etwas unangenehm. Deshalb fing ich an, mir die Vegetation, die Pflanzen anzuschauen und das Klima zu erkunden. Ich zeigte ihnen z.B. ein Gras und sagte:,,Dieses Gras müßte eigentlich besser wachsen. Wenn das alles ist, was ihr erntet, dann ist der Boden wahrscheinlich arm." Als ich das Thema Legionärsschuhe streifte, hoben alle ihre Füße und sagten: ,,Meinst du, diese Schuhe sind nicht gut? Zeig uns die *Geta*, die du trägst." Das entspannte die Atmosphäre und die Unterhaltung lebte auf. Als der Abschied kam, wurde ich zu einem Glas Wein ins Haus eingeladen. Ich sagte ihnen, daß ich keinen Alkohol trinke, aber sie bestanden darauf: ,,Hier ist es üblich, daß die Leute nach einer guten Unterhaltung ein Glas Wein zusammen trinken. Komm, leiste uns Gesellschaft."

Das Haus sah von außen heruntergekommen aus, aber als ich hineinkam, stellte ich überrascht fest, daß es, obwohl es ein Bauernhaus war, ein vornehmes Eßzimmer hatte. Sie holten ihr bestes altes Silberbesteck heraus und behandelten mich königlich. Zum Schluß war die Stimmung großartig: ,,Willst du nicht noch eine Woche bleiben und uns unterrichten?" fragten sie.

,,Wenn ihr versprecht, nach Japan zu kommen und für mich zu arbeiten", antwortete ich mit einem Lächeln.

Die Kultur der Kleidung

Als ich am Flughafen von Anchorage *Hanasaka-Jiisan* genannt wurde, stellte ich überrascht fest, daß ich tatsächlich so aussah. Aber später, wieder im Flugzeug, sah ich in einer Touristenbroschüre über Europa, daß z.B. die traditionelle bulgarische Bauerntracht der japanischen ganz ähnlich ist.

Wo immer ich in Europa auch hinkam, haben sich die Menschen mir gegenüber sehr wohlwollend verhalten, und ich wurde häufig gefragt, ob das, was ich anhatte, eine japanische Bauerntracht sei. Ich erfuhr, daß die Menschen hier in Europa vor langer Zeit weitaus gröbere Kleidungsstücke getragen haben als heute.

Gelegentlich wurde ich für einen streitbaren geisteswissenschaftlichen Gelehrten oder für einen Künstler gehalten, das war mir unangenehm. Auf einem Bahnhof kam einmal ein Italiener auf mich zu und schüttelte mir die Hand. Einer meiner Begleiter lachte und sagte:,,Der Kerl sieht wie ein Gangster aus. Vielleicht hat er Sie mit dem Chef eines japanischen Syndikats verwechselt und ist gekommen, um seine Aufwartung zu machen." Die Hotelpagen waren höflich zu mir, sogar als ich mit meinen *Geta* über die Teppiche ging. Ich hatte auch den Eindruck, daß die Stewardessen besonders freundlich waren.

Ich wußte, warum ich in dieser Kleidung nach Europa gereist war.

Die Ursprünge der Kleidung

Immer, wenn ich auf dem Feld arbeite, denke ich, daß die Bauern in Japan keine passende Kleidung haben. Nach dem Krieg haben die japanischen Bauern angefangen, westliche Kleidung aus Nylon und anderen Kunstfasern zu tragen, aber sie war unbequem und man konnte kaum darin arbeiten. Da die Kleidung nicht atmet, fühlt man sich darin heiß und unwohl. Sie liegt eng am Körper an, deshalb scheint sie für die Arbeit praktisch zu sein, aber in Wirklichkeit ist sie beengend und gibt einem das Gefühl, in einem Korsett zu stecken. Möglicherweise hat das etwas mit der statischen Aufladung zu tun. Im Gegensatz dazu war die marineblaue Baumwollkleidung von früher einfach und luftig. Ein heute üblicher Regenmantel aus Gummi hält den Regen ab, aber die Feuchtigkeit kann nicht verdunsten, also ist man innerhalb kürzester Zeit in Schweiß gebadet. Man kann ihn bei schwerer Arbeit nicht tragen. Es wundert mich, wie die Bauern ein solches Unbehagen während der Arbeit aushalten. Die Hüte aus Riedgras und die Regenmäntel aus Stroh, die man früher getragen hat, waren wesentlich besser geeignet. Die aus Hanf hergestellten Regenmäntel waren die besten von allen, aber sie sind teuer.

Auch eine gute Kopfbedeckung findet man heute nicht mehr. Heutzutage werden sogar Strohhüte auf Erdölbasis hergestellt, so daß der Kopf darunter praktisch gebacken wird. Und wenn es regnet, werden sie für den Kopf zur Last. Aus irgendeinem Grund sind die Hüte, die in China getragen werden, bequemer als die in Japan hergestellten. Menschen auf der ganzen Welt benutzen viele verschiedene Arten von Kopfbedeckungen. Ich bevorzuge Hüte aus Gerstenstroh oder Riedgras, oder ein japanisch geknotetes Handtuch als Stirnband. Im Winter ist es am besten, seine Wangen mit einem Handtuch unter dem Hut zu umhüllen. Auch dafür sind Handtücher aus synthetischen Fasern von geringem Nutzen.

Was das Schuhwerk angeht, so ist der *jika-tabi* (ein zehengetrennter Schuh aus schwerem Tuch), eine der besten Erfindungen der Japaner, gut für die

Bauern. Seit kurzem werden sie sogar von einigen amerikanischen Zimmerleuten voller Stolz getragen. Aber irgendwie passen sie einfach nicht zu westlicher Kleidung. Auch kann man nicht, wie bei Sandalen, einfach hinein- und herausschlüpfen. Und wenn es regnet, muß man sie mit Stiefeln tauschen, die wiederum sind zu schwer, und die Füße schwitzen darin. Aus Bambusborke oder Stroh gemachte Sandalen sind immer noch wesentlich besser.

Der Bauer von heute hat nicht ein einziges vernünftiges Kleidungsstück zum Anziehen. Ich habe viele Leute gebeten, Ideen für bessere Kleidung zu entwickeln. Ich habe mich kundig gemacht über die Art der Kleidung, die man in Japans ruhmreichen Zeiten trug und darüber, was die Bauern im Mittelalter angehabt haben. Ich habe Schneider darum gebeten *denchi*, eine Art Arbeitsjacke, die schnell abgelegt werden kann, wenn es warm wird, *monpe* und andere traditionelle Kleidung herzustellen. Erst vor ein paar Jahren wurde dann ein neues Kleidungsstück, *doi* genannt, entworfen. Es besteht aus einer locker sitzenden oberen Hälfte, ähnlich wie das japanische *haori*, und bauschigen Arbeitshosen, die den rockähnlichen japanischen *hakama* gleichen. Ich bekam eine Gratis-Ganitur zugeschickt. Dies ist eine sehr schöne und gepflegte Kleidung im japanischen Stil, die für die landwirtschaftliche Arbeit geeignet ist, und die sogar zu etwas formelleren Anlässen getragen werden kann. Sie ist aus marineblauem Baumwollgewebe und ausgesprochen bequem zu tragen, ich habe sie regelmäßig an. Das und ein Paar *geta* trug ich auch auf meiner Europareise. Heutzutage scheinen die Trends der Mode stärker von Tokyo auszugehen, als von den Modehäusern in Paris. Dieser Erfolg ist den japanischen Modeschöpfern zu Kopf gestiegen. Sie sind besessen davon, ungewöhnliche, neue Gewänder zu entwerfen. In Japan herrscht also nicht nur bezüglich der Ernährung Durcheinander und Verwirrung, sondern auch bei der Kleidung.

Ich bin eigentlich trotzig und aus einem Gefühl der Rebellion heraus so gekleidet nach Europa gereist, aber mein Aufzug entpuppte sich als großer Erfolg und hat Wohlwollen hervorgerufen, wo immer ich hinkam. Er lieferte Stoff zum Nachdenken über die Kultur der Kleidung. Ich geriet in eine Reisegruppe japanischer Frauen, alle in eleganten neuen, westlichen Kleidern und sogar mit Brillen, die an goldenen Ketten hingen, aber niemand schenkte ihnen die geringste Beachtung. Ich bin sicher, japanische Frauen würden begeistert empfangen, wenn sie in Kimonos auf Auslandreise gehen würden.

Wenn man bedenkt, daß der *haori* und der *hakama*, die sicherlich zu den bemerkenswertesten Dingen der Japaner gehören und bis vor einiger Zeit die angemessene Gesellschaftskleidung von vornehmen Männern und Leuten von Rang waren, ihren Ursprung wahrscheinlich in der einfachen Bauernkleidung wie *denchi* und *monpe* haben! Der Bauer arbeitet im Dienste Gottes; er führt einen ehrlichen Kampf mit Sense und Hacke. Sowohl theoretisch als auch praktisch müssen bei dem Samurai, der sein Schwert hält und einen Pfeil abschießt, und bei dem Bauern, der seine Sense schwingt, Charakter und Einstellung identisch sein. Ich habe Menschen im Zen-Zentrum in Kalifornien den richtigen Umgang mit Sense und Hacke gezeigt. Damals kam mir der Gedanke, daß die Arbeitskleidung der Bauern die vor Gott angemessene Kleidung sein muß. In diesem Sinne hat der *doi*, der Eigenschaften des *haori* und des *hakama* harmonisch verbindet, eine Eleganz, die den Geist erfrischt. Ich bin davon überzeugt, daß dies gut die Kleidung der Bauern in aller Welt werden könnte, eine Kleidung, die sowohl zur Arbeit, als auch sonst geeignet ist.

Der Mensch ist ein nackt geborenes Tier, deshalb hätten einfache Ernährung und Kleidung gut zu ihm gepaßt. Eine Schale und ein Gewand — das Reisegewand eines Zen Mönches — hätten vollkommen ausgereicht. Weil Japan ein Land der Grün- und Blautöne ist, brauchen die Männer nur indigogefärbte Baumwollkleidung aus Tokushima und die Frauen hellblauen *jindaifuku* zu tragen. Reicht es nicht aus, sich das ganze Jahr hindurch in zwei Farben zu kleiden? Diese Farben sind für Arbeitskleidung und auch für normale Kleidung gedacht. Wenn sie sich verbreiten und in Japan als einheitliche Kleidung angenommen würden, würden die Japaner vermutlich ihre nette Gemütsart zurückgewinnen.

Alles, was die Japaner jemals hätten zu tun brauchen, ist in Häusern aus Holz, Erde und Papier zu leben, den *doi* zu tragen und Tee zu trinken. Mir scheint, der Weg dahin, daß das japanische Volk von der Welt wieder hochgeschätzt wird, beginnt mit diesen *geta* an meinen Füßen; dieser Weg beginnt mit einem einzigen Kleidungsstück.

Der höchste Schmuck des Menschen ist völlige, ungekünstelte Unschuld. Die Bereitschaft der Japaner, ihre eigenen Hälse mit Krawatten abzudrücken, ist der Gipfel der Torheit. Dies habe ich auf meiner Europareise in *geta* und *monpe* gelernt.

2. Die Kultur von Fleisch und Wein

Landwirtschaft für Adel und Klerus

Etwas, das mir während der zwei Monate, die ich in Europa war, auffiel, war, daß, wann immer ich ein Photo von der wundervollen Landschaft machte, genau in die Mitte des Bildes ein Schloß oder eine Kirche gepflanzt war. Die

Landschaft ist herrlich, und die Schlösser und Kirchen passen genau dazu, aber es ist einfach alles so wunderschön, daß man zu viele Photos macht.

Ich fragte mich, warum es, trotz der großen Schönheit überall, so wenig Bäume und nur wenig verschiedene Gräser und Kräuter gibt. Plötzlich ging mir auf, der Grund dafür könnte sehr gut sein, daß dieses Land für Kirche und Königtum bewirtschaftet wurde. In den Kirchen trinken die Leute Wein und nennen es das Blut Christi. Und die Könige wollten Fleisch essen. Mir wurde klar, daß das für Europa eigentümliche System der Landwirtschaft der Könige und der Kirche wegen so ist. Wenn dies der Fall wäre, dann ist ein enormer Fehler begangen worden. Hier hatte Landwirtschaft, die wegen der Befriedigung menschlicher Bedürfnisse existiert, ihren Ursprung.

Ganz Europa ist eine Vieh-,,Ranch". Europa mag Schaufeln zum Graben haben, aber weil es keine Terrassen oder Bewässerungskanäle gibt, wird die Erde kontinuierlich fortgewaschen und dabei das Land zerstört. Es mag den Anschein haben, als würden die europäischen Bauern gut für ihr Land sorgen, aber eigentlich wird das Land zerstört. Ich denke, die Tatsache, daß diese Situation seit zwei oder drei Jahrhunderten andauert, ist verantwortlich für die Verarmung der ländlichen Gemeinden. Das Land ist durch eine andere Form der Landwirtschaft zerstört worden als in Amerika, eine Form der Landwirtschaft, die mit Schlössern und Wein begann. Wenn man Kühe und Pferde hält, kann man es sich nicht leisten, daß sie sich verletzen. Deshalb wurden Terrassen entfernt und das Land eingeebnet. Die Hänge sind grün und wundervoll. Die Europäer sind stolz darauf, Kühe und Pferde mögen sich freuen, aber das Land schreit.

Als ich dies sah, wurde mir klar, daß Kultur ihren Ursprung in der Landwirtschaft hat. Es liegt nichts Falsches darin, Kirchen zu haben, aber die Kirchen haben irgendwann einen falschen Weg eingeschlagen. In Italien habe ich holzgeschnitzte Christusbilder am Straßenrand gesehen, die mich an die *Jizo*statuetten erinnerten, wie sie oft an japanischen Straßen stehen.*** Sie haben mir gut gefallen, und ich mochte sie lieber als die Kirchen. Man braucht nicht mehr.

Von ihnen geht der Geist Christi aus und läßt einen nachdenken, wo immer man geht oder auf den Feldern arbeitet. Das Bild Christi erscheint nicht, wenn man eine Kirche betritt. Christus lebt nur in diesen kleinen Holzbildern am Straßenrand, er lebt nicht in den Kirchen.

Trauben wurden angebaut, weil man dem Priester ein Weinopfer darbringen mußte. Auch dies leitete den Prozeß der Zerstörung der Erde ein. Trauben müssen nämlich auf angeschwemmtem Boden angebaut werden, Boden, der von höher gelegenem Land heruntergewaschen wurde.

ANMERKUNG:*** Diese Statuetten symbolisieren im japanischen Buddhismus den Erlöser der Kinder.

So ist Europa ein Land von Fleisch und Wein. In Europa wurde und wird eine Landwirtschaft praktiziert, die weder für die Bauern, noch für die Natur gut ist, und dies ist, glaube ich, der eigentliche Grund für die schlechter werdende Situation der ländlichen Bevölkerung. Dies ist es auch, was dem Christentum ein Ende bereitet hat.

In Wien habe ich sogar einmal gesagt: ,,Ich bezweifle stark, daß Christus jemals sagte, ,nehmt Wein und trinkt ihn, als wenn es mein Blut wäre.' ''

Später habe ich erfahren, daß noch lange über meine harten Worte geredet wurde. Einige unterstützten mich offensichtlich in dem, was ich sagte, andere beharrten darauf, ich sei im Unrecht gewesen. Besonders unbeliebt war ich bei denen, die Vieh halten wollten.

Meine Vorträge in Europa kreisen hauptsächlich um die Themen Kleidung, Vieh, Wein und Christentum. Ich besuchte Bauernhöfe und sprach mit den Bauern, an den Abenden hielt ich dann in Gemeindehallen oder an anderen Versammlungsorten Vorträge. So ging es Tag für Tag. Das Seltsamste bei all dem war, daß ich trotz der Schwierigkeiten, mich verständlich zu machen, über westliche Philosophie reden konnte.

Doch irgendwie war alles, was ich während meiner Reise *wirklich* tat, durch Europa zu fahren und wo immer ich hinkam die Vegetation zu untersuchen. Ich interessierte mich zum Beispiel sehr für die Rettiche und die anderen Kreuzblütler, die an den Orten, die ich besuchte, wild wuchsen. Der *Daikon*-Rettich in Japan hat sich ursprünglich aus dem Hirtentäschel entwickelt, einem der sieben Frühlingskräuter. Es ist keine Übertreibung, wenn ich sage, daß Hirtentäschel die Menschen sanfter und friedlicher stimmt. Und weil sie das Herz weich machen, können das Hirtentäschel und seine Schwesterpflanzen vielleicht die Zerstörung der Erde aufhalten. Dies könnte zumindest ein Ausgangspunkt sein. Natürlich ist das nur Wunschdenken meinerseits. Auf jeden Fall freute es mich sehr, die vielen verschiedenen Bäume und Gräser zu sehen, wo immer meine Reisen mich hinführten.

Erste Station: Schweiz

Vom *De Gaulle*-Flughafen flog ich nach Zürich, um dort an einem Camp teilzunehemen. Das Camp lag an einem Hang am Ufer des Genfer Sees, wo früher eine Kirche gewesen war. Drei Tage lang hielt ich morgens Vorträge. Die Nachmittage hatte ich frei, ich sah mir die Umgebung an und machte auch längere Fahrten, auf denen ich viel von der Idylle der Schweiz mitbekam. Das Wasser im See war schön, auf den bergigen Feldern rund um den See werden Futtergetreide, Weizen und Mais angebaut. Diese Felder sind von Wäldern umgeben. Wir nahmen eine Straße, die rings um den See führt, fuhren durch einen Wald, und eine Wiese breitete sich vor uns aus.

Wir besuchten ein großes Rosenfeld, wo hunderte unterschiedlicher Rosensorten in voller Blüte standen. Als wir dort standen, kam ein junger Mann mit einem Motorrad den Berg hochgefahren. Als er mich sah, zeigte er stolz auf sein Motorrad, lachte und sagte, ,,Honda, Honda". Er hatte gleich gesehen, daß ich Japaner bin, irgendwie sind junge Leute überall gleich.
Die österreichische Landschaft ähnelt der der Schweiz, aber außer Weizen wurden noch andere Feldfrüchte, wie Hafer, Dicke Bohnen und Erdnüsse auf großen Farmen angebaut. Die Bohnen waren klein und dienten als Viehfutter. Weil die Felder jedoch auf nicht-terrassierten Hängen lagen, war das Wachstum unregelmäßig. Ungefähr die Hälfte der Bohnen hatte normale Größe, aber die andere Hälfte war so klein, daß die Bohnen fast wertlos waren. Ich wurde oft nach dem Grund dafür gefragt. Es ist sehr einfach: viel von dem Oberboden ist weggewaschen worden, das zerstörte das Land und erschöpfte seine Fruchtbarkeit. Das ist alles. Als ich grub und es den Bauern erklärte, waren sie bald überzeugt.
Ich war erstaunt, daß sie das nicht selbst bemerkt hatten. Sie waren hoch erfreut, als ich ihnen riet, Klee zu säen und Kleesaatgut in die Saat von Feldfrüchten und Weizen zu säen. Nichts in Österreich deutete für mich auf einen besonders fortgeschrittenen Stand landwirtschaftlicher Technologie hin. Ich lernte zwar nichts von der Landwirtschaft des Landes, dafür aber viel von den Gräsern, die ich dort wachsen sah. Ich fand dort verschiedene Leguminosen-Arten, von denen ich vermutete, daß sie als Gründüngung interessant sein könnten. Als ich die Alpen überquerte, habe ich viele wilde Lupinenarten gesehen. Was mich erstaunte, war, wie vollständig sie andere Arten unterdrückt hatten.

3. Landwirtschaft in Italien

Sommercamp bei Gianozzo

Ich nahm den Zug von Wien nach Florenz. Als wir von den Bergen in die Ebene kamen, wurde die Landschaft allmählich eintönig. Die einzigen Getreidearten, die ich sah, waren Mais und Weizen, und die Schutzgürtel, die über das Land verstreut waren, wurden immer unregelmäßiger, je weiter wir nach Süden kamen. Als die Landschaft noch gleichförmiger wurde, wurden Gebäude aus Stein und Holz von Betonhäusern abgelöst. Die Italiener, die mit mir fuhren, beklagten sich darüber, das Land werde amerikanisiert.

Es überraschte mich, daß es an den Bahnhöfen keine Tore gab. Die Bahnhöfe sind nicht umzäunt, so daß man von allen Seiten auf den Bahnsteig gelangen kann. Und obwohl der Schaffner nur gelegentlich durch den Zug geht, gibt es niemanden, der nicht zahlt. Alle Bahnhöfe sind makellos sauber und ruhig. Die Bahnangestellten laufen gemächlich umher und machen nicht den Eindruck, als würden sie arbeiten. Kein Geräusch ist zu hören. Sogar die Züge verlassen den Bahnhof, ohne ihre Abfahrt durch eine Glocke oder eine Pfeife anzukündigen. Eine Lokomotive, die von einem Nebengleis in einen kleinen Bergbahnhof einfuhr, sah fast so aus wie die schwarzen Maschinen, die man in *Matsuyama* in der Nähe meines Wohnortes sehen kann. Es schien eine deutsche Maschine aus der Zeit um die Jahrhundertwende zu sein. Ich habe daran gedacht, wie begeistert die Eisenbahnfans zu Hause von dieser Maschine gewesen wären.

Um ehrlich zu sein, ich war beeindruckt von dieser Liebe für alte Dinge und alte Zeiten.

Von Florenz aus fuhr ich mit dem Zug in die Stadt, wo *Giannozzo Pucci*, der Herausgeber der italienischen Ausgabe von *The One Straw Revolution**** wohnt. Als ich ankam, fand ich ein altersschwaches, zweihundert Jahre altes Steinhaus inmitten einer Mischung aus Olivenhain und Weingarten vor. Die Hügel und Bergspitzen ringsum waren voller Zypressen, wie auf einem Bild von van Gogh. Hier lebte ich eine Woche, umgeben von hundert jungen italienischen Männern und Frauen, die sich hier aus allen Teilen Italiens versammelt hatten. Während meines Aufenthaltes fühlte ich mich selbst wie ein Italiener aus der Römerzeit, und ich sprach direkt aus dem Herzen. Dies war für mich ein erfreuliches Beispiel von Gemeinschaftsleben.

Natürlich sprach ich neben den praktischen Unterweisungen, die ich zu Obstbäumen und Gemüse gab, auch über Christus, Philosophie und andere Themen.

Gianozzo ist ein Sänger mit einer wundervollen Tenorstimme. Seinen Rezitationen alter italienischer Volkslieder an den abendlichen Lagerfeuern zuzuhören, rief Visionen von den alten römischen Gottheiten beim Spiel in der Wildnis hervor.

Wenn ich jetzt daran denke, kann ich mich nur wundern. Ich sprach und zeichnete meine philosophischen Cartoons draußen auf große Stücke Papier. Eine junge japanische Frau, die *Suzuki* hieß, übersetzte das, was ich sagte, ins Englische. Dies wurde von *Miriam*, die auf meinem Hof in Shikoku gewesen

---

ANMERKUNG:*** Die deutsche Ausgabe ist unter dem Titel ,,Der Große Weg hat kein Tor" im pala-verlag erschienen.

war, ins Italienische übersetzt. Einige der Teilnehmer waren aus Frankreich, deshalb übersetzte Gianozzo vom Italienischen ins Französische. Wir hatten viele Sprachen, die hin und her flogen, aber keine hörte sich auch nur ein bißchen fremd an. Stattdessen schüttelte sich das Camp die ganze Zeit vor Lachen und Fröhlichkeit. Ich kann nicht sagen, warum, aber ich fühlte mich niemals durch die Sprache behindert.

Als mir gesagt wurde, daß die Zypressen, die so oft in van Goghs Gemälden vorkommen, gebraucht werden, um die Seelen der Toten zu betrauern, sagte ich: ,,In meinen Augen beklagen sie den Niedergang und den Ruin der italienischen Berge''.

Zu der Zeit befand sich Italien mitten in einer Trockenzeit. Gerade als ich Gianozzo ein baumwollenes, mit einem Schwertlilienmuster bedrucktes *furoshiki**** gegeben hatte, und erklärte, die Blume darauf sei eine Regenblume, kam plötzlich eine Bö auf. Alle waren überglücklich. ,,Dieser gesegnete Regen wurde von Mr. Fukuoka gebracht'', sagten sie. Sie wiederholten dies so oft, daß ich versucht war, es zu glauben.

Gianozzos Obstgarten bestand fast nur aus extensiv angebauten Weinreben, zwischen denen zweihundert Jahre alte Olivenbäume standen. Durch die Begegnung mit diesen Menschen, die so ein freies und fröhliches Leben führen, stieg in mir die Hoffnung, daß natürliche Landwirtschaft in Italien Fuß fassen wird, und in die Hoffnung mischte sich ein Gefühl von Bedauern bei dem Gedanken, wie geschäftig und engstirnig die Leute in Japan sind.

An einem Tag sagte ich: ,,Italien hat wenig Bäume. Ich würde gerne einen ursprünglichen italienischen Wald sehen.'' Wir beschlossen, alle zusammen zu fahren. Wir fuhren in einer Kolonne von Autos drei Stunden durch ein sanft hügeliges Hochland zu einem Urwald in *Pratoveccio*. Auf der Fahrt genoß ich die wunderschöne Landschaft in vollen Zügen. Die sanft kurvige Straße führte an Weingärten und Weizenfeldern vorbei. Hier und da grasten Kühe und Schafherden. Ab und zu stand ein einzelnes Bauernhaus allein auf einem Bergkamm, und man konnte Kinder sehen, die in der Nähe spielten. Es war eine der ruhigen bäuerlichen Szenen, wie sie oft auf Bildern festgehalten sind. Nirgends störte auch nur eine einzige Reklamefläche oder ein Telegraphenmast den Blick. Was die Cafés anbelangt, die heutzutage in Japan allgegenwärtig zu sein scheinen, so waren wir mehrere Stunden lang auf der Straße unterwegs, bevor wir an eins gerieten. Ich werde niemals den italienischen Kaffee vergessen, den ich unter dem gigantischen Apfelbaum dort trank.

Sogar in Italien, von dem behauptet wird, es sei das am meisten amerikanisierte Land Europas, ist — anders als in Japan — , sobald man die Städte verläßt, die Schönheit und Heiterkeit der Landschaft noch so, wie sie früher ge-

---

ANMERKUNG:*** Ein quadratisches Stück Stoff, das man in Japan zum Einpacken und Transportieren von Waren benutzt.

wesen ist. Landstraßen sind nirgends gepflastert. Sie sind holperig und kurvig und machen, finde ich, die Fahrt interessanter und vergnüglicher.

Ich war tief beeindruckt, daß hier die italienischen Vergangenheit noch gegenwärtig war und suchte gleichzeitig nach der grundlegenden Ursache für die Stagnation der europäischen Landwirtschaft. Ich vermutete, daß es die Erschöpfung des Bodens ist. Ich fragte mich, welche Pflanzen am besten seien, um die Landstriche wieder zu beleben, die sich mehr und mehr zu einer Wüste entwickeln. Als ich einer Einladung nach Florenz folgte, um in der Landwirtschaftsakademie zu sprechen, erfuhr ich, daß der Präsident der Akademie versuchte, tropische Pflanzen einzuführen. Ich wurde durch den botanischen Garten geführt, wo viele seltene und ungewöhnliche Pflanzen wuchsen.

Nachdem ich meinen Vortrag mit den Worten ,,Lassen Sie mich offen zu Ihnen sprechen'', eingeleitet hatte, fragte ich, ob es nicht weit wichtiger wäre, alle Anstregungen darauf zu verwenden, die Verwüstung der Landschaft durch die Steigerung der Bodenfruchtbarkeit und die Wiedereinführung einheimischer Pflanzen zu verhindern. Ich führte meine Ansichten aus und sagte, wenn es nach mir ginge, würde ich dies und jenes tun.

Der Dekan für Landwirtschaft war hocherfreut und bot mir sofort an, *,,Natural Farming''**** ins Italienische zu übersetzen. Dies stärkte mein Selbstvertrauen.

Der Niedergang der Landwirtschaft ist eine Folge der Verarmung der Erde, an der die Bauern selbst die Schuld tragen. Gleichzeitig ist es auch eine Tragödie, in der die Landwirtschaft in Politik und Wirtschaft verwickelt wurde. Dieses Problem gibt es heute in jedem Land. In Italien fand ich ein besonders gutes Beispiel: eine venezianische Zeitung berichtete, Obst sei in der Stadt so teuer, weil die italienischen Bauern weniger produzieren würden. Aber ich hatte, als ich nach Italien gekommen war, Haufen reifer Kirschen und Pfirsiche gesehen, die erst gepflückt und dann zum Verrotten in den Obstplantagen liegengelassen worden waren. Die Bauern dort sagten, man habe sie angewiesen, ihr Obst zu vernichten, weil die Preise in den Städten zu niedrig seien.

Die Mittelsmänner, jene, die an den Hebeln des Verteilungssystems sitzen, wenden sich an die Verbraucher in den Städten und erzählen ihnen, die Ware sei teuer, weil die Bauern nicht genug anbauen. Gleichzeitig erzählen sie den Bauern, daß sich das Obst in den Städten nicht gut verkaufen läßt, und weisen sie an, nur gutes Obst zu produzieren und auszuliefern.

Das ist alles sehr einfach. Verbraucher und Bauern tanzen nach der Pfeife der Handelsmitteilungen, die von den Händlern herausgegeben werden und die einzig und allein existieren, um kleine Mengen hochwertiger Produkte bil-

---

ANMERKUNG:*** Die deutsche Fassung ist zweibändig unter dem Titel ,,Rückkehr zur Natur'' bzw. ,, In Harmonie mit der Natur'' im pala-verlag erschienen.

lig zu kaufen und teuer zu verkaufen. Das Resultat: die Leute in den Städten essen teures Obst, während die Bauern ihre Ware zu niedrigen Preisen produzieren. Später auf meiner Europareise habe ich gehört, daß ein Lastwagen, der italienischen Wein nach Frankreich fuhr, von französischen Bauern angegriffen wurde.

Mailänder Reis

Nach einem Camp in der Nähe von Florenz bereiste ich ein Reisanbaugebiet in der Nähe von Mailand. Der Reis, der unter der Marke *Ivo Totti* verkauft wird, ist als natürlicher Reis nicht nur in der Mailänder Gegend bekannt, sondern auch in anderen europäischen Ländern. Der Film ,,Bitterer Reis" mit Sophia Loren als Hauptdarstellerin wurde auf dem großen Hof, von dem dieser Reis stammt, gedreht. Der Besitzer des Hofes ist schon älter, aber er ist immer noch bei guter Gesundheit. Er hat großes Interesse an natürlicher Landwirtschaft und war während meines gesamten Europaaufenthaltes ein beständiger und unschätzbarer Wohltäter. Einem jungen Japaner, den der Film bewegt hatte, bot er an, die schönen jungen Schauspielerinnen des Films zu treffen. Wir lachten herzlich, als wir feststellten, daß das jetzt alles alte Männer und Frauen sind. Für den Besitzer war es spannend, der europäischen Landwirtschaft mit seinem natürlich angebauten Reis einen Impuls zu geben; deshalb will ich sehr aufmerksam verfolgen, wie es ihm weiter ergehen wird.

Der Mailänder Reis wird nicht mehr wie früher verpflanzt. Er wird heute durch Direkteinsaat in überflutete Felder angebaut. Weil die Felder ständig unter einer tiefen Wasserdecke gehalten werden, vermute ich, daß die Wurzelfäule ein ernstes Problem ist und die Ernte ziemlich schwierig.

Als nächstes besuchte ich den vielleicht größten Hof Italiens. Er hat viele Ländereien, wovon ungefähr 300 Hektar landwirtschaftlich genutzt werden. Dort hatte man mein Buch *The One Straw Revolution* gelesen, war auf einem Teil des Landes zum Anbau von Sommerweizen in einer Kleedecke übergegangen und hatte recht gute Ergebnisse erzielt. Als ich sah, daß eine so große Fläche ungenutzt blieb, schlug ich vor, auf den Feldern, die bewässert werden können, Hochlandreis anzubauen. Die Besitzerin des Hofes, ein Mensch, der genau weiß, was er will, bat mich, ihr 100 Kilo Hochlandreis zu schicken, und bot mir sogar an, daß einer ihrer drei Söhne mich nach Japan begleiten könne. Während sie mir den Betrieb zeigte, gab sie ihren Söhnen und den Landarbeitern ständig Anweisungen.

Es scheint in Italien viele Höfe zu geben, die eine Fläche von etwa 8 Hektar bewirtschaften. Diese Größe ist stabiler, es gibt dort in der Tat nur wenige erfolgreiche große Höfe. Der 100 Hektar große Nachbarbetrieb zum Beispiel beschäftigte drei Landarbeiter, um Mais und Weizen anzubauen, aber er war in einer verzweifelten finanziellen Notlage. Später, als ich Gelegenheit hatte, mit den drei Landarbeitern zu reden, sagten sie mir: ,,Die Situation ist so schlecht, daß wir nicht um eine Lohnerhöhung bitten können. Aber wir haben Gemüsegärten in einer abgelegenen Ecke des Hofes, wo wir natürliche Landwirtschaft betreiben, und das gibt uns etwas zum Leben." Und sie stellten mir gleich ganz viele Fragen.

Die italienische Landwirtschaft ist im Niedergang begriffen, aber es gibt dort auch viele Beispiele, wo Menschen begonnen haben, natürliche Landwirtschaft zu betreiben. Sie wurden angeregt durch eine Gruppe von Bauern, die neue Ideen und Landwirtschaftspraktiken einführen will, durch Leute, die sich natürlich ernähren wollen, und die versuchen, die Natur zu retten und wiederherzustellen.

Ich war zu einem Platz namens *Renate* eingeladen. Einige Leute dort, die ein Zen-Zentrum leiteten, wollten anfangen, natürliche Landwirtschaft zu betreiben und fragten mich um Rat. Wie in Amerika war die Erde auf den oberen Hängen der Berge abgeschwemmt und arm, deshalb sprach ich über Gründüngungsbäume und Grassodenkultivierung.

Ich besuchte auch den Hof der *Allegtori-Gruppe*, die durch ihren Kampf gegen die Einberufung während des 2. Weltkrieges bekannt geworden ist. Was ich interessant fand, war, daß dort Obstbäume der vier Jahreszeiten kreisförmig um das Haus herum gepflanzt werden. Unsere Gespräche drehten sich hauptsächlich um Gemüsefruchtwechsel.

Wo immer ich auf meiner Reise hinkam, blieb ich zwei oder drei Tage, so daß die Gespräche oft ziemlich technisch und kompliziert wurden.

Weiter nach Österreich

Von Mailand aus fuhr ich nach Venedig, wo ich einige Tage verbrachte, um mich in der Gegend umzuschauen und eine Vorstellung vom gegenwärtigen Stand der Landwirtschaft zu bekommen. In dieser Zeit wohnte ich auf dem *Morohof*. Dann war ich noch etwas weiter südlich, anschließend sind wir mit dem Auto über die Alpen nach Innsbruck in Österrreich gefahren. Hier wollte ich an einem Sommercamp mit *Michio Kushi* aus Boston teilnehmen. Während der ganzen Fahrt war ich so von der Schönheit der Alpenschluchten gefesselt, daß ich kein Wort sagen und meine Augen nicht von der Landschaft abwenden konnte.

Kilometerweit sah ich Weinberge und Apfelbaumplantagen am Fuße dieser Bergschluchten. Steile, steinige Felsen ragten nach allen Seiten in die Luft, die Vielfalt der Spitzen und felsigen Vorgebirge war faszinierend. Als ich den Urwald bei Pratovecchio im Zentralitalien besucht hatte, hatte man mir erzählt, daß man sich staatlicherseits unsicher sei, was mit den „Rocky Mountains" Italiens geschehen soll. Ich habe gleich vorgeschlagen, japanische Kletterpflanzen zu nehmen, aber als ich dann diese turmhohen Kalksteinfelsen selber sah und von ihrer Schönheit so beeindruckt war, wußte ich, daß die Zerstörung ein Maß errreicht hatte, gegen die der Mensch nicht mehr viel tun kann (in diesen Bergen war seit der Römerzeit Bergbau betrieben worden).

„Aber selbst, wenn", dachte ich, „man kann nicht einfach nur dasitzen und nichts tun. Es wird schwer sein, aber es muß etwas geben, was man tun kann. Man könnte mit einem Helikopter dort hinauffliegen und die Samen von kriechenden Weinen und anderen Pflanzen, die gut auf Felsen wachsen, verstreuen. Wenn daraus erst einmal Büsche geworden sind, könnte sich das Gebiet in einigen hundert Jahren wieder zu einem natürlichen Zustand regeneriert haben." Diese und andere Gedanken gingen mir durch den Kopf, als ich mich an der Schönheit der Schluchten freute.

In Italien sind es nicht nur die Berge, die keine Pflanzendecke haben, auch in den flachen Ebenen des Landes gibt es weniger Bäume und Schutzgürtel als in Österreich. Das zeigt, wie arm der Boden ist. Ich halte das für den Hauptgrund für den traurigen Zustand der italienischen Landwirtschaft.

Die meisten Obstbäume, die ich am Fuße dieser tiefen Alpentäler wachsen sah, waren noch jung, und sie waren als Einzelstammpflanzen angebaut, so wie ich es empfehle. Sie hatten eine fast natürliche Form, was meine volle Zustimmung fand. Ich hatte gehört, daß der Obstbau in Europa entlang der Mittelmeerküste am meisten entwickelt ist, aber ich fand, daß die Techniken dort nicht besser waren als in Japan. Die Obstbauer dort sind aber leichtlebiger, und wenn ihnen vorgeschlagen worden wäre, die Bäume in der natürlichen Form wachsen zu lassen, wären sie sowohl geistig als auch technisch eher in der Lage, sich darauf einzustellen.

Später auf meiner Reise sah ich auf der *Nelissenfarm* in Holland einige hundert enorme Apfel- und Birnbäume, und ich erklärte, wie man sie korrigieren könnte. Die Bäume waren alleine gelassen worden und nicht das Opfer eines schlechten Schnitts geworden, deshalb war es gut möglichlich, sie innerhalb von ein bis zwei Jahren in eine ausgezeichnete natürliche Form zu bringen.

Die Traube, die Frucht Nummer eins in ganz Europa, wird wie in Japan auf Spalieren angebaut, aber die Weinpflanzen werden nicht stark beschnitten, und manchmal läßt man sie sogar ganz ohne Spalier auf ein oder zwei Stämmen wachsen. Als ich das sah, habe ich angefangen, darüber nachzudenken, wie sie in eine natürliche Form gebracht werden könnten.

Es war gegen Abend, als wir vom Paß herunterkamen und endlich in Innsbruck eintrafen. Diese Stadt, Austragungsort der olympischen Winterspiele 1976, ist ein wundervoller Ort, umgeben von wolkenumhüllten Bergen. Für das Sommercamp hatte man für zehn Tage eine große Halle gemietet, es wurde ein voller Erfolg mit ungefähr tausend Teilnehmern aus aller Welt.

Ein Vortrag in Wien

Ich möchte gerne kurz auf meinem Besuch in Wien zurückkommen, wo ich vor meiner Reise nach Italien gewesen war. Während der Rede, die ich dort hielt, kam es zu einem kleinen Zwischenfall. Der Vortrag war eilig arrangiert worden, und wir gingen davon aus, daß ungefähr dreihundert Leute kommen würden. Aber als wir anfingen, kamen immer mehr, so daß der Raum nicht alle fassen konnte. Der Vortrag wurde um dreißig Minuten verschoben, und wir zogen in eine große Halle um. Es wurde eine ziemlich emotionsgeladene Veranstaltung.

Zehn oder zwanzig Minuten, nachdem ich angefangen hatte zu reden, stand ein junger Mann auf: ,,Ich bin hierhergekommen, um etwas über natürliche Landwirtschaft zu lernen'' sagte er, ,,aber Sie reden nur über westliche Philosophie. Ich bin nicht hier, um Sie über Philosophie reden zu hören." Das Gleiche bekomme ich von den jungen Leute in Japan zu hören.

Ich hatte angefangen über Philosophie zu reden. Angesichts der vielen Kirchen, die ich in Wien gesehen hatte und der Zuhörer, die alle wie Musiker aussahen, schien mir das ein guter Weg zu sein, meinen Vortrag zu beginnen. Ich sah fast niemanden in der Zuhörerschaft, der wie ein Bauer aussah. Sie machten auf mich alle den Eindruck von Städtern. Deswegen begann ich mit den Worten: ,,Österreich ist wundervoll, aber ein Land des unechten Grüns,,. Österreich ist ein Land des Viehs und der Trauben. Die Landwirtschaft hier entstand, um Wein und Fleisch zu produzieren. Dies ist keine Landwirtschaft für die natürliche Erde; es ist eine Landwirtschaft für Adel und Klerus. Deswegen ist die Erde heute arm und öde. Wenn die Landwirtschaft in die falsche Richtung geht, dann geht die Kultur auch in die Irre. Dieser Fehler begann mit *Descartes*. Solch eine Zerstörung ist die Strafe für das Verbrechen, zu denken, daß die Natur existiert, weil der Mensch existiert und für das Verbrechen, die Natur dem Menschen zu opfern.

Dann, mitten in meiner Rede, steht jemand auf und versetzt mir einen Schlag. ,,Ich bin hierher gekommen, um Sie über natürliche Landwirtschaft reden zu hören, nicht über Philosophie." Das machte mich wütend, aber es spornte mich auch an. Ich setzte zu einer Gegenrede an:,,Das können Sie sagen, aber haben Sie gerade jetzt vor, natürliche Landwirtschaft zu praktizieren, und sind Sie dazu auch in der Lage? Ich rede von dreißig Jahren persönlicher Erfahrung in Japan, in denen nicht ein einziger Bauer in meiner unmittelbaren Nachbarschaft angefangen hat, natürliche Landwirtschaft zu betreiben.

Wissen Sie, warum? Es gibt einen Grund dafür. Selbst wenn Sie wirklich beabsichtigen, in die natürliche Landwirtschaft zu gehen, glauben Sie, daß die Konsumenten in den Städten krumme Auberginen und Gemüse voller Insekten kaufen werden? Wenn die Leute in Wien nicht begreifen, worum es geht, werden Sie nicht in der Lage sein, sich zu ernähren. Ein Einzelner mag daran denken, natürliche Landwirtschaft zu betreiben, aber man kann nicht sofort auf einem ganzen Feld anfangen. Um die landwirtschaftlichen Methoden eines einzigen Bauern zu ändern, muß sich zuerst das ganze soziale System ändern. Natürliche Landwirtschaft ist nicht einfach eine Frage der Agrikultur. Es ist ein Problem, das Politik, Wirtschaft und die Denk- und Lebensweise der Leute betrifft. Es betrifft jeden gleichermaßen, die Konsumenten in den Städten wie die Bauern. Darum muß, um *eine* Sache zu verbessern, *alles* geändert werden. Kam zuerst das Huhn oder das Ei? Nun, der Schlüssel, um alles auf einmal zu ändern, liegt in der Philosophie. Wenn sich eine Sache ändert, ändert sich alles. Wenn sich nicht alle Dinge ändern, ändert sich nichts. Wenn die Philosophie aller Menschen der Welt sich nicht ändert, wenn das Denken der Leute von Wien sich nicht ändert, dann wird niemand natürliche Landwirtschaft betreiben können. Wenn nicht alle Probleme gelöst werden, kann man nicht einmal eine einzige Sache tun. Die Methoden, die in *The One Straw Revolution* beschrieben werden, können alle landwirtschaftlichen Probleme lösen, aber solange nicht Reformen auf allen Ebenen passieren, — westliche Philosophie, Gedankengut und Religion — kann nicht einmal eine so einfache Sache getan werden. Keiner wird in der Lage oder bereit sein, solch eine einfache landwirtschaftliche Methode wie diese zu praktizieren.

Ich bekam donnernden Applaus. Der Beifall wollte einfach nicht aufhören. Man hörte Rufe wie „Weiter, weiter." Ich entspannte mich und schlug dann den Bogen zur natürlichen Landwirtschaft, und als der Vortrag vorbei war — es muß zehn oder elf Uhr am Abend gewesen sein — machten die Zuhörer keine Anstalten, nach Hause zu gehen. Der Hausmeister versuchte, die Leute hinauszuwerfen, er sagte ihnen: Es ist Zeit, die Türen zu schließen, bitte gehen Sie nach Hause." Aber die Leute gingen einfach nicht. Wir redeten in der Eingangshalle weiter, und als wir das Gebäude dann endlich verließen, machten wir noch in einer Art Gaststätte weiter, es ging bis nach Mitternacht.

„Meine Rede ist wirklich gut verlaufen," dachte ich. Es war ein großartiges Gefühl. Später kam mir in den Sinn, daß ich ja in Wien war, der musikalischen Hauptstadt Europas, die Leute hier hatten sicher die Angewohnheit, auf Konzerten und Lesungen, Zugaben zu fordern. Es konnte sogar sein, daß sie teilweise aus Höflichkeit geklatscht hatten. Und doch hatten die Zuhörer aufgenommen, was ich gesagt hatte.

Die Übersetzung dort war sehr gut. Ein japanischer Übersetzer von der Botschaft in Wien kam, um für mich zu übersetzen. Mir wurde hier und auch später in Salzburg und Innsbruck klar, daß sehr viel vom Übersetzer abhängt. Der Übersetzer in Wien hatte *The One Straw Revolution* gelesen, und während des Vortrags übersetzte er immer genau das, was ich sagte, sogar, wenn ich nach Worten suchte. Er vermied es, seine eigenen Gedanken hineinzumengen, und verstand es ausgezeichnet, den Zuhörern meine Botschaft zu vermitteln. In Innsbruck begann eine hübsche junge Französin für mich zu übersetzen, aber sie schien Schwierigkeiten zu haben, die schwierigen Stellen zu verstehen und wurde von einem zweiten Übersetzer unterstützt. In der Halle in Innsbruck, wo auch die Eröffnungszeremonien für die olympischen Spiele abgehalten worden waren, finden auch oft internationale Konferenzen statt, sie war für Simultanübersetzung in fünf Sprachen ausgerüstet. Außerdem hat das Rednerpult eine Vorrichtung, mit der man auf einem Stück Folie Skizzen machen kann, die dann sofort vergrößert und auf eine große Leinwand projiziert werden. Ich benutzte sie, um das, was ich sagen wollte durch meine Cartoons zu unterstützen. Meist gelingt es mir, mich verständlich zu machen, wenn die Rede auf Religion und Philosophie kommt, indem ich vertraute Dinge mit diesen Sketchen beschreibe.

4. Der alte Mann und die Mühle

Nordwärts Richtung Holland

Von Österreich folgten wir dem Rhein nach Westdeutschland. Ich hatte gedacht, der Fluß wäre sauber und schön, und ich war sehr überrascht über das schlammige Wasser. Das zeugt davon, daß der Boden auf den Bergen ständig fortgewaschen wird. Weingärten befinden sich nur auf Erdablagerungen am Fuße von Bergen und Bergplateaus.
Die berühmten Weingärten entlang des Rheinufers schienen wenig Zukunft zu haben. Beim Versuch, das Land zu schützen, sind bestimmt Fehler gemacht worden.
Im westdeutschen Tiefland dehnt sich ein fast endloses Gebiet sanfter Hügel aus, die mit Weizen und Mais bewachsen sind.
Ein großer Teil des Landes ist bewaldet, hauptsächlich mit Fichten, kleinen Büschen und Bäumen. Das bedeutet, daß die Erde nicht sehr fruchtbar ist, was auch das außerordentlich frühe Reifen des Weizens erklärt.
Richtung Holland wird das Land ganz flach, hier ist fast alles Weideland. Hier und dort sind Häuser verstreut. Ich konnte kaum glauben, daß Holland ein so dicht besiedeltes Land ist. Mir kam es wie ein weites Ackerbauland vor. Schützende Gürtel aus Pappeln sind hier üblicher als Wälder, aber ich vermute, daß dies eine Menge mit dem Nationalcharakter zu tun hat.

Überall in Europa kann man vor Gericht landen, wenn man den Baum seines Nachbarn abhaut, auch wenn der Baum einem die Sonne nimmt. Aber kurz bevor ich nach Holland kam, hatte jemand seinen Nachbarn vor Gericht gebracht, weil er ihm nicht erlaubt hatte, einen einzigen Baum zu fällen, und dies entfachte eine heftige öffentliche Diskussion. In Holland, wo die Sonnenstrahlen schwach sind, war dies ein Schrei nach Sonnenlicht. Dieser Vorfall unterstreicht die Unterschiede zwischen Europa — wo das Fällen eines einzigen Baumes zu einer großen Kontroverse führen kann — und Japan. Dieses Gefühl, das das Sonnenlicht so sehr sucht und schätzt, muß der Grund dafür gewesen sein, daß dieses Land aus Tulpen gebaut ist — Blumen, die nur durch volles Sonnenlicht gedeihen.

Als ich in Holland war, besuchte ich einen Nationalpark, in dem riesige Bäume wuchsen. Ich war erstaunt, daß in Holland so ein Wald erhalten werden sollte, aber ich erfuhr bald, warum. Inmitten des Waldes standen viele alte Bauernhäuser, aus denen man, sorgsam restauriert, ein Freilichtmuseum gemacht hat. Die Häuser der Holländer waren früher überraschend klein. Die Schlafzimmer zum Beispiel maßen kaum mehr als ein paar Quadratmeter, ein Zeichen dafür, daß die Leute damals von kleiner Statur waren. Es scheint einleuchtend, daß sich die physischen Proportionen der Holländer änderten, als sie anfingen, Kühe zu halten und Butter und Käse zu machen.

Natürlich gab es im dem Park auch einige Windmühlen und auch ein paar Holzhäuser im Hollandstil. Die Holländer waren stolze Leute, die ihre Holzpantinen und Holzhäuser pflegten.

Nach einer Rundreise durch Nord- und Westholland war mein Eindruck, daß die Landwirtschaft des Landes viehorientiert ist. Wenn man von Italien aus Richtung Norden nach Österreich, Westdeutschland und Holland fährt, ändert sich die Art des Viehs etwas, aber — was wichtiger ist — die Zahl der Kühe wächst. Man konnte Herden von einigen Dutzend bis zu ein paar Hundert Stück Vieh sehen. Es machte mich besorgt, daß das Grün der Landschaft in Gegenden, wo viele Kühe weideten, blasser zu werden schien. Als ich später einen Bauern darauf ansprach, sagte er mir, die Milchviehbetriebe würden immer mehr abhängig von Kraftfutter aus Weizen und Mais, je größer ihre Herden werden, und das engt die finanziellen Möglichkeiten ein.

,,Ich vermute, die Ursache für den Niedergang der Produktivität ist die Verarmung des Bodens", sagte ich. ,,Das könnte gut sein", antwortete er langsam, als würde er meine Bemerkung in seinem Geist bewegen.

Kleine Milchviehbetriebe mit zwanzig oder dreißig Stück Vieh waren stabiler. Schweren Zeiten sahen Betriebe entgegen, die Hunderte von Tieren halten. In Amerika ist es genauso, sehr wenige Betriebe haben mehrere tausend Stück Vieh, die große Mehrheit der Milchvieh- und Rinderfarmen hat höchstens einige Dutzend.

In Europa sind die Zeiten für Vieh- und Milchviehbetriebe schlecht. Und je größer der Hof, um so schwieriger die Situation. In Nordholland betreibt der normale Ackerbaubetrieb Fruchtwechsel von Weizen, Hafer, Kartoffeln, Saubohnen und Raps. Aber jeder zweite Hof ist von der Aufgabe bedroht. Ein sehr kompetenter Bauer, der mit großen Maschinen arbeitet, um sein großesLand mit seinem Sohn zu bewirtschaften, sagte, die Landwirtschaft eine Generation vorher, mit sechs oder sieben Kühen und Pferden, und allen Familienmitgliedern als Helfern, sei besser gewesen. Es war für mich sehr aufschlußreich und nützlich, zu erfahren, warum er ein solch starkes Interesse an natürlicher Landwirtschaft hatte.

Der Nelissen-Hof

Es kam mir der Gedanke, daß die Schwierigkeiten, die die Banken hatten, Darlehen, die sie den Bauern gegeben hatten, zurückzubekommen, etwas mit ihrer Bereitwilligkeit zu tun hatten, Thomas Nelissen einen Betrag von umgerechnet 400 000 Dollar zu leihen, um sich in natürlicher Landwirtschaft zu versuchen. Thomas war ein junger Holländer, der vor einiger Zeit für drei Jahre auf meinem Hof gelebt hatte.

Nach seiner Rückkehr aus Japan brachte er ein Jahr damit zu, im Land herumzureisen und den Leuten beizubringen, wie man einen Gemüsegarten anlegt. Das war erfolgreich und wurde ziemlich bekannt, was dazu beitrug, daß die Banken ihm das nötige Kapital liehen, um einen Hof, der natürliche Landwirtschaft betreibt, zu gründen.

Ich hatte ihm einmal erzählt, daß der Teich in einem japanischen Garten in der Form des chinesischen Zeichens für *Herz* (心) gegraben werden sollte. Ich weiß nicht mehr, ob ich das irgendwo gehört hatte, oder selbst darauf gekommen war. Wenn man einen Garten in dieser Form gräbt, dann ist der Teich an einigen bestimmten Punkten weiter und läßt einige Stellen wie Inseln frei.

Man hat Wasser, das flußabwärts fließt, einen Teich, einen See und Inseln. Ich sagte zu Thomas:,,Wenn man dem Teich die Form des Zeichens für Herz gibt, dann kommt sogar ein Anfänger damit zurecht." Thomas kehrte nach Holland zurück, reiste durch das Land und forderte überall die Leute auf, einen Spaten zu nehmen und ihre Wiesen in der Form des japanischen Zeichens für Herz umzugraben. Auf diese Weise werden hohe und tiefe Flächen geschaffen, man hat Berge, Flüsse und Täler. Wenn man das Wasser von der linken Seite des ,,Herzens" fließen läßt, hat man sofort einen japanischen Teich. Ein solcher Garten kann gänzlich ohne die Hilfe eines Gärtners angelegt werden.

Man sollte außerdem in dem Garten eine Mischung aus Samen verschiedener Gemüsearten ausstreuen: Daikon, Chinakohl, Klettenwurzel, Karotten und so weiter. Der Garten hat seine Hügel, Ebenen und Ufer. Samen, die

Wasser lieben, z. B. Hirtentäschel und Hornwort, gedeihen gut, wenn Sie in die Nähe des Wasser fallen. Gemüse, wie winterharte Bohnen, Daikon, Karotten und Kürbis wachsen auf höheren, trockeneren Plätzen, während Gurken die leicht feuchten Stellen lieben.

Man läßt die Samen einfach selber entscheiden, auf welcher Höhe und bei welcher Bodenfeuchtigkeit sie wachsen. Am Anfang wird man eine Menge Samen brauchen, die gemischt und im Garten verstreut werden müssen. Wenn dies einmal getan ist, kann man eine Mischung von Pflanzen herauskommen und wachsen sehen. Die westliche Vorstellung eines Gartens ist es, Gras zu säen, einen künstlichen Grünstreifen zu schaffen und sich dann daran erfreuen zu können. Der typische japanische taschengroße Hausgarten dagegen hat immer von allem ein bißchen. Er mag klein und sehr durcheinander scheinen, aber dieses Durcheinander übt doch eine große Faszination aus. Auf diese Weise hat man schon innerhalb eines Jahres einen sehr produktiven Garten.

Der Grund, warum dieser Typ Garten im Ausland noch populärer ist als in Japan, ist der Tod der Gemüse in Europa und Amerika. Die Arbeitsteilung hat sich so sehr durchgesetzt, daß nur noch wenige Leute Hausgärten haben. Stattdessen kauft und ißt jeder Produkte, die von weither transportiert worden sind. In Amerika z.b. liefert Kalifornien Obst und Tomaten an die ganze Nation, so sind die Dinge organisiert. Sie sind weder frisch, noch schmecken sie gut, und weil es sich um einheitliche Marktware handelt, ist die Auswahl sehr begrenzt. Dies gilt auch für Gemüse. Kein Wunder also, daß die Frau des Hauses niemals richtiges Interesse daran hatte, Gemüse zu ziehen. Aber den Hausgarten hat man morgens und abends vor Augen, hier kann man eine Reihe von Gemüsesorten anbauen.

Ich habe einige der Gemüsegärten gesehen, die unter Thomas' Leitung in Holland entstanden sind. Einer war auf dem Grundstück eines Geistlichen angelegt worden. Als ich ihn zusammen mit Thomas besuchte, erzählte mir der Geistliche: ,,Bis vor ein paar Jahren war ich in der Kirche aktiv und spielte sogar die Orgel. Aber dann wurde ich neurotisch und hatte das Gefühl, als gäbe es nichts mehr, wofür es sich zu leben lohnt. Und dann kam Thomas. Er brachte mir bei, einen Gemüsegarten anzulegen. Während ich im Schweiße meines Angesichts die Erde umgrub und zusammen mit meiner Frau Gemüse anbaute, gewann ich die Lebensfreude zurück. Von den Gemüsen lernte ich, was es heißt, lebendig zu sein, und ich fühlte die Freude, aktiv zu sein. Seit kurzem genieße ich das Leben. Auch in der Kirche kann ich jetzt mit neuer Kraft predigen."

Er schien überglücklich, daß Thomas und ich ihn besuchten, und er lud uns zum Essen ein. Er spielte sogar Klavier für uns, obwohl ich nichts von Musik verstehe. Wir aßen zu Mittag, während wir der Musik zuhörten, danach zeigte er uns seine Kirche, es war eine große, mächtige Kirche im amerikanischen Stil.

„Ich mache mir selber nicht viel aus dieser Art Gebäude", sagte er, „aber die Geldgeber wollten, daß ich sie so baue, und so tat ich es."

Er bat uns, uns zu setzen und zuzuhören, denn er würde für uns Orgel spielen. Wir waren fünf oder sechs. Wir setzten uns alle in die Mitte der Kirche und hörten seinem Orgelspiel zu. Als er fertig war, kam er zu uns und sagte: „Sagt mir, was ihr empfunden habt."

„Zuerst hatte ich ein Gefühl von Angst, als würde mich jemand bedrohen und einschüchtern. Aber später gegen Ende fühlte es sich an, als würde ich einer Klage Gottes zuhören. Ich fand es nicht im geringsten erfreulich oder unterhaltsam."

Er fand das lustig und lachte herzlich. Nicht im geringsten beleidigt durch das, was ich gesagt hatte, lud er uns ein, mit ihm ans Meer zu fahren. Wir stiegen in sein Auto und fuhren an einen Strand, der voller Menschen war und gingen dort eine Weile spazieren.

Er hatte einen besonderen Grund dafür gehabt, uns an die Küste zu bringen. Ein großer Teil von Holland liegt unter dem Meeresspiegel, deshalb ist es für das Land lebensnotwendig, die Küste zu erhalten. Deswegen arbeitet man so hart, um die Deiche zu schützen. Der Priester hatte uns zeigen wollen, wie das getan wird. Er fuhr mit uns zu einer Forschungsstation, wo man Pflanzen anbaut und untersucht, und fragte mich nach meiner Meinung.

Ich hatte zwar die verschiedenen Schößlinge, die man staatlicherseits gepflanzt hatte, gesehen, meine Aufmerksamkeit zogen aber die mir unbekannten Weine und Kreuzblütler auf sich, die wild an der sandigen Küste wuchsen. „Es wäre doch interessant, diese zu pflanzen", sagte ich. Obwohl die Wissenschaftler offensichtlich hart daran arbeiteten, junge Bäume heranzuziehen und zu verpflanzen, schienen mir diese Pflanzen nicht sehr gut dafür geeignet, den Sand zu halten. Die Weinarten und Büsche, die wild dazwischen wuchsen, sahen sehr viel gesünder aus. Mir schienen sie besser geeignet.

Thomas bewirtschaftet heute einen natürlichen Hof von 300 Hektar. Der Name des Hofes ist „Yakuso". So klingt „hyakusho", das japanische Wort für „Bauer" für holländische Ohren. Er lebt in einem schloßähnlichen Haus. Ein Drittel des Hofes besteht aus enormen Apfel- und Pfirsichbäumen, ein weiteres Drittel aus Weizen- und Nacktgerstefeldern, und das verbleibende Drittel ist mit sehr vielen verschiedenen Gemüsearten bepflanzt, die aus Japan stammen. Es ist ihm gelungen, Weizen und Gerste über einer Kleedecke anzubauen.

Die Apfelbäume, die vielleicht 4,50 Meter hoch waren, waren verwildert, aber weil sie nicht schlecht geschnitten worden waren, hatte ich den Eindruck, daß sie ohne große Schwierigkeiten wieder zu ihrer natürlichen Form gebracht werden könnten. Ich zeigte Thomas, wie man dies in zwei oder drei Jahren fertigbringen kann.

Gemüse wie Daikon, Chinakohl und Bataten gediehen sehr gut, während der Fruchtansatz von Kürbis und Gurke etwas zu wünschen übrig ließ. Thomas machte sich Sorgen, weil er den Daikon, den er anbaute, vom Typ *Tokinashi*, zu klein für den Markt fand.

Auch wußten die meisten Leute in Holland nicht, wie man Daikon zubereitet, neben dem Verkauf mußte er den Kunden zeigen, wie man ihn zubereitet, was mir alles sehr mühevoll schien. Er würde sogar zeigen, wie man geriebenen Daikon zubereitet. Er hatte über ein Dutzend hart arbeitende junge Helfer, und ich hatte das Gefühl, das die Zukunftsaussichten des Hofes gut sind.

Japanische Betten (*futon*) verkaufen sich in Europa so gut wie in Amerika, drei junge Frauen waren damit beschäftigt, Futons herzustellen. Mit einem Lachen sagte Thomas, die täglichen Ausgaben würden durch Brotbacken gedeckt. Natürliches Brot, hergestellt aus natürlich angebautem Weizen, der in einer Windmühle vermahlen wird, erwies sich als kommerzieller Erfolg. Ich habe gehört, daß sie es seit kurzem sogar nach Westdeutschland schicken. Thomas hatte sich auch die nötige Ausrüstung angeschafft, um Miso herzustellen. ,,Eines Tages werden wir hier sogar Miso und Tofu machen", erzählte er mir begeistert. Er hatte eine große Scheune auf dem Hof wiederaufgebaut und im zweiten Stock Schlafräume für junge Leute eingerichtet, die dort natürliche Landwirtschaft lernen wollen, im ersten Stock war ein Versammlungsraum. Drei Tage lang hielt ich morgens Vorträge vor an die zweihundert Leuten von überall her, an den Nachmittagen bot ich praktische Anleitungen an. Als das Camp zu Ende ging, hielt Thomas eine Schlußansprache, in der er mich den Vater der europäischen Natur nannte! Danach sprach er so bewegende Worte des Abschieds, daß sogar ich zu Tränen gerührt war.

Ich sprach dann zu den jungen Leuten, die versammelt waren, ein abschließendes Wort der Ermutigung: ,,Auch ohne mich habt ihr Mutter Erde. Auf japanisch bedeutet das Wort ,,hyakusho" (百姓 = Bauer), sie (生) die alle Dinge (百) gebiert (Die Erde = die heilige Maria). Wenn Ihr dem Willen der Mutter Erde gehorcht, die alle Dinge gebiert, dann werdet ihr auch ohne mich ein Zentrum natürlicher Landwirtschaft in Europa werden."

Der alte Mann und die Windmühle

Genau wie alles andere, werden die hübschen holländischen Windmühlen von den Wellen der Modernisierung verschlungen. Thomas nahm mich mit zu der Windmühle, wo er seinen Weizen mahlen ließ. Als ich die starke, kraftvolle Figur des alten Mannes sah, der die Mühle betrieb fühlte ich mich irgendwie, als verstünde ich die Quelle seiner Lebenskraft.

Als die Flügel der Windmühle, von denen jeder etliche Meter maß, sich zu drehen begannen und ungeheure Wirbel erzeugten, begann das alte vierstöckige, dünnwandige Ziegelgebäude so stark hin und her zu schwanken, daß mir jetzt noch meine Angst gegenwärtig ist, es könne umfallen.

Ein langer Pfahl führte vom Keller bis zum Dach durch die Mitte des engen Turmes. Die Spitze des Pfahles war an einigen enormen hölzernen Getrieberädern befestigt, die vielleicht zwei oder drei Meter im Durchmesser maßen. Diese griffen ineinander, wenn sich die Flügel der Windmühle zu drehen begannen, sie krachten laut und qualmten. Der Rauch machte es offensichtlich unnötig, die Getrieberäder zu ölen. Im Keller war ein riesiger Steinmörser an den Pfahlecken befestigt und warf Mehl hoch. Der Müller muß fortwährend auf den Treppenabsatz des zweiten Stockwerkes hinausgehen, um die Orientierung der Mühle je nach Rotationsgeschwindigkeit der Getrieberäder mit der Windstärke abzustimmen. Man sagte mir, die Qualität des Mehles hänge davon ab.

Die Bedienung einer Windmühle erfordert soviel Kraft und Mut, wie sie auch der Kapitän eines großen Segelschiffes besitzen muß.

Der alte Mann erzählte uns von einem jungen Mann, der eines Tages auf einen der langen Windmühlenflügel geklettert war und getötet wurde, während er das Segeltuch über einen Hilfsflügel spannte.

Man sagte mir, um ein guter Müller zu werden, seien die Übung und die Erfahrung dreier aufeinanderfolgender Generationen nötig. Dieser alte Mann, der soviel Widrigkeiten durchgestanden hatte, hatte ein so starkes, Vertrauen ausstrahlendes Gesicht, daß mir „Meister der Windmühle" in den Sinn kam.

„Die holländische Windmühle wird wahrscheinlich bald verschwinden", sagte er. „Es gibt einfach keine starken Eichen mehr wie diese. Selbst wenn es sie gäbe, könnte kein Handwerker heute mehr die richtigen Winkel an diese Zahnräder machen. Und außerdem wäre es unmöglich, junge Leute zu lehren, was es heißt, eine Windmühle zu betreiben.

„Das Schlimmste ist", sagte er, „daß es heute gute Mühlen aus Eisen gibt, so daß man Windmühlen nicht mehr braucht." Er machte eine Pause, dann fügte er hinzu: „Aber man kann nur mit einer Windmühle richtiges Mehl mahlen." Er hob seinen Kopf und erklärte mit triumphierendem Blick:„Die Leute sind so dumm, all das Gute an so wundervollen Windmühlen wie dieser zu mißachten." Er sagte mir auch, daß wirklich gutes Mehl nur mit Steinmörsern gemacht werden kann, weil diese keine Hitze erzeugen. Die Leute denken, daß sie den Prozeß des Mehlmahlens verbessert haben. Sie glauben, daß sie wissenschaftlich entwickelte Mittel haben, um leicht gutes Mehl zu produzieren.

Wir sind schon in einem Zeitalter, in dem computergesteuerte Mühlen Mehl ausmahlen, und das reine, weiße Produkt in Tanks oder riesige große Schiffe zum Verschiffen verladen wird. Aber dieses Mehl ist kein wahres Mehl. Was denken wir eigentlich, was wir fertiggebracht haben? Hat nicht alles, was wir getan haben, dazu beigetragen, den Blick für das wahre Mehl und die wahren Leute zu versperren?

Vollständig dem Mehlmahlen gewidmet, war der Meister jener Windmühle ein Müller, und doch war er mehr als ein Müller. Ich betete für die Sicherheit dieses ehrenhaften alten Müllers und machte auf dem großen Pfahl eine Zeichnung von ihm, wie er herunterschaut auf die Leute unten im Keller. Er freute sich. Als wir gingen, winkte er uns zum Abschied mit seiner großen Hand zu und, mit den Sonnenstrahlen der untergehenden Sonne auf seinem Rücken, sagte er, mit einer klaren, volltönenden Stimme: „Laß uns beide tun, was wir können."

Dies ließ mich einmal mehr darüber sinnieren, was es ist, das wir nicht verlieren dürfen.

5. Europäische Zivilisation im Stillstand

Die Europäische Eßkultur

Während meiner Europareise wollte ich herausfinden, was es mit der westlichen Küche auf sich hat, aber sie war mir vollkommen unbegreiflich. Ich wollte wissen, was Bauernfamilien auf dem Land normalerweise essen. Sie essen — oh, ich weiß nicht — eine Art Suppe oder Schmorgericht aus Gemüse und etwas Getreide, das in Milch und Mehl schwimmt. Auf mich wirkte es sehr unappetitlich. Nach solch einer Mahlzeit hatte ich nicht das Gefühl, richtig gegessen zu haben. Die Leute frühstücken oder lassen es, gerade wie es ihnen gefällt, und die Frau des Hauses eilt vor dem Mittagessen nicht geschäftig in der Küche umher, um das Essen zuzubereiten, wie es die Frauen in Japan tun. Es scheint, als wenn alles, was sie tun darin besteht, kurz vor der Mahlzeit in die Küche zu schlüpfen und ein oder zwei Platten oder Pfannen herauszutragen.

Ich weiß nicht, ob es daran liegt, weil alles Selbstbedienung ist, aber die Leute sind so still und ernst, daß die Mahlzeit ziemlich langweilig ist und zu wünschen übrig läßt. Wer ein köstliches Mahl erwartet, wird enttäuscht. Man nimmt sich ein oder zwei verschiedene Gerichte, im allgemeinen etwas, was einem Eintopf ähnelt, streut ein oder zwei Gewürze darauf und mischt. Man bereitet sein Essen auf seinem eigenen Teller zu. Wenn man mit Essen fertig ist, wischt man den Teller mit Brot sauber und spült in der Küche das Geschirr. Die ganze Prozedur ist einfach zu langweilig.

Natürlich habe ich nur eine kurze Reise durch das ländliche Europa gemacht. Ich habe die feine Küche der Städte nicht probiert, deswegen kann ich nicht wirklich etwas sagen. Aber ich hatte den Eindruck, daß die westliche Ernährung auf künstlichen Nahrungsmitteln basiert, die nach bestimmten Ernährungsprinzipien zubereitet werden. Nirgends lernte ich einheimische Gerichte kennen, die den natürlichen Geschmack der Nahrung hervorhoben. Das beste, was man erwarten kann, ist gekochter Frischwasserfisch. Warum dem Menschen und der Natur nicht die gleiche Aufmerksamkeit gewidmet wird wie in Japan, kann ich nicht sagen. Vielleicht ist dies nur natürlich. Im Westen kommen der Mensch und der Körper zuerst. Die Nahrung ist für das Fleisch da. Hauptsache, es macht satt. Es sind schließlich nicht die Teller und das Besteck, die man ißt.

Doch auf den Höfen, die ich besuchte, haben mir meine Gastgeber stolz ihr Geschirr gezeigt, das ihnen ihre Vorfahren vererbt haben. Es wird bei ihnen jedoch sicher in der Vitrine aufbewahrt und im täglichen Leben nicht benutzt. Solches Geschirr ist für die Menschen wertvoll, nicht jedoch, um das Essen darauf zu servieren. Hier sind die Natur, die Nahrung, der Teller und der Mensch voneinander abgetrennt, nicht wie in Japan, wo sie eins sind. Zuerst einmal ist die Auswahl der Nahrungsmittel begrenzt, das gilt ganz besonders für Gemüse.

Überall herrscht Selbstbedienung, weil es überall heißt ,,ladies first". Die Ehefrau kocht nicht, deshalb bereitet sich jeder sein Essen nach seinem eigenen Geschmack zu. Die Frauen haben kein Interesse am Kochen, weil sie so wenig Auswahl an Lebensmitteln haben. Sind die Mahlzeiten nicht vielleicht deshalb zur reinen Selbstbedienung geworden, weil Männer und Frauen getrennt voneinander essen?

Europa und Amerika haben eine zu kleine Auswahl an Gemüsen, und die Qualität ist schlecht. Besonders Wurzelgemüse schien es viel zu wenig zu geben. Klettenwurzel wächst wild auf den Feldern, aber keiner erkennt, daß das eßbares Gemüse ist. Es gibt keinen Taro (*Colocasia esculenta*). Die Yamswurzeln sind klebrig und nicht für den menschlichen Verzehr geeignet. Für die meisten Leute sind Lebensmittel, die im Schlamm wachsen, wie Lotuswurzeln ,,barbarisch" und fremdartig. Es gibt keinen Bambus, deshalb kennt natürlich auch niemand Bambussprossen. Es gibt wenig gut schmeckende Süßkartoffeln. Die Süßkartoffeln, die angebaut werden, sind hart und geschmacklos, — also kaum das, was man bei uns in Japan von einer Süßkartoffel erwartet.

Die Menschen im Westen essen also wenig Wurzelgemüse, die wichtig sind für gutes physisches Wachstum. Vielleicht ist das der Grund, warum sie sich so von östlichen Menschen unterscheiden. Der Mangel an Wurzeln in der Ernährung hat vielleicht etwas mit der Unfähigkeit der Menschen im Westen zu tun, die Tiefe der Wurzeln der Natur zu sehen.

Natürlich, ich selber kümmere mich wenig um Ernährung, deshalb habe ich wirklich kein Recht, andere deswegen zu kritisieren. Was einem japanischen Bauern jedoch seltsam erscheint, ist, daß im Westen der Mensch in jeder Beziehung — Nahrung, Kleidung, Wohnung — an oberster Stelle steht. Auf den ersten Blick scheinen die westlichen Menschen die Natur mit Sorgfalt zu behandeln, sie halten sie sauber und wunderschön. Aber das ist nur oberflächlich. Ein näherer Blick zeigt, daß diese Aufmerksamkeit zwar Fürsorge für den Menschen zum Ausdruck bringen mag, nicht aber wirkliche Fürsorge für die wahre Natur selbst.

Ist es nicht mit der Form jedes Tellers, jeder Tasse oder jedes Löffels, die man betrachtet, genau dasselbe? Westliche Teller sind groß, so daß man alle Zutaten auf einem Teller mischen kann, sie sind für effizientes Essen gemacht. Tassen haben einen Henkel, so daß man sie leicht tragen kann. Löffel haben eine Form, daß man sie leicht zum Mund führen kann. In Japan dagegen wird außer einer Auswahl von Platten und Schüsseln individuelles Geschirr gedeckt. Man nimmt sich eine kleine Menge vorzüglich zubereiteten Essens auf einen kleinen Teller und genießt es, während man ißt. Sogar die Größe der japanischen Teetassen unterscheidet sich je nach Teesorte. Teetassen haben keine Henkel, man hält die Tasse also nicht flegelhaft in einer Hand, sondern balanciert sie mit beiden Händen. Dabei genießt man ehrfürchtig den Geschmack, bevor man das Mahl beginnt. Mit einem Paar Eßstäbchen kann man jedes einzelne Reiskorn aufnehmen, es zum Mund bringen und den Geschmack genießen. Man eilt nicht bei der Mahlzeit. Es ist wahr, der ökologische Schaden der durch den exzessiven Gebrauch von Wegwerf-Eßstäbchen angerichtet wird, ist immens, aber während Eßstäbchen wieder zu Bäumen werden, wenn sie der Erde zurück gegeben werden, können die Erdöl- und Mineralstoffvorkommen, die bei Herstellung von Metallprodukten verwendet werden, nicht wiedergewonnen werden. Die feine Art, die japanische Küche zu genießen, die durch ein Paar Eßstäbchen aus Bambus oder lackiertem Holz repräsentiert wird, kann als die Seele und das Wesen der Eßkultur betrachtet werden. Die japanische Küche wird in dem Augenblick untergehen, wo die Eßstäbchen durch Löffel oder Gabel ersetzt werden.

Die japanischen Bauern sind Menschen, die durch die Gnade der Natur existieren, deshalb ist es angemessen, daß sie gut für die Natur, ihren Schöpfer sorgen und deren Seele mit Ehrfurcht behandeln. Die Menschen im Westen jedoch sind der Ansicht, daß der Mensch durch die Eroberung der Natur überlebt, deshalb finden sie es nur angebracht, daß die Natur nach ihrem Gutdünken umgestaltet wird. Auch der Drang im Westen, die Umwelt zu schützen, dient dem Wohle des Menschen und nicht der Natur. Die Unterschiede, die zwischen Ost und West in bezug auf Nahrung, Kleidung und Wohnung bestehen, können alle auf diese grundlegend unterschiedliche Sichtweise zurückgeführt werden.

Warum sind im Westen alle Schlösser, Kathedralen und sogar die Häuser aus Stein oder Ziegelstein gemacht? Nun, ich nehme an, daß der Grund die Erosion des Landes ist, die Offenlegung des zugrundeliegenden Felsens, der den Stein direkt als Baumaterial zugänglich macht. Aber ich persönlich denke, ein noch zwingenderer Grund war die Idee vom Überleben des Stärkeren, vom Sieg des Stärkeren über den Schwächeren, dies brachte die Leute dazu, sich selber zu schützen. Eine Verteidigungshaltung führt direkt zu einer Angriffshaltung. Häuser, die aus Stein oder Ziegelstein gemacht sind, sind dunkel und kalt.

Ich hatte sogar das Gefühl, daß die Schwermut der westlichen Zivilisation aus diesen gefängnisähnlichen Schlössern und Kirchen erwächst. Um Ziegeln zu machen, wird sehr viel Feuerholz gebraucht. Weil die große Mauer in China und die alten Städte des Mittelalters im mittleren Osten und entlang der Seidenstraße alle aus Ziegelsteinen gebaut wurden, verschwanden die Bäume aus diesen Gebieten, und der Boden starb. Diese Zerstörung der Natur leitete den Untergang der menschlichen Zivilisation ein.

Überall in Europa gibt es deutliche Zeichen dafür, wie die Natur dem Bau von Städten geopfert wurde. In Salzburg zum Beispiel wachsen um das Schloß herum große Bäume, aber am Fuß der Bäume findet man keine schwarze Erde. Wenn man sie sich näher anschaut, wird deutlich, daß diese Erde einmal zerstört wurde. Der Stillstand, der mit dieser Nahrungs-, Kleidungs- und Wohnkultur verbunden ist, hat seine Ursache im Niedergang der Natur.

Blumen und Schönheit

Ich fand dennoch, daß Europa nach außen hin ein Ort großer Schönheit und Sauberkeit ist. Sowohl in den Städten als auch auf dem Land gibt es Wälder. In den Bauerngärten blühten üppig Rosen, in der Stadt waren die Blumenkästen mit wunderschönen Blumen bepflanzt. Wo immer ich hinkam, hatte ich das Gefühl, die ganze Stadt sei voller Blumen.

Die Leute in der Stadt stellten Korbstühle auf das Steinpflaster und tranken dort genüßlich Tee. Alles war so still und ruhig, daß ich mich fragte, wo all die arbeitenden Leute waren. Mir war, als würde die Zeit still stehen. Die Wahrnehmung war so stark, daß ich sogar vergaß, daß ich ein Fremder in einem fremden Land war. Während ich in Europa die ländlichen Gegenden bereiste, war es die beeindruckende Schönheit der wilden Blumen, die meine Aufmerksamkeit besonders auf sich zog. Die Blumen am Straßenrand in der Schweiz und besonders in Österreich hatten solch fantastisch große Blütenblätter, daß sie nicht wie wilde, sondern mehr wie kultivierte Blumen aussahen. Ich nehme an, daß sie entweder von einheimischen Blumen abstammten, oder, daß es die wilden Varianten künstlich gezogener Blumen waren.

Vor mir erstreckten sich wunderschöne Wiesen. Aber nachdem ich mich einmal an den Anblick gewöhnt hatte, schien etwas zu fehlen. Ich glaube, das hing mit der Tatsache zusammen, daß ich wenige Pflanzen sah, die wilden Gräsern ähnelten. In Kalifornien war ich zu der Überzeugung gekommen, daß unerwünschte Weidegräser die einheimischen Gräser verdrängt haben, was zur Verwüstung des Landes geführt hat.

Und in Europa hatte vielleicht die Kultivierung der Blumen die einheimischen Gräser ausgelöscht und zu einer ärmeren Pflanzendecke geführt. Natürlich war dies nur Spekulation, aber daß es so wenig wilde Gräser gab, deutete darauf hin, daß etwas fehlte.

In den Außenbezirken der Klein- und Großstädte sieht man oft Dutzende und Hunderte von Miniaturgärten, nicht größer als einige Quadratmeter und jeder mit einer niedlichen kleinen Hütte. Obwohl auch Gemüse in diesen Gärten angebaut werden, scheinen Blumen und Kräuter üblicher zu sein. Ich denke mir, daß die Leute hier schöne Sonntage verbringen. Der bezaubernde Anblick all dieser Lilliputverstecke bringt einem das Leben der gewöhnlichen Städter ins Bewußtsein.

Im Sommer fährt jeder in die Berge, in die Wälder oder an die See, um sich an der Natur zu erfreuen. Aber die Art, wie die Leute das tun, unterscheidet sich von der des Ostens. Was sie mehr als die Natur zu erfreuen scheint, sind Menschen in natürlicher Umgebung. Die Japaner promenieren im Frühling selbstvergessen unter den Pfirsichblüten, aber die Menschen im Westen gehen nicht aus sich heraus, sie bewegen sich nicht frei und ungebunden in der Natur. Sie sind immer im vollen Besitz ihres Selbst.

Ich habe gesagt, daß die Natur im Westen wunderschön und ruhig ist. Auch die Ruhe unterscheidet sich von der in Japan. Sie hat nicht dieses Traurige und Einsame wie in Japan. Ich frage mich, warum. Könnte es sein, daß der Geist und das Geheimnis von Mutter Natur, die uns von unserem egoistischen Selbst befreien, in den Wäldern und Blumengärten des Westens, die durch egoistische Menschen geschaffen wurden, nicht existiert.

Auch die Japaner haben eine starke Liebe zu Blumen und haben *Ikebana*, die Technik des Blumenarrangements, zu einer Kunst erhoben, auf die sie stolz sein können. Aber auch Ikebana verändert sich. Seit kurzem werden Draht und mit Farbe bemalte getrocknete Äste benutzt. Die Leute scheinen dies heutzutage die Kunst des Selbstausdrucks zu nennen, aber meiner Meinung nach ist die wahre Kunst des Ikebana aufgegeben und durch einen künstlichen, westlichen Schönheitssinn ersetzt worden.

Vor einiger Zeit kam jemand von einer der großen Schulen des Ikebana zu mir, um mich zu interviewen. Ich sagte ihm, daß ich vollkommen unzufrieden sei mit dem gegenwärtigen Stand des Ikebana:,,Glauben Sie nicht, daß die Seele der Natur früher besser wiedergegeben wurde, als man von *ten, chi* und *jin* (Himmel, Erde und Mensch) sprach?*** Und auch das ist nur ein ober-

---

ANMERKUNG:*** Traditionelle Bezeichnungen für die drei Hauptzweige in einer Form des Ikebana, bekannt als shoka oder seika (,,lebendes Blumenarrangement").

flächliches Verständnis der Natur. Was würde passieren, wenn man die Natur direkt von oben, unten oder hinten sehen würde? Wenn man zum Beispiel von oben schaut, bilden die Blätter aller Pflanzen eine Spirale. Und wäre es nicht interessant, über *ten, chi* und *jin* nachzudenken, die gegen den Uhrzeigersinn gerichtet sind?

Was mich bedrückt, ist, daß der Mensch nicht länger sieht, was Schönheit ist, woher sie kommt, und warum etwas schön ist. Einen Raum mit schönen Bildern und Blumen zu dekorieren ist nicht das, was Schönheit eigentlich ausmacht. Das heißt nicht, daß es keine schönen Blumen mehr gibt, sondern daß wir nicht mehr in der Lage sind, die Schönheit der Blumen der Natur zu sehen. Die Leute müssen über diesen Verlust des Selbst nachdenken, der dazu führt, Blumen zu arrangieren und zu dekorieren. Anstatt Blumen in einem Raum kunstvoll aufzustellen und zu dekorieren, anstatt zu lernen, sie zu arrangieren, sollten sie zuerst über den Verlust der Schönheit in ihren eigenen Herzen trauern.

Die Blumen im Teehaus*** sind nicht schön, weil sie hübsch arrangiert worden sind. Wenn eine einzige Blume frei von jedem Schmuck zum Teehaus gebracht wird, dann wird sogar eine wilde Blume sofort wie eine herrliche *chabana* (Teeblume) erscheinen. All das soll heißen, daß Leute, wenn sie Blumen anschauen, sie im allgemeinen nicht sehen. Schönheit kommt nicht von der Blume selber. Dies ist nur die Schönheit der Kirschblüten, vom Gefängnisfenster aus gesehen.

Wir haben es mit einer menschlichen Natur zu tun, die nicht mehr durch wahre Schönheit berührt wird, die selbstgefällig sagt, daß in kultivierten und künstlichen Blumen eine dem Menschen würdige Schönheit geschaffen wurde. Ich glaube, daß die Menschheit nicht mit Nachahmungen zufrieden sein kann, egal wie sehr man auch Gärten und Fenster schmückt, egal wie hingerissen man von gefälschter Schönheit auch ist. Während ich den Verfall der europäischen Zivilisation beobachtete, konnte ich nicht umhin, mir auch über die Zukunft jener Überbleibsel der traditionellen japanischen Kultur Gedanken zu machen — das Blumenarrangement und die Teezeromonie, die heute so prächtig zu gedeihen scheinen.

▍Kirchen und Gott

Ich war vorher niemals in einer großen Kathedrale gewesen. Aber als ich die *Padre-Kirche* besichtigte, die einsam in der Ebene nahe Mailand steht,

---

ANMERKUNG: *** *Ich beziehe mich hier auf das kleine, eingefriedete Gebäude, in der die Teezeremonie abgehalten wird.*

hatte ich das Gefühl, daß der Geist Christi hier weiterlebt. Ich betrat die dunkle Kirche, und als ich die Christusfigur betrachtete, die am vorderen Altar stand, kam ein Geistlicher: ,,Gott ist nicht hier, Du brauchst also nicht zu beten," sagte er.

,,Dies ist aber ein interessanter Priester," dachte ich. ,,Wo ist er dann?", fragte ich.

Er erzählte mir, die Kirche sei ein Beispiel früher gothischer Architektur und habe eine lange Geschichte. Sie war offensichtlich reich an Legenden: eine Taube mit einem Zweig im Schnabel hatte sich an dem Platz niedergelassen, deshalb siedelten sich vierzig Mönche an und bearbeiteten das Land. Sie brannten Ziegel und bauten die Kirche mit ihren Händen auf. Sogar Napoleon hat sie einmal erobert. Weil die Kathedrale keines der üblichen Kirchenfenster und andere Verzierungen hatte, schien sie irgendwie den Geist Christi zu veranschaulichen.

Dieser Geistliche zeigte ein Interesse an natürlicher Landwirtschaft, und so begannen wir zu reden. Wir setzten uns auf eine Wiese, er zerteilte eine Wassermelone und gab sie uns. Später, als wir uns verabschiedeten, gab er uns einige Kräuter, die er im Garten gezogen hatte.

Was mich am meisten freute, war, eine Figur von Christus zu sehen, wie ich sie mir vorgestellt hatte.

Die europäischen Städte sind voller bleibender Erinnerungen an die Vergangenheit: wo immer man hinschaut, die ruhigen kopfsteingepflasterten Straßen, die Skulpturen an den Straßenecken, die Schönheit der Brunnen, die Steinschlösser in den Wäldern, die Kreuze, die in den Strahlen der untergehenden Sonne leuchten, die Schönheit der Glasfenster. Dem japanischen Besucher kommen die Europäer, die ein heiteres Leben inmitten dieses Glanzes führen, so vor, als seien sie wirklich vom Glück begünstigt.

Aber wenn man irgendwo auf einem Platz steht, vor der feierlichen Statue eines Königs hoch zu Roß oder vor einer Skulptur von Michelangelo oder eines anderen Künstlers, dann weicht man vor ihrer Kraft und Stärke zurück. Der Grund dafür ist zweifellos, weil hier klar wird, daß die europäische Kultur vom Menschen geschaffen wurde.

Der ständige Kampf zwischen Gott und dem Menschen, zwischen Herrschern und Beherrschten ist in den Kirchen und Schlössern in kühnen Reliefs dargestellt. Ich war entsetzt, als ich sah, daß das Wappen des Schlosses zu Mailand eine große Schlange (*der König*) zeigt, die das Volk verschlingt. Der Name eines stillen ländlichen Ortes westlich von Mailand bedeutet wörtlich: ,,Stadt der Toten." Die Leute hier wurden bei einem Aufstand getötet, und die Erinnerung an die Tragödie findet sich in dem Namen wieder.

Im Innenhof einer berühmten Kathedrale fand ich in einem Kreis von etwa zwei Metern Durchmesser eine Inschrift. Als ich fragte, was sie bedeutet, erfuhr ich, daß ein Geistlicher, der zu einer religiösen Revolution aufgerufen hatte, hier am Kreuz verbrannt worden war.

Ich war sehr empört über die Idiotie religiöser Menschen, die, statt über die schlimmen Seiten des Christentumes zu klagen, sich abmühen, die Würde Gottes zu wahren und Gott in der Religion einsperren.

Ich freute mich viel mehr auf den Plätzen vor österreichischen und italienischen Kirchen, wo sich Taubenschwärme sammeln, Buden Ansichtskarten und Souvenirs verkaufen und auf den offenen Märkten in Paris, Gemüse und Obst feilgeboten wird. Vielleicht hatte mein Gefühl auf solchen Plätzen etwas mit den Leuten zu tun, die ohne Förmlichkeiten und Heuchelei in der Sonne umherliefen. Hier können sich die Leute erholen.

Auch deshalb scheint es mir fair, zu sagen, daß der Verfall der europäischen Zivilisation aus der westlichen Philosophie entspringt, die das Selbst an die erste Stelle stellt. Indem die Europäer versuchten, ihre Person durch ein Schloß aus Stein zu schützen, haben sie schließlich ihr Selbst in ein Gefängnis gesperrt.

6. Ein grüner Friede

Die internationale Naturuniversität

Ich fuhr kreuz und quer durch Europa und gewann Einblick in seine hellen und seine dunklen Seiten. In Paris, dem letzten Halt auf meinem Weg, sah ich etwas sehr Hoffnungsvolles: eine „grüne Universität."

Der Sohn eines wichtigen amerikanischen Indianerhäuptlings betrieb dort in Paris natürliche Landwirtschaft. Er hatte mich gebeten, mir anzusehen, was er tat, und deshalb besuchte ich ihn. Er hatte meinen Rat befolgt, eine Mischung von Gemüsesamen in seinen Garten auszusäen und praktizierte in der Tat natürliche Landwirtschaft, und das mitten in Paris. Das erste, was er tat, war, mich zum Elysée-Palast zu führen. Ich wußte nicht, warum wir dorthin gingen, deshalb fragte ich ihn, was er vorhatte. „Du hast gesagt, in Paris gäbe es keine Bäume" sagte er, „deshalb bringe ich dich an einen Ort, wo es Bäume gibt."

Als wir ankamen, sah ich, daß sich nicht weit vom Palast ein Gebiet mit großen Bäumen befindet — fast ein Urwald. Inmitten dieses Waldes stand ein Gebäude, das aussah wie eine Nobelvilla. Ich dachte, daß er dort vielleicht als Wächter arbeitete, aber es stellte sich heraus, daß er der Verwalter war. „Dies" sagte er mir, ,,ist einer der vorgeschlagenen Orte für die *Internationale Naturuniversität*. Ich möchte, daß Du entscheidest, ob dies der richtige Platz dafür ist, oder nicht."

Nun, ich bin kein Wahrsager. Ich habe keine besondere Begabung für solche Dinge. Aber wenn man so etwas gefragt wird, sollte man irgendeine Antwort geben.

,,In Japan baut man oft Schreine und Tempel an Plätzen mit großen Bäumen und schwarzer Erde. Hier sehe ich vier oder fünf große Bäume mit einem Durchmesser von mehr als zwei Metern. Die bloße Tatsache, daß diese Bäume hier sind, bedeutet, daß dieser Platz schon seit mindestens einem Jahrhundert besteht. Und obwohl der Boden in Frankreich im allgemeinen ausgelaugt ist, ist der Boden hier schwarz und reich — in Japan nennen wir das ,,bären-farbig".. Außerdem gibt es hier rundherum noch mehr Land, das wie ursprünglicher Wald aussieht. Deshalb würde ich sagen, ja, dies ist der ideale Platz für Eure Schule."

Er freute sich. Wir gingen dann tiefer in den Wald, wo er ein indianisches Tipi-Zelt aus schwerem Stoff, der über einen Holzrahmen gespannt war, aufgestellt hatte. Er erzählte mir, daß er manchmal dort schläft.

,,Was bist Du für ein Sternzeichen?" fragte er plötzlich. ,,Wassermann", antwortete ich und wunderte mich, warum er das wissen wollte. ,,Berühre diesen Pfahl dort." ,,Was wird geschehen wenn ich das tue?" ,,Das wird dein Sitz werden," antwortete er. Die Universität wird von zwölf heiligen Männern gegründet werden. Dieser Pfahl entspricht deiner Sternenkonstellation. Die Stelle, die Du berührst, wird dein Sitz sein." Nachdem ich das getan hatte, fuhr er fort:,,Bei jedem Besuch wirst Du hierhin kommen. Du wirst Vorträge halten oder tun, was Dir Spaß macht."

Ehe ich mich versah wurde ich, nur durch das Berühren eines Pfahles, der Begründer einer Universität. Das alles hatte den Zauber eines Märchens.

Danach führte er mich durch das Gebäude. Die Räume waren reich verziert, am eindrucksvollsten war eine geräumige Halle mit Spiegelwänden und einem langen, polierten runden Tisch.

,,Warum braucht eine Hippie- Universität eine solche Spiegelhalle?" fragte ich. ,,Eines Tage laden wir vielleicht die Staatsoberhäupter von fünf oder sechs europäischen Staaten zu einem Gipfeltreffen hierher ein. Für solche Gelegenheiten müssen wir einen Raum wie diesen haben." ,,Heute sieht es hier aus wie ein Treffen von Hippie-Königen", sagte ich auf japanisch. Die junge Frau, die übersetzte, brach in Gelächter aus.

Einige Zeit, nachdem ich nach Japan zurückgekehrt war, bekam ich einen Brief von ihm und hörte etwas überrascht, daß die Schule gut angefangen hatte.

Als ich nachfragte, erfuhr ich, daß dieser Mensch ein gewisser Dr. Norman William war, der einigen Einfluß bei der UNESCO hatte. ,,Überraschende Dinge passieren oft, wenn man sie am wenigsten erwartet," sagte ich vor unserer Abfahrt. ,,Ich hoffe das beste, ohne meine Erwartungen in die Höhe zu schrauben," sagte ich, bevor wir abfuhren. Wieder lachte die Übersetzerin, aber sie weigerte sich, zu übersetzen, was ich gesagt hatte.

Michio Kushi, der dem Sommercamp in Innsbruck vorsaß und ein führender Lehrer der makrobiotischen Bewegung in der Welt ist, hatte eines Abends ebenfalls seine Ideen für eine internationale Universität entwickelt. Er hatte schon begonnen, seine Pläne in die Tat umzusetzen und ein ehemaliges Franziskanerkloster für die Schule erstanden. Er zeigte mir auch Photos von dem Platz. Kushi sagte, die Schulen seien heutzutage nicht gut, deshalb versuche er, einen vollkommen neuen Typ von Universität zu gründen. Der Name der Schule wird das Wort ,,Natur" in sich tragen. ,,Möchtest Du nicht mitmachen?" fragte er. ,,Ein japanischer Bauer hat nicht viel Zeit", antwortete ich, ,,aber ich werde Euch gerne nach besten Kräften in der Landwirtschaft beraten."

Wenn ich mir solche Pläne ansehe, habe ich den Eindruck, als würden bald auf der ganzen Welt neue, bessere Stätten des Lernens entstehen, die den heutigen Universitäten kritisch gegenüberstehen.

Der Pariser Friedensmarsch

Am selben Tag, an dem ich von Holland nach Paris reiste, erreichte auch ein Friedensmarsch gegen Atomwaffen, der von Oslo aus aufgebrochen war, die Stadt. Der Marsch hatte in Oslo begonnen, vier Frauen hatten sich zusammengetan und beschlossen, es müsse etwas im Namen des Friedens getan werden und waren einfach losgelaufen. Auf ihrem Weg südwärts, schlossen sich Menschen aus den Ländern, die sie passierten, an. Bis zu ihrer Ankunft in Paris war die Zahl der Marschierenden auf etwa achttausend angewachsen.

An diesem Abend sagte die junge Japanerin, die für mich übersetzte: ,,Es sind einige geweihte Männer aus Indien hier. Hätten Sie Lust, mit ihnen zu sprechen?"

Als wir zu ihnen gingen, waren schon einige tausend Marschierende angekommen, die auf den Straßen saßen und sich lautstark unterhielten. Wir betraten einen Zuhörerraum, der wie ein riesiges, renoviertes Lagerhaus aussah. Dort fand gerade eine Jazz-Veranstaltung statt, wohl zum Dank an die Marschierer für ihre Teilnahme. Die Übersetzerin ging geradewegs auf den Dirigenten am Podium zu und flüsterte ihm etwas ins Ohr.

Sofort verstummte die Musik, und sie winkte mich heran. Die Leute in der Halle fingen an in die Hände zu klatschen und zu schreien:,,Eine Rede, eine Rede!" Ich war vollkommen unvorbereitet, aber die Freundlichkeit der Menschen machte mir Mut, ich bestieg das Podium und sprach eine Weile über die Wurzeln des Friedens und des Krieges.

Normalerweise spreche ich schnell, ich rattere in einer rasenden Geschwindigkeit los. Aber weil die Übersetzung von drei Dolmetschern ins Englische, Deutsche und Französiche voller Patzer war, die die Leute zum Lachen brachten, hatte ich Zeit nachzudenken, und es gelang mir, glaube ich, eine ernstere Botschaft mitzuteilen. Als ich schließlich aufhörte zu sprechen und von dem Podium herunterstieg, wurde ich von einem sehr erfreuten alten Herrn umarmt, der mir später als ein geweihter indischer Mann vorgestellt wurde.

Ich habe völlig vergessen, worüber ich dort gesprochen habe, aber das spielt auch wohl wirklich keine Rolle. Es reichte aus, daß sich Menschen aus verschiedenen Ländern trafen und miteinander die Freude, lebendig zu sein, teilten.

▌Waffen... Zur Verteidigung?

In Europa haben viele Länder gemeinsame Grenzen. Man weiß dort nie, wann feindliche Panzer die Bergpässe überqueren und in das eigene Land eindringen werden. Das mag der Grund dafür sein, weshalb keines dieser Länder wahnsinnig reich geworden ist. Irgendwie habe ich gehört, es sei besser, wenn jeder Einzelne sich eine den Frieden bewahrende Weltanschauung zu eigen machen würde, anstatt sein Land mit Waffen zu verteidigen. Der Gedanke, das Land und die Natur vor der Zerstörung zu bewahren, hat sich in Europa gefestigt.

Vielleicht ist dies der Grund dafür, daß ich in Europa keine Kampagnen zur Pflanzung von Bäumen gesehen habe. Dort drüben sagt keiner, daß Bäume gepflanzt oder nicht gepflanzt werden sollen. Da niemand die Bäume fällt, können die Dinge sich selbst überlassen bleiben. Es gibt Bäume, die so dick sind, daß man kaum seine Arme herumschlingen kann, und die ihre Zweige über die Felder breiten. In Japan würde ein solcher Baum sicherlich bald Streit unter den Bauern hervorrufen. Die Tatsache, daß diese Bäume in Europa in Ruhe gelassen werden, daß sie ihre Zweige ungestört über die Grenzen der Felder hinaus ausstrecken dürfen, zeigt mir, daß sich die europäische Art, über Naturschutz nachzudenken, grundsätzlich von der in Japan unterscheidet.

Für die Japaner bedeutet Umweltschutz nicht, die Bäume zu schützen, sondern sich selbst. Seit man sich über Luftverschmutzung und dergleichen aufregt, taucht ständig und überall der Begriff ,,Schutz" auf. Aber die wahre Bedeutung des Begriffes wird noch nicht überall wirklich verstanden. Der Begriff ,,Schutz" ist entstanden, weil die Natur in entscheidendem Maß zerstört wird.

Die Menschen haben Rennwagen und Bremsen erfunden und verbreiten jetzt aus voller Kehle Werbeslogans für sicheres Fahren. Sinnvoller als Bremsen zu bauen, wäre für die Japaner, zu laufen, statt wenn möglich das Auto zu nehmen, und für längere Strecken Fahrräder zu benutzen, wie es die Europäer tun.

*   *   *

Vor einiger Zeit wollten ein paar Leute aus dem Ausland, die meine Farm besucht haben, unbedingt, daß ich mit ihnen nach Hiroshima zu der Gedächtniszeremonie kommen sollte, die dort jedes Jahr im August veranstaltet wird. So kam ich zum ersten Mal seit dem Krieg nach Hiroshima.

Nach der Feier auf dem Rückweg nach Shikoku sagte jemand, alles, was die Japaner täten, wäre zu reden. ,,Sie reden ohne Überzeugung'', sagte er. ,,Was meinst Du damit?'' fragte ich. ,,Nun, sie legen lediglich ein Lippenbekenntnis für die Sache der Atomgegner ab. Das wird deutlich, wenn man beobachtet, wie sie sich verhalten. Die jungen Leute benutzen nicht die vorbeifahrenden Straßenbahn, sie nehmen sich stattdessen ein Taxi, nur um einen halben Kilometer oder noch weniger zu fahren. Es gibt keine größere Energieverschwendung als das.''

Ich schlief mit den anderen in einem kleinen Park hinter dem Friedensgedächtnispark. Am nächsten Morgen kamen Kinder dorthin und machten Freiübungen nach Anleitung aus dem Radio. Beim Zuschauen lachten die Leute aus meiner Gruppe, weil sie so wenig begeistert aussahen. ,,Die Kinder sind nur gekommen, um Teilnahmeabzeichen zu bekommen. Sie tun nur so, als ob sie den ganzen Trott mitmachen würden.''

Die Zeremonie, die an den Abwurf der Atombombe erinnert, wird in einem festlichen Rahmen veranstaltet, aber sobald sie vorüber ist, machen Stadtbeamte sauber und bringen alles wieder in die alte Ordnung. Obwohl die Menschen noch miteinander reden, sollen sie schon den Saal räumen, damit sie saubermachen können. ,,Gehen Sie jetzt nach Hause'', sagen sie zu Leuten, die von weit her gekommen sind, um an der Feier teilzunehmen. Warum sind diese Menschen gekommen? Warum wird überhaupt eine Zeremonie veranstaltet? Der Leiter der Feier und die Universitätsprofessoren verbringen eine Stunde oder länger damit, Eröffnungsbegrüßungen und Tätigkeitsberichte abzugeben, aber Ausländern aus fünfzig oder sechzig Ländern werden nur zwei Minuten zum Reden gegeben. Ich habe nicht die leiseste Ahnung, warum sie sich überhaupt die Mühe machen, eine solche Feier zu veranstalten.

Alles, was sie auf der Feier tun, ist stolz zu verkünden, daß der Zuhörerraum voll ist, und daß zu den diesjährigen Feierlichkeiten soundso viele tausend Menschen erschienen sind. Die Veranstalter stecken ihre ganzen Energie in Dinge, die überhaupt keine Rolle spielen, und haben keine Zeit dazu, sich aufrichtige Mahnungen aus dem Ausland anzuhören. Dies macht verständlich, warum die Ausländer, die mit mir zurückgefahren sind, behaupteten, Japan sei am Ende. Außer zwei Däninnen waren es noch eine Amerikanerin, ein Bauer aus Neuseeland und ein junger Mann von irgendwoher aus Europa. Als ich fragte, was sie von der Zeremonie gehalten hätten, antworteten sie: ,,Wir waren enttäuscht. Es war nicht das, was wir erwartet hatten."

Aufmerksame Europäer glauben, daß die Worte ,,Wer mit dem Schwert lebt, soll durch das Schwert umkommen" unbedingt und unanfechtbar wahr sind. Aber die Japaner beharren auf der einfältigen Überzeugung, daß man sich um so sicherer schützen kann, je mehr Waffen man ansammelt. Verteidigungswaffen erfüllen einen selbst und andere mit Angst. Die Mentalität, die hinter Selbstverteidigung steht, ist totale Aggression. Verteidigung und Angriff mögen wie Schild und Hellebarde als zwei verschiedene Dinge erscheinen, aber sie sind in Ziel und Zweck genauso miteinander verbunden wie die rechte und die linke Hand. Man könnte ebenso gut sagen: ,,Mit der rechten Hand streicheln und mit der linken Hand schlagen." Das ist der Grund, weshalb auf Japanisch die Eigenschaften der Hellebarde (矛)und des Schildes (盾)zusammen Unvereinbarkeit (矛盾)bedeuten. Aber das ist nur der Beginn der Widersprüche. Je mehr wir über Angriff und Verteidigung reden, desto mehr eskaliert sie, bis alles außer Kontrolle gerät. Es wäre sehr viel besser gewesen, wenn wir die Sache statt dessen nackt wie Ringkämpfer angegangen wären. Je mächtiger die Waffen, mit denen wir kämpfen, umso heftiger unsere Kriege. Indem wir immer mehr scheußliche Waffen bauen, bereiten wir nur den Grund für etwas, das eine ungeheure Tragödie werden könnte. Als die Menschen anfingen, Waffen herzustellen, waren sie in der Lage, sie zu beherrschen. Aber heutzutage bauen Roboter endlose Vorräte an Waffen und üben die Herrschaft über die Menschen aus. Eines Tages könnten die Roboter Waffen benutzen und die Computer manipulieren, um Krieg zu provozieren. Kriege entstehen immer aus unvorhergesehenen Gründen heraus.

Heute liegen die Waffen mit sich selbst im Rennen. Die Dinge sind zu dem Punkt gekommen, an dem Waffen Menschen bewegen. Und mögen auch die Erwachsenen glauben, daß all die Invasoren und Starfightershows reine Phantasie sind, unseren Kindern prägen sie sich durch und durch ein. Oh sicher, es ist in Ordnung, wenn die Filmgesellschaften, die Spielzeughersteller und die Verleger Geld mit ahnungslosen Kindern verdienen; während wir uns auf einen solchen Selbstbetrug einlassen, sollten wir uns fragen, was aus diesen Kindern wird, die mit solch militaristischem Zeug aufgewachsen sind.

Betrachtungen über die Japaner

Nachdem ich in Europa herumgereist war, dachte ich, nun ist die Zeit gekommen, um das Naturell der Japaner ernsthaft zu untersuchen. Ich sah die Unzulänglichkeiten der Menschen im Westen, aber Unzulänglichkeiten können sich bei näherer Betrachtung oft als Vorzüge erweisen. Die Menschen im

Westen haben ein starkes Ego. Deshalb sind sie aber dazu imstande, sich einer Philosophie der Selbstliebe hinzugeben und damit im Einklang zu sein. Sie gehen nicht in einer Gruppe auf, verlieren nicht das Gefühl für ihr Selbst, sondern bewahren stets die Verantwortung für sich selbst. Diese Selbstliebe gibt ihnen ein Gefühl der Unabhängigkeit, das sie dazu befähigt, ihren eigenen Weg sicher zu verfolgen und neue Wege zu bahnen.

Die Schwäche der Japaner liegt darin, daß sie, weil sie in einem Zuhause voller Zuneigung aufgewachsen sind, zu gehorsamen Kindern werden, die bescheiden die Wünsche ihrer Eltern erfüllen. Dies hat den Nachteil, eine Persönlichkeit zu fördern, die keine Verantwortung übernimmt und dazu bereit ist, den anderen alles zu überlassen. Oberflächlich betrachtet, scheinen die Japaner somit den Bedürfnissen anderer gegenüber aufgeschlossen und der Gemeinschaft gegenüber gehorsam und hilfsbereit zu sein. Diese Annahme wird von einer Unmenge von japanischen Sprichwörtern untermauert, wie zum Beispiel ,,Der Nagel, der heraussteht, soll hineingeschlagen werden". Solche Dinge scheinen der Schlüssel zum Weg des Durchschnittsjapaners zu sein.

Aber sollte sich dieser angestaute Ärger innerhalb der Gruppe entladen, faßt er hinter irgendjemandes Fahne Tritt und ist zu allem fähig. ,,Wenn es alle tun, macht es keine Angst", wird er sagen. Dies hat die sorglosen Feste zur Folge, die sich im Frühjahr zur Kirschblüte ereignen, und das wilde, unbekümmerte Toben, dem sich die Menschen ohne die leisesten Bedenken und ohne Interesse daran, was andere denken, hingeben.

Die Japaner sind ein gutes Volk, das Chrysanthemen liebt. Aber sie sind von Führung abhängig und können mit Leichtigkeit in rohe Krieger verwandelt werden. Sie sehen sich selbst als liebenswürdiges Volk von hochgesinnter Denkungsart und tiefen religiösen Gefühlen an und werden auch von anderen so gesehen, aber wie sehr stimmt das heute noch?

Die Japaner heute verwechseln Religiosität mit dem Besuch von Tempeln und Heiligtümern und nehmen an prächtigen religiösen Veranstaltungen teil, die zu Touristenattraktionen geworden sind. Die japanische Öffentlichkeit gibt sich so der Illusion hin, die Religion würde wieder aufleben, während hinter den Kulissen die Geistlichen geschäftig Geld und Macht anhäufen.

Was die Philosophen betrifft, so bringen auch sie glaubhaft klingende, auf einer pluralistischen Werteskala basierende Argumente vor, wonach die Umstände angemessen abgewogen werden müssen. Aber wäre es nicht die Aufgabe der Philosophie, zu fragen, was Pluralismus ist, und die sich widersprechenden Wertordnungen dieser Welt zu vereinen? Es kann nur ein absolutes Wertesystem geben, und es wäre an der Philosophie gewesen, dies zu zeigen.

Was ich am meisten befürchte, ist, daß die Japaner trotz einer religiösen Umwelt und religiöser Gefühle, von einigen wenigen abgesehen, niemals ein gefestigtes religiöses Innerstes hatten.

Als die integrale Verbindung aus *Shintoismus* und *Buddhismus*, die sich in Japan entfaltet hatte, als unrechtmäßige Mischung zweier unterschiedlicher

Glaubensrichtungen abgelehnt wurde, wurde die Religion ohne den geringsten Einspruch von irgendeiner Seite radikal verändert und zerstört.

Die Menschen nicken zustimmend und akzeptieren ohne nachzudenken als vernünftig deklarierten Unsinn, wonach Shintoismus keine Religion sei, sondern nur eine Sammlung von Volksglauben und Bräuchen. So wird vom Staat und den Mächtigen frei geschaltet und gewaltet. In gewisser Weise hätten das Christentum, der Islam und andere Religionen den Japanern genauso zugesagt wie der Buddhismus, das reicht aus, um zu zeigen, daß die Japaner zu Anfang nie irgendeine eigene religiöse Überzeugung hatten.

Man könnte das so deuten, als berge das japanische Volk das Potential in sich, nach einem Glauben jenseits der anderen Religionen und Sekten zu streben. Die Wahrheit ist dagegen, daß sich die Japaner in einem Durcheinander von Irrlehren verfangen haben, aus dem sie sich nicht mehr befreien können. Und man muß damit rechnen, daß Moral und sittliche Gesinnung eines unreligiösen Volkes ohne Halt umhertreiben wie Seetang in einem Teich.

Japan wird heute immer schneller amerikanisiert und treibt in eine Kultur der Dekadenz. Was wird wohl aus ihm werden, wenn es weiterhin in die Fußstapfen eines fehlgeleiteten Amerika tritt, wo fünfzigprozentige Scheidungsraten und fünfzigtausend Kindesentführungen pro Jahr normal sind. Da die christliche Spiritualität in den Europäern noch sehr lebendig ist, sind sie widerstandsfähiger gegen die Amerikanisierung, die Einflüsse sind jedoch auch dort schon sichtbar.

Die Wissenschaftler von heute sind die Sänftenträger einer zerstörerischen Wissenschaft geworden. Benommen von dem Klang der Worte ,,hohe Technologie" tanzen sie wie wild umher.

Die gefährlichen Politiker hetzen verrückt den Weg zu den militärisch-industriellen Kaufmännern des Todes entlang, während sie die Friedensfahne hissen. Und die Öffentlichkeit unterstützt sie dabei.

7. Eine Botschaft des Friedens

Vor fast fünfzig Jahren schrieb ich einen Brief an *Franklin D. Roosevelt*. Natürlich habe ich keine Antwort bekommen, aber heute denke ich daran, wieder einen ähnlichen Brief zu verfassen. Es war im Jahre 1941. Die japanischen Truppen fielen in China ein, und Roosevelt versuchte, ihren Vormarsch aufzuhalten. Er drohte sogar damit, den Erdölhahn abzudrehen, falls Japan nicht die Hände von China lassen würde. Die japanischen Truppen bestanden darauf, die Sache lieber auszutragen als herumzusitzen und auf den Tod zu warten. Das Land stand mit dem Rücken zur Wand.

Ich war damals ein junger Mann in den Zwanzigern, und ich hatte das Gefühl, ich müßte mich an den gesunden Menschenverstand des amerikanischen Präsidenten wenden und meine Gedanken über die Schrecken eines herannahenden Krieges und über die Widersprüche und Irrtümer menschlicher Urteile niederschreiben. Ich hoffte, daß dies, so gering die Aussicht auch war, helfen könnte, einen Krieg abzuwenden. So schrieb ich einen Brief an den Präsidenten und gab ihn in die Obhut eines Reporters der örtlichen Zeitung in *Kochi*. Ja, ich war in der Tat damals sehr jung. Natürlich wurde der Brief niemals zugestellt.

Nachdem ich ein fortgeschrittenes Alter erreicht habe, erlebe ich den Tag mit Traurigkeit, an dem ich mich anschicke, die gleichen Gedanken, die ich vor so langer Zeit zum Ausdruck gebracht habe, nochmals niederzuschreiben. Da ich mir sehr wohl der Sinnlosigkeit bewußt bin, verfasse ich diesen Brief, als ob es mein letzter wäre. Ich frage mich, ob sich die Führer der Vereinigten Staaten, der Sowjetunion und anderer Länder die Mühe machen würden, über Überlegungen und Gefühle eines alten Bauern nachzudenken.

Wie mein erstes Schreiben vor langer Zeit an Roosevelt, so ist auch dieses als offener, fragender Brief verfaßt.

(1) Christus sprach: ,,Wer mit dem Schwert lebt, soll durch das Schwert sterben." Ich frage mich, ob Ihr glaubt, daß dies nur der inbrünstige Wunsch eines Träumers war!

Man sagt, daß Ihr heute Atomwaffen in der rechten Hand schwingt, während Ihr mit der linken Hand nach strategischen Gesichtspunkten Nahrungsmittel in die ganze Welt versendet. Glaubt Ihr, daß ihr mit einer solchen Haltung zu Verfechtern der Gerechtigkeit, zu Rettern der Welt werdet? Glaubt Ihr, daß man das Vertrauen der Welt mit Waffen gewinnen kann? Im Osten sagt man, daß kein Neid so tief sitzt wie der auf Essen. Falls Ihr Nahrungsmittel als eine strategische Waffe benutzt, könntet Ihr den Abscheu der ganzen Welt ernten. Ihr verlangt heute, daß Japan seinen Lebensmittelmarkt liberalisieren soll, aber wie gut könnt Ihr euch in die Wut und die Empörung der japanischen Bauern einfühlen?

Ist nicht gerade die Annahme, daß der Frieden in der Welt nur durch List und Gewalt aufrechterhalten werden kann, der leere Traum eines Narren? Es ist das traurige Los und Geschäft der Menschen, zu glauben, der einzige Weg sei ,,Auge um Auge und Zahn um Zahn".

Frieden kann nicht mit Waffen erreicht werden. Das war schon immer wahr — seht Euch doch die Geschichte an.

(2) Ich möchte gern darauf hinweisen, daß eine auf der Theorie der biologischen Evolution begründete Denkweise, die die Überzeugung vertritt, daß sich in unserer Welt die Starken von den Schwachen nähren, und die es als selbstverständlich betrachtet, daß dem Gesetz der natürlichen Selektion gemäß nur der Stärkere überleben soll, auf einem Irrtum beruht.

Die Natur ist in ihrer ursprünglichen Form weder eine Welt des Wettbewerbs noch der Kooperation. Makroskopisch gesehen gibt es in der natürlichen Welt lediglich das Prinzip einer Nahrungskette, um die sich der Fluß von Leben und Bewegung dreht. Ich glaube, daß es im wahren Zustand der Natur weder Starke noch Schwache gibt, weder ewige Gewinner, noch absolute Verlierer.

Deshalb ist es unverzeihlich, die natürliche Selektion als ein Naturgesetz mißzuverstehen, und zu glauben, das Überleben des Stärkeren sei die echte und allumfassende Ursache für den menschlichen Fortschritt; es ist unverzeihlich, es als etwas Natürliches zu betrachten, daß man danach streben muß, militärische Macht aufzubauen, um andere zu besiegen und zu überleben.

Krieg existiert nur in der Welt der Menschen und ist dem Rest des biologischen Reiches fremd; er gehört nicht zu der natürlichen Welt. Der Krieg ist eine Absurdität, die aus dem menschlichen Verstand entstanden ist.

Es gibt nirgendwo und niemals Gründe dafür, Krieg zu rechtfertigen.

(3) Der Mensch wandelt heute wie auch in der Vergangenheit zwischen Krieg und Frieden, er ist ständig der schrecklichen Furcht vor Krieg preisgegeben. Ein Krieg könnte auf der Basis von verschiedenen Fehlurteilen ausgelöst werden, die die Interessen des Staates, das Gute und das Böse, Liebe und Haß mit einschließen. Wo aber legt Ihr dabei selber den Maßstab für ,,richtig" und ,,falsch" an?

Ein unwandelbarer, unveränderlicher Maßstab zur Beurteilung von ,,gut" und ,,böse", von ,,richtig" und ,,falsch", der für die ganze Welt Gültigkeit besitzt, kann nicht durch den menschlichen Verstand gefunden werden. Der Mensch hat ja noch nicht einmal einen allgemeingültigen Maßstab, mit dem er Armut und Reichtum beurteilen könnte, wenn es darauf ankommt, Interessenskonflikte zu lösen.

Ich glaube, daß das letzte Urteil bei Gott liegt, und daß uns nichts anderes übrig bleibt, als die Naturgesetze zu beachten. Wie wäre es damit?

(4) Wie beurteilt Ihr die Verantwortung von Führern?

Die Geschichte beweist, daß Kriege immer dem Ermessen einer kleinen Menschengruppe, die Führung genannt wird, anvertraut werden, während die Menschen auf der ganzen Welt sich Frieden wünschen. Kriege werden niemals von den Armen, die auf der untersten Sprosse der sozialen Leiter eines Volkes stehen, begonnen oder vom ,,dummen" Landvolk.

Die meisten Menschen zählen auf die Klugheit und Weitsicht ihrer Führer, aber glaubt Ihr nicht, daß das unterscheidende Wissen der Menschen nichts anderes ist als mit Vorurteilen behaftetes Wissen, und daß es nicht als Mittel zur Lösung von Widersprüchen dienen kann?

Die Verwirrung wächst und Mißtrauen breitet sich aus, während die Führer sorgfältig Pläne und Kriegslisten aushecken. Mißtrauen schlägt in Angst um, und Angst erzeugt Böses.

Dies ist der Grund, weshalb es nicht möglich ist, den Zorn zu zügeln, der „Auge um Auge und Zahn um Zahn" fordert, egal wieviel begündete Vorsicht auch da ist und wieviel kluge Versammlungen auch abgehalten werden. Es ist auch nicht möglich, gegen die endlose Waffenspirale anzukämpfen.

Die Menschheit hat sich mit Hilfe des menschlichen Verstandes entwickelt und ist jetzt im Begriff, durch diese Gabe zu scheitern. Trotzdem versuchen wir selbst jetzt noch das Heil mit Hilfe des Verstandes zu finden. Könnt Ihr nicht erkennen, daß der einzige Weg zu diesem Heil ist, den Verstand abzuschalten?

Die einzige Wahl, die uns jetzt noch bleibt, ist, nach der Weisheit Buddhas, die den menschlichen Verstand transzendiert, zu leben, und nach der Liebe Christi, die menschliche Liebe und menschlichen Haß übersteigt. Das ist niemals wahrer gewesen als heute. Wir können das Morgen nicht länger mit dem Verstand erfassen. Ich fühle sehr deutlich, daß die Zeit gekommen ist, wo die Führer Erretter sein müssen.

(5) Wenn die Menschen in unserer materialistischen Welt krampfhaft auf der Jagd nach wirtschaftlichem Wohlstand sind, scheint es mir, als ob sie einzig und allein für die Durchsetzung ihrer Interessen gegeneinander kämpfen würden. Dies resultiert sicher aus der Überzeugung, materialistischer Reichtum sei unmittelbar mit menschlicher Freude verknüpft und die Quelle des Glücks.

Warum wirft sich, obwohl jeder wohl lieber ein Bote des Friedens als ein Händler mit dem Tod sein würde, Euer Land mit Leib und Seele in die Hysterie eines unaufhaltsamen, nuklearen Wettrüstens? Ist es vielleicht deshalb, weil Ihr es vorzieht, einen mächtigen Staat und die oberste Herrschaft zu repräsentieren, als zu einem machtlosen Diener des Friedens zu werden, auch wenn dies einschließt, sich mit den Händlern des Todes zu verbünden? Falls dies so ist, wäre das ein bedenklich gefährliches Spiel für die Menschheit.

Wahre menschliche Freude entspringt nicht aus materiellem Reichtum; auch Glück ist nicht allein davon abhängig. Solch ein Weg führt einen nur von Gott weg. Für ein mit Stolz erfülltes Herz sind selbst die Früchte der Berge und Seen, die bei einem Palastfest serviert werden, ohne Geschmack.

Aber selbst *Salomon* erblaßte — gekleidet in größtem Glanz und auf der Höhe seines Ruhms — vor der Schönheit einer einzigen Lilie auf dem Felde. Alte Weisheit lehrt uns, daß wir auch ohne jegliche Besitztümer solange

glücklich sein können, wie es Blumen auf dem Feld und den Gesang der Vögel gibt.
Es sollte noch einmal betont werden, daß eine Ideologie des nationalen Wohlstandes und mächtiger Waffen der größte Feind eines Volkes ist, weil das die Menschen wahrer Freude und wahren Glückes beraubt. Sobald ein Land Reichtum erlangt, werden die Menschen stolz und dekadent. Wenn eine Armee wächst, gewinnt sie Einfluß und beraubt die Menschen ihrer Freiheit. Die wirklich Weisen oder Mutigen brauchen keinen Reichtum und keine Waffen. Auf der anderen Seite ist es egal, wieviel Reichtum diejenigen, die nicht großherzig sind, auch anhäufen oder wie hoch sie ihre Burgen auch bauen, sie werden niemals einen ruhigen Schlaf genießen können.
Je mehr ein Land sich selbst schützt, um so schwächer wird es. Je mehr es auf Verfolgung des Feindes drängt, umso stärker wird der Feind, und umso ferner werden Frieden und Freiheit.

(6) Ich frage mich, was Ihr für den Schlüssel der Politik haltet. Die Weisen des Ostens sagen, es sei der Weg der Mäßigung, den man sich als unbeweglichen Mittelpunkt vorstellen kann. Vom Standpunkt westlicher Religion und Philosophie aus gesehen, leben wir in einer Welt der Widersprüche, und der Schlüssel, diese aufzulösen, ist einen Mittelweg zu gehen und rechts und links in Balance zu halten. Deshalb sind im Westen Versammlungen und Diskussionen so üblich, man strebt nach Harmonie und Übereinstimmung. Der Mittelweg, der durch einen solchen dialektischen Prozeß hergeleitet wird, ist nicht der Weg der Mäßigung, auf den sich die Menschen im Osten beziehen, sondern eine Straße, die auf halber Strecke endet und nirgendwohin führt.
Der östlichen Philosophie zufolge, ist die Welt nichts Relatives, sondern eine selbstlose Welt, die Raum und Zeit transzendiert. Östliche Philosophie behauptet, daß der Standpunkt der absoluten Universalität — man könnte ihn den Standpunkt Gottes nennen — nur denen zugänglich ist, die sich in der wahren Leere befinden, die Raum und Zeit übersteigt, in der Lage ist, der Große Weg der Politik zu werden.
Jeder Versuch zu Dialog und Kooperation, der von einer relativistischen Perspektive aus unternommen wird, wird den Weg nur immer weiter werden lassen. Wenn man sich aber dahin begibt, wo Gott steht, und sein Herz öffnet, werden Konsens und Dialog nicht mehr nötig sein. Leute in Rom und London würden sich nicht selbst die Torheit antun, die natürlichen Seewege zu sperren. Warum nicht alle Leute der nördlichen und südlichen Halbkugel einmal nach Amerika einladen, statt sich mit Waffen zu bedrohen. Dies wird zeigen, daß Tolstoi's *Krieg und Frieden*, Gandhi und die Farmer Amerikas auch Teil eines einzigen Ganzen sind.
Dann werden die Leute sicherlich erkennen, daß das, was sie für den Feind gehalten haben, ihr eigener Schatten gewesen ist, und daß Widerspruch nichts anderes ist als die beiden Seiten der gleichen Wiklichkeit.

Die Schwerter der Dämonen können den Händen kleiner Kinder nicht standhalten. Waffen, die gegen unschuldige Kinder gerichtet sind, sind noch gefährlicher. Die größte Waffe überhaupt kann sehr wohl die bloße Hand sein.

Im Europa und im Amerika von heute, ist sicher die Zeit gekommen, wo es nicht darum geht, sich zwischen Gewehren und Butter zu entscheiden, sondern dem Geist Christi zu folgen und ernsthaft darüber nachzudenken, was die Menschen wirklich zum Leben brauchen.

(7) Ich bin heute von großer Angst erfüllt. Die Menschen stürzen voran in ein Zeitalter, das von Materialismus und übertriebenem Vertrauen in die Wissenschaft regiert ist, und durch diesen Prozeß verwandeln sie sich zu hochentwickelten Computern.

Die Naturwissenschaftler glauben, die Basis des Lebens liege in den Genen. Deshalb haben sie die Gene analysiert und entdeckt, daß der Mensch nicht mehr als ein Hilfsmittel ist, um genetische Informationen zu übertragen.

Ein Zeitalter, in dem sich Eltern und Lehrer wegen der ideologisch voreingenommenen Erziehung grämen, ist immer noch besser, als das, was demnächst ausprobiert werden wird: die Behandlung aller Probleme und Belange Computern und Robotern anstatt Menschen zu überlassen.

Gibt es heute irgendjemanden, der den Mut hätte, den Atomknopf zuerst zu drücken? Weil wahrscheinlich kein Mensch mehr in der Lage wäre, alle wichtigen Informationen zu besitzen und eine absolut korrekte Entscheidung zu treffen, wird es so kommen, daß Computern und Robotern die Verantwortung delegiert wird. Aber werden Maschinen jemals Entscheidungen treffen können, die menschlichen überlegen sind? Computer sind nicht in der Lage, treue Wachhunde zu werden, die von ihrem Herrn programmiert sind. Und dennoch wird der Tag kommen, wenn von Computern entwickelte und ausgespuckte Datenmengen direkt ins menschliche Gehirn übertragen werden, aus dem mehr eine Datenempfangseinheit geworden sein wird, damit Computer dem Menschen Befehle geben und sie manipulieren können.

Anlaß zur Besorgnis bietet auch der schnelle Fortschritt in der Biotechnologie. Forscher, die nicht die leiseste Ahnung von der wahren Bedeutung und dem wahren Zweck des menschlichen Lebens haben, erfinden eifrig Wege, das Leben zu programmieren.

Ich habe Grund zu der Annahme, daß mit Hilfe von computerisierten Daten und genetischen Techniken erschaffene neue Lebensformen die Ursache einer menschlichen Katastrophe sein werden. Kant sagt, daß das menschliche Denkvermögen und die verschiedenen grundlegenden Ansichten des Menschen alle auf den universalen a priori- Begriffen von Zeit und Raum errichtet sind. Natürlich sind auch Computer lediglich Geräte, die auf der Basis des Raum- und Zeitgedankens konstruiert sind. Sie sind lediglich Maschinen, die fehlerhafte Entscheidungen treffen, die sich grundsätzlich von den Beschlüssen und Zielen Gottes unterscheiden; dieser nämlich trifft seine Entscheidungen von einem Standpunkt aus, der über Raum und Zeit hinausgeht.

Darüber hinaus ist es gleichgültig, was für ausgezeichnete Lebewesen die Genetiker durch genetische Rekombination erschaffen, denn ihre Nutzleistung hat erst einen theoretischen Charakter. Wissenschaftler können unmöglich Organismen erschaffen, die über den unendlich weiten Standpunkt Gottes hinausgehen.

Die Forscher heute leben in der Illusion, daß sie Gott als den Herrn der Schöpfung ersetzen könnten. Aber wie sehr sie sich auch winden und kämpfen mögen, sie kommen nicht um die Tatsache herum, daß die vom Mensch geschaffenen Supermenschen und neuen Organismen niemals zu perfekten Kreaturen werden, da sie immer in der Sphäre von Zeit und Raum gefangen sind.

Dies ist meine Sorge: falls Ihr in einer Flut von Erkenntnissen untergeht und nicht in der Lage seid, dem Bann der Händler des Todes zu entfliehen und das Wüten der Forschung zu kontrollieren, bei wem sollen die Menschen dann Hilfe suchen? Wenn die Menschen Gott verlassen haben, werden sie nicht an seine Seite zurückkehren können. Ich frage mich, ob dies nicht bedeutet, daß sie zu Waisen des Universums werden.

Sind meine Befürchtungen nichts als leere Ängste? Ist mein Denken vielleicht ganz falsch? Es wäre eine überaus unerwartete Freude, wenn Ihr mir dies beantworten könntet.

Kapitel III

Natur, Gott und Mensch

1. Der wandernde Gott

Benenne nicht den namenlosen Gott

Ich glaube, daß in einer Welt jenseits der Worte, wo Sprache ohne Bedeutung ist, „Gott" und „Natur" ein und dasselbe sind. Wenn ich sage „Natur ist Gott", meine ich, daß das Wesen der Natur und das Wesen Gottes wie die entgegengesetzten Seiten derselben Wirklichkeit sind. Was an der Oberfläche erscheint, ist die physische Form der Natur; Gott liegt hinter der Natur verborgen. Wenn man von „Innen und Außen," „Vorder- und Rückseite" spricht, sind die Menschen, weil sie Bilder von zwei relativen Dingen heraufbeschwören, leider nicht in der Lage, die Natur außen und Gott innen als eine einzige Einheit zu sehen. Was eins ist, wird für zwei gehalten; mit intellektuellem Unterscheidungsvermögen verstärkt sich dies noch. Der buddhistischen Lehre zufolge führt Unterscheidungsvermögen dazu, Gott und Natur auseinanderzubrechen. Die Götter, von denen wir sprechen — die Gottheiten des Shintoismus, der christliche Gott — werden schließlich alle eins. Aber wenn die Heiligen, die darum wissen und, auf dem Gipfel stehend, zu uns unten sprechen, kommen verschiedene Interpretationen auf, je nachdem, ob sie das, was sie sehen, den absoluten Gott der Christenheit oder den *Nyorai* (jemand, der die Erleuchtung erlangt hat) des Buddhismus nennen. Unterschiede im Ausdruck sind unvermeidlich, doch ich glaube, alle laufen auf dasselbe hinaus.

„Gott" jedoch, von dem die Menschen reden, meint keineswegs den wahren vereinigten Gott, sondern verschiedene Götter. Ich denke, es ist möglich zu sagen (wie es das Christentum tut), daß „Gott" absolut ist. „Es gibt nur einen Gott — den Christusgott."

Jedoch muß dieser Gott nicht die auf dem Gipfel sitzende Gottheit sein, an die jeder denkt, sondern ein Gott höher in den Himmeln. Ich denke deshalb, daß es richtig ist wie Jesus zu sagen: „Es gibt nur einen Gott, der absolut ist und die ganze Welt erleuchtet — der Christusgott." Doch die Vorstellung von Gott ist bei den meisten christlichen Gläubigen ein geistiges Abbild, ersonnen im Aufschauen zu Christus auf dem Gipfel vom Fuß des Berges aus. Sie sehen nicht den Gott, den Christus sah. Es muß klar unterschieden werden zwischen dem Gott, von dem Christus spricht, und dem Gott, auf den sich die Menschen in unserer Welt beziehen.

Der Anhänger des Buddhismus sieht *Gautama* als lebenden Buddha an. Doch der Buddha, von dem Gautama sprach, war ein *Nyorai*, der die menschliche Vorstellungskraft übersteigt — eine absolute Gottheit.

Weil Christus sagte, es gäbe nur einen Gott, glaubten die Christen an den einen Gott, sie ließen den Monotheismus entstehen. Buddha sagte, Gott lebe in allen Dingen, so daß die Buddhisten dies so verstanden: Buddha nimmt viele Gestalten und Formen an; diese Vielfalt an Verkörperungen führt zu einem polytheistischen Glauben. Hinfort glauben Buddhisten und Christen an verschiedene Götter. Es ist deshalb nicht überraschend, daß, obwohl der Christusgott und Gautamas Buddha identisch sind, sich die Götter, wie sie von den beiden Glaubensrichtungen gesehen werden, unterscheiden.

Der Buddhismus sagt, daß Gott in allen Dingen wohnt, während das Christentum sagt, der Heilige Geist wohne in allen Dingen. Ersterer ist polytheistisch und unterscheidet sich somit vom monotheistischen Christentum. Für die meisten Menschen scheinen ,,mono'' und ,,poly'' verschiedene Dinge zu bezeichnen. Ob man den Felsen da drüben als kleinen Kiesel oder als großen Stein bezeichnet, macht keinen Unterschied. In der Welt der Sprache sind ,,mono'' und ,,poly'' ungleich, doch in der Sphäre des Absoluten jenseits der relativen Welt existieren weder ,,mono'' noch ,,poly''. Alles ist ein und dasselbe. Unterscheidungen wie ,,groß und klein'', ,,viele und wenige'' tragen bloß zur Verwirrung in dieser Welt bei. Sogar ,,einige und keine'' ist identisch.

Das trifft auf den Buddha zu, von dem Gautama sprach und auf das Nichts, das Laotse lehrte; ungeachtet dessen, wer was sagte, beziehen sich alle auf dasselbe. Nur die Namen, mit denen das bezeichnet wird und die Art und Weise, in der es beschrieben wird, unterscheiden sich. Was differiert, ist der Standpunkt des jeweiligen Individuums, das Gott schaut.

Das ist im Grunde alles. Solche Unterschiede kommen auf, weil man nur aus seinem eigenen besonderen Bezugsrahmen aus sprechen kann. Die Japaner zum Beispiel kennen nur die in Japan gesprochene Sprache. Sie kennen keine westlichen Sprachen. Das Gesicht Gottes, wie es von Christen in Westeuropa gesehen wird, ist nur ein vom Westen aus gesehenes Profil. Vielleicht kennen Moslems nur das nördliche Profil Gottes und die Japaner nur das östliche. Die Art und Weise, wie Gott genannt und beschrieben wird, unterscheidet sich, aber jeder sieht auf dasselbe Wesen.

Verständnis, das nur für drei Viertel des Wegs reicht

Angenommen, wir haben einen großen Berg, — zum Beispiel den *Fuji* — den Menschen besteigen. Menschen aus dem Westen besteigen ihn von der linken Seite, und Menschen aus dem Osten besteigen ihn von rechts. Andere wollen ihn über die Mitte besteigen. Tatsächlich gibt es viele verschiedene Pfade, und auf jedem besteigen Menschen den Berg.

Wenn ein Regentropfen auf den Berg fällt, wird er, falls er nach links fließt, zu westlicher, falls er nach rechts fließt, zu östlicher Philosophie. Von links gesehen kann das auf dem Gipfel sitzende Individuum als das Antlitz Christi erscheinen. Von rechts gesehen, mag es wie die japanischen Gottheiten aussehen. Und von Süden gesehen, hat es vielleicht den Gesichtsausdruck von Gautama.

Doch ich glaube, daß es nur eine Wahrheit gibt — Vergangenheit, Gegenwart und Zukunft. Und daß Wahrheit, ungeachtet dessen, was irgendwer sagt, absolut und einmalig ist. Die Christen mögen sagen, daß es keinen anderen Gott als den christlichen Gott gibt. Der Buddhist mag darauf bestehen, daß Buddha das höchste Wesen ist. Aber genau wie es nur eine Wahrheit gibt, gibt es nur einen Gott. Warum scheint dann dieser einzige Gott verschiedene Gesichter zu haben?

Nehmen wie das christliche Kreuz (+), das buddhistische Zeichen (卍) und das Sysmbol des Shintoismus (±), das ein in die Erde gepflanztes Kreuz darstellt. Diese und die vielen anderen vom Menschen erdachten religiösen Zeichen haben etwas gemeinsam. Ich glaube, daß sie alle versuchen, das Auslöschen der Welt der Relativität (relatives Denken) auszudrücken, indem sie rechts und links, oben und unten beseitigen.

· Welchen Sinn machen die Worte Christi für die Menschen, die den Berg von unten besteigen? Wenn sie ein Kreuz vor dem Gipfel sehen, scheint das Zeichen auf dem Kreuz und die Lehre, für das es steht, ihre endgültige Bestimmung zu sein.

Gläubige des Shintoismus, die einen Teil des Wegs auf den Berg erstiegen haben, werden einen Shinto-Torweg sehen und diesen für die höchste Gottheit halten. Diejenigen, die von Süden aufsteigen, werden zufällig auf einen buddhistischen Tempel stoßen und denken, daß Buddha im Tempel gegenwärtig sei — als ob Buddha in buddhistischen Schriftrollen wohnen würde.

So weit können wir in jeder Hinsicht gehen — überlegen, argumentieren, reden. Der Gipfel ist außerhalb unserer Reichweite. Wir können niemals weiter als drei Viertel oder vielleicht neun Zehntel des Wegs zur Spitze gehen, das ist die Grenze unseres Verstehens. Wenn wir auf dem Gipfel stehen könnten, wäre es uns möglich, Gott zu schauen, doch obwohl Gott nicht von unterwegs geschaut werden kann, entsteht bei uns der Eindruck, daß wir Gott tatsächlich verstehen, wir erdreisten uns sogar, von Ihm zu sprechen. Doch Gott befindet sich im Himmel (absolute Welt) jenseits des Gipfels (relative Welt). Er kann nicht durch Schrift, Wort oder Bild beschrieben oder bezeichnet werden.

In Amerika traf ich einige Menschen jüdischen Glaubens. Ich sprach die ganze Nacht mit ihnen über jüdische Religion und jüdisches Denken. Ich fand, sie hatten wirklich wundervolle Ideen, doch letztlich sind sie sehr starr und unnachgiebig. Bei unserer Diskussion über Christentum und Shintoismus stimmten wir zu neun Zehntel des Wegs auf den Berg überein, aber unsere Ansichten gingen auseinander, sobald es um den Gipfel selbst ging. Falls der Himmel darüber, wie er vom Gipfel aus gesehen wird, als ein und derselbe angenommen werden darf, sollte die Aussicht von dort dieselbe sein, ganz gleich, von wo jemand aufsteigt. Der Himmel über dem Gipfel gehört niemandem.

Das ist dasselbe, wie zu sagen, der Himmel über dem Westen und dem Osten, über Japanern und Amerikanern ist derselbe. Alles sollte an diesem Punkt des Nichts oder der Leere zusammenkommen, aber wir sind nicht in der Lage, etwas anderes zu tun, als uns auszumalen, wie die Aussicht vom Gipfel ist, da wir nur achtzig oder neunzig Prozent des Weges gehen. Und darum fällt alles auseinander. Wir sind unfähig, die Begriffe von Gott zu verschmelzen und die Religionen der Welt zu einer einzigen gemeinsamen Einheit zu bringen.

Es gibt nur einen Gott

Um zur Überzeugung zu gelangen, daß all diese Götter eins sind, sollten wir uns zunächst klarwerden, daß wir zwar von unserem Standpunkt am Fuß des Berges aus zu einem Teil des Antlitzes Christi aufblicken können, wir sind aber nicht in der Lage, den Gott, der durch Christus persönlich erfahren wurde, zu kennen.

Man muß damit anfangen, seinen eigenen Standpunkt herauszubekommen, man muß wissen, wo man sich gerade befindet. Ganz gleich, wie sehr man die Lehren des Gautama studiert, man kann einiges an Wissen über Gautama sammeln, aber man kann nicht den Buddha, den er sah, wahrnehmen. Auch wenn Jesus und Gautama wirklich Gott verkündeten, waren ihre Worte keine Verständnishilfe für andere, weil sie die Verwirrung des menschlichen Geistes verstärkten. Ihre Lehren dienten nur dazu, aufzuzeigen, wie irrig und fehlgeleitet das Wissen und die Handlungen des Menschen sind, und so den schönen Schein der Überzeugung aufzubrechen und die Menschen zum Nachdenken zu zwingen. Selbst ein Heiliger ist unfähig, Gott direkt mit Worten zu beschreiben und die Menschen seiner angesichtig zu machen. Wir sind lediglich in der Lage, über die von Jesus und Gautama erhaschte Vision von Gott durch die Worte, die diese Propheten sprachen, zu mutmaßen. Wären sich die Menschen im Klaren darüber, daß ihr Wissen nur ein Schatten, ein falsches Bild Gottes ist, könnten sie nicht so reden und handeln, als wäre nur ihr Gott absolut — der höchste Gott. Nur Jesus ist befugt zu sagen:,,Es gibt nur einen, absoluten Gott." Er, der Gott selbst gesehen hat, kann, wie Gautama, mit voller Überzeugung sagen: ,,Ich bin mein eigener Herr, im Himmel wie auf Erden." Mohammed sagte ebenfalls:,,Es gibt nur einen Gott." Aber das ist zu erwarten. Wenn Heilige, die den Gipfel erreicht haben, im Kreis sitzend von Gott sprechen, brauchen sie keine Worte. Da sie vom Gipfel in denselben Himmel aufschauen, würden sie auch übereinstimmen, wenn sie schwiegen. Diese Heiligen haben aber keine andere Wahl, als sich auf gesprochene Worte zu stützen, um den von ihnen geschauten Gott den Bergsteigern zu erklären. Doch diese Worte können nicht als Mittel zur Übertragung der Vision dienen, da sie zur Entstehung zahlreicher falscher Auffassungen beitragen.

Wenn religiöse Führer, die Gott weder kennen noch jemals persönlich erfahren haben, in Büchern über Gott und Buddha lesen und daraus predigen oder selbst solche Bücher schreiben, vergrößert das nur die Verwirrung. Je größer die Zahl heiliger Bücher und Schriften, desto mehr sind diese als Weinranke gedacht, an der die Menschen hochklettern, um Gott und Buddha nahezukommen. Doch lieber noch, als sich an diese Weinranke zu klammern und sich daran hochzuarbeiten, lesen die Menschen eine Menge Sutren und mehren ihr Wissen.

Dies führt sie in die Irre und läßt sie immer weiter an der Weinranke hinabrutschen. Wissen vergeistigt die Menschen nicht, es verstrickt sie in Verwirrung. Intellektuelle Unterscheidungen vernebeln unser Verständnis von Gott. Das Verknüpfen solchen Wissens mag helfen, um einen Begriff von Gott zu erhalten, doch so vertieft sich das Wissen nur, korrumpiert die Menschen und hält sie davon ab, sich Gott zu nähern.

Gott — oder die Natur selbst — liegt offen da. Gott liegt in der Richtung, die man einschlägt, wenn man Schritt für Schritt das Wissen und das Selbst verwirft. Aber die Menschen entscheiden sich für die entgegengesetzte Richtung, sie versuchen Gott zu besitzen, indem sie alle ihnen zur Verfügung stehenden Mittel und alles Wissen und ihren Körper einsetzen. Obwohl der wahre Weg entlang der Straße der Entsagung führt, glauben sie, er läge entlang der Inbesitznahme. Sie sind auf der falschen Fährte.

*   *   *

Man sehe sich einen einzelnen *Ginkgobaum* in einem geheiligten Wald in Tokyo an. Ist das Natur oder nicht? Nun gut, da er inmitten einer großen Stadt gepflanzt wurde, kann sehr wohl argumentiert werden, daß das keineswegs Natur sei. Doch abgesehen von der Frage, ob natürlich oder unnatürlich, es gibt es keinen Zweifel daran, daß ein Baum ein Baum ist, deshalb kann man ebenfalls argumentieren, er sei Natur. Wenn ich jetzt sage: ,,Natur ist Gott", werde ich gefragt: ,,Also gut, ist jener Baum ebenfalls Gott?" Obwohl ich nicht zu antworten vermag, dies sei ein heiliger Baum, der sich von anderen unterscheidet, habe ich das Gefühl, daß es vermutlich in Ordnung wäre, zu sagen ,,Gott wohnt in diesem Baum." Die Menschen tun sich schwer zu verstehen, was mit ,,Natur ist Gott" gemeint ist. Man könnte zum Beispiel nicht sagen, daß die Vögel in der Natur Gott sind. Doch ich glaube, man könnte sagen, daß diese Vögel Gott kennen, oder daß Gott sich in ihnen aufhält. Einst hielt sich Gott auch im Menschen auf, doch der Mensch vergaß Gott und bemerkte dies nicht einmal. Selbstverständlich sind sich die Vögel dessen nicht bewußt, weil sie weder an solche Dinge denken, noch das Wort ,,Gott" kennen. Nichtsdestoweniger scheinen sie mit Gott zu leben und zu harmonieren. Der Mensch kennt Gott nicht und verirrt sich auf der Suche nach Gott.

Wo ist Gott dann?

Statt mich in einer Antwort zu versuchen, würde ich die Leute lieber fragen, was sie glauben, was Gott sei. Die Menschen sagen oft, sie ,,glauben, zu verstehen", doch zwischen ,,glauben" zu verstehen und tatsächlichem Verstehen liegen Welten. Sie mögen glauben, sie verstehen das absolute Nichts (*Mu*) als das Nichts, das Sein und Nichtsein transzendiert, doch das ,,absolute Nichts" ist ein Begriff, der nur von denen verstanden wird, die in einer von irdischen Wünschen und Bindungen freien Sphäre leben. Der Begriff kann von denen, die in der diesseitigen Welt leben, nicht verstanden werden. Für uns ist dieses Wort schon überholt. Ich habe Angst vor unserem beiläufigen, unwissenden Gebrauch überholter Begriffe. Wenn ich gefragt würde, ob Gott in diesem — in jedem — Raum gegenwärtig sei, frage ich mich, wie die Antwort sein würde. Jene, die Gott verstehen, müssen eine Art Antwort geben können. Was ist mit dem Wasser in diesem Glas? Vielleicht würde man Gottes Gegenwart einem Tee zugestehen, den der große Meister der Teezeremonie *Sen no Rikyu* zubereitet hat, aber was ist mit alkoholischen Getränken, Drogen und Wasserklosetts? Das Ausbleiben einer eindeutigen Antwort ist der Beweis, daß man Gott nicht kennt.

Die Menschen denken, daß sich Gott an manchen Orten wohler fühlt als an anderen. Kleine Vögel und Frösche finden sie reizend, aber sie hassen Moskitos. Doch bevor man die Fragen von natürlich und unnatürlich, gut und böse nicht transzendiert, kann Gott nirgendwo gefunden werden. Wir können ahnen, was wir als Gottes Gegenwart in Vögeln und Bäumen spüren, aber das ist nichts weiter als eine gedankliche Vorstellung, eine Vermutung. Wir verstehen Gottes Gegenwart in einem Vogel nicht.

Es beunruhigt mich, wenn jemand ein begriffliches Verständnis von Gott hat, sich fragt, ob Gott dies sei und jenes nicht, und sich darin verliert. Mit anderen Worten, er kann Gott nicht intuitiv wahrnehmen, deshalb hat er keine andere Wahl, als darüber nachzugrübeln. Anstatt den wahren Gott zu erfassen, hat er nichts als den Begriff von Gott erfaßt. Darum springt er von einer Anschauung zur anderen und fragt sich, ob Gott nicht so oder so erklärt oder beschrieben werden kann.

Ich denke, bevor die Menschen versuchen, Gott zu verstehen, müssen sie zuerst einsehen, daß der Mensch nicht in der Lage ist, Dinge zu verstehen. Wenn sie versuchen, Gott jedes Mal ein bißchen mehr zu verstehen oder Ihn aus allen Blickwinkeln zu betrachten, entfernt dies nur von Gott.

Einer Geisteshaltung, die herauszufinden versucht, warum die Menschen Gott nicht kennen können, ist der Vorzug zu geben vor Versuchen, Ihn zu kennen. Wenn der Mensch versucht, etwas zu wissen, scheitern seine Gedanken und sein Verstand an Widersprüchen. Ich habe schon erwähnt, daß Menschen zu verstehen meinen, was es bedeutet, sich jenseits des absoluten Nichts zu begeben, obwohl sie niemals vollkommene Loslösung oder Transzendenz erfahren haben. So wandern sie verloren weiter und pendeln begrifflich zwischen der absoluten (transzendenten) und der relativen Welt hin und her.

Ich habe von Vögeln und Bäumen gesprochen. Am *Kanda-Schrein* in Tokyo wachsen Gingko-Bäume. Wenn ich gefragt würde, ob ein bestimmter Baum dort Gott sei, würde ich antworten: ,,Ja, man könnte ihn Gott nennen." Und was geschieht dann? Jeder hängt sich an diesen Worten auf. Und wenn man dann noch den Kanda-Schrein erwähnt, entsteht sofort das Bild eines geheiligten Gingkobaumes in den Köpfen der Leute. Manche Menschen machen sich vom Gingkobaum dasselbe Bild wie ein Botaniker. Sie denken ,,Ah, da ist ein Lebewesen." Was ist mit einer Schale Tee? Der Tee ist nur organischer Stoff, doch wenn man sagt, daß er von dem verehrten Meister *Sen no Rikyu* bereitet wurde, hängen sich die Leute an den Worten ,,Sen no Rikyu" auf. Vielleicht denken sie auch, sie seien getäuscht worden, und daß der Tee, falls es wirklich Sen no Rikyus Tee wäre, ausgezeichnet sein müßte, und nicht bloß derber, schwach duftender Tee. Dieser Gedanke ist schon in ihren Köpfen. ,,Der Gingkobaum und die Vögel sind lebende Geschöpfe," denken sie, ,,aber das ist bloß eine billige Teeschale."

Ich habe vorhin das Wort ,,Transzendenz" gebraucht. Einige Leute scheinen zu wissen, daß Gott und Natur transzendente Existenzen sind, doch in Wirklichkeit wissen sie nichts dergleichen. Sie bitten mich, über die transzendente Welt Gottes zu sprechen, aber immer, wenn ich zuhöre, was sie zu sagen oder auf Diskussionen einzuwerfen haben, kommt die Gesprächsebene sofort auf weltliche Dinge zurück. Die Leute tragen in ihren Köpfen feste Vorstellungen von den Dingen (Mineral, Pflanze, Tier) mit sich herum. Angenommen, jemand zeigt auf einen Gingkobaum und fragt mich: ,,Ist dies Gott?" und ich antworte, er sei es, könnten sie unmittelbar antworten: ,,Dann ist auch jenes Gott". Aber das tun sie nicht.

Sie können es nicht. Das zeigt, daß sie unfähig sind, sich aus der Welt der Ideen, die auf mineralogisches, botanisches und naturwissenschaftliches Wissen vertraut, zu befreien. Und es zeigt, daß sie nicht einmal ein Verständnis des Wortes Transzendenz haben.

Jeder scheint zu wissen, was mit den Worten ,,Gott wohnt in einem Baum" gemeint ist, doch ich glaube, daß keiner wirklich versteht, was die Gegenwart

Gottes in einem Baum bedeutet. Fünfundvierzig Jahre lang bin ich herumgewandert und habe mit vielen verschiedenen Menschen gesprochen, aber ich habe niemals irgend jemanden getroffen, der das begriffen hat. Im Verlauf der Gespräche tauchen immer Widersprüche auf, und meine Gesprächspartner geben sich die Antwort selbst. Ich habe niemals eine Antwort gegeben. Es gibt keinen anderen Weg, als den Fehler selbst zu bemerken. Wenn man wirklich glaubt, daß die Natur Gott ist, oder daß Gott in der Natur gegenwärtig ist, muß man immer dieselbe Antwort haben. Bedauerlicherweise geben aber die Leute zu verschiedenen Zeitpunkten unter verschiedenen Umständen verschiedene Antworten. Dies ist der Beweis, daß eine einzige unveränderliche Antwort noch nicht gegeben wurde. Sogar wenn jemand sagt, Gott und Natur seien eins, ist das von den Umständen abhängig. Auch wenn wir von der Natur sprechen, haben wir gewöhnlich nur ein Bild der Natur im Sinn — im Gegensatz zu Nicht-Natur. Weil wir nicht wirklich jene Natur verstehen, die die Zweiteilung Natur/Nichtnatur transzendiert, zeigt sich unsere Verwirrung und Widersprüchlichkeit in dem, was wir sagen.

Gott ist ganz allein

Was ich bislang behauptet habe, ist, daß es keinen Weg gibt, Gott und Natur zu definieren oder gar zu beschreiben. Da es nicht geht, versuche ich es erst gar nicht; und ich sage frei heraus, daß es nicht möglich ist. Ich habe kein einziges Mal versucht zu definieren, was Gott ist. Der einzige Grund dafür, daß ich es nie versucht habe, ist der, daß es nicht geht.

Ich bin nicht in der Lage, Menschen zu führen, ich sage ihnen: ,,Ich weiß, daß Gott und Natur undefinierbar sind." Viele Menschen sind gekommen, um in meinem Obstgarten auf dem Hügel zu leben, aber ich habe nicht die Kraft gehabt, sie zu führen, also habe ich es nicht versucht. Ich mag ihnen gesagt haben ,,gehe in diese Richtung" oder ,,kehre an den Busen der Natur zurück." Aber ich habe nie die Rolle des Führers angenommen und sie zur Ordnung gerufen: ,,Laßt uns dorthin gehen", ,,Laßt uns zur Natur zurückkehren", ,,Wenn wir natürliche Landwirtschaft praktizieren, müßte der Weg dorthin führen."

Ich sage solche Dinge nicht, denn selbst wenn ich wollte, ich kann nicht. Vielleicht habe ich gesagt: ,,Jeder muß die Natur für sich selbst suchen" und ,,Suche die Natur, indem Du natürliche Landwirtschaft betreibst." Aber niemals habe ich auch nur den Versuch unternommen, irgend jemandem zu sagen: ,,Geh dorthin und Du wirst Natur finden." Genausowenig habe ich jemals gesagt: ,,Glaub' mir und mach' es wie ich es Dir sage, und eines Tages wirst Du Gott treffen," oder ,,Natur ist so und so." Vielleicht könnte man sagen: ,,Die Natur wird Dich zu Gott bringen", doch da es nicht möglich ist,

Gott und Natur zu beschreiben, gibt es keinen Weg, mitzuteilen, in welche Richtung man gehen sollte. Dies würde vermutlich nur verwirren und irreführen. Vor fünfundvierzig Jahren habe ich schon gesagt, ,,Es gibt kein Mittel, um Gott und Natur zu beschreiben, also kann ich unmöglich Schüler haben." Deshalb war es niemals meine Absicht, andere um mich zu scharen, ebensowenig habe ich das jemals getan. Ich habe niemals jemandem gesagt: ,,Folge mir, ich werde Dich führen." Ich wußte, daß das nicht geht, — obwohl ich wollte, daß es Leute gibt, die denselben Weg gehen — und deshalb habe ich es nie versucht. Darum habe ich nie einen einzigen Schüler gehabt.

Warum ich dann noch rede und schreibe? Weil ich, so oft ich auch sage, daß ich nicht sprechen will, ständig nach meinen Gedanken gefragt werde. Alles, was ich tue, ist, verzweifelt aufzuschreien. Es besteht ein himmelweiter Unterschied zwischen dem Gefühl, daß man fähig ist, Gott zu verstehen, und dem tatsächlichen Verstehen Gottes.

Wann immer ich mit Menschen rede, und seien es Universitätsprofessoren, ich berücksichtige niemals ihre Spezialisierung oder ihren Wissensstand in Wissenschaft oder Religion. Eine Sache kann ich gut: Menschen auf Widersprüche zwischen dem, was sie sagen und dem was sie tun, hinweisen. Und ich rede darüber, daß Reden nutzlos ist. Die Menschen denken, ihr Wissen sei nützlich, doch ich glaube, es dient keinem nützlichen Zweck. Ich erkläre, daß es keine Möglichkeit gibt, den Abgrund zwischen den beiden Standpunkten zu überbrücken. Ich glaube, daß Wissen nicht von Vorteil ist, daher habe ich keine Anstregungen unternommen, zu studieren oder gescheiter zu werden. Was Philosophie angeht, so bin ich ein völliger Neuling. Das einzige Wissen, das ich habe, ist das, was ich beim Blättern durch philosophische Bücher in Buchhandlungen aufschnappen konnte.
Selbst mit dem Buddhismus ist es so: einst lernte ich das Sutra ,,Vollendung der Weisheit" (Prajnaparamita hrdaya) auswendig, doch ich habe es seither halb vergessen. Ich habe niemals ein Buch mit Sutren gelesen. So weiß ich nicht nur nicht, wie man Menschen führt, ich weiß gar nichts. Doch ich weiß sofort aufgrund seiner Worte und Handlungen, wo jemand sich irrt und wohin er zu gehen versucht. Ich kann Menschen sagen:,,Ihr seid bestrebt, Euch mit dem Gehirn auf Gott zuzubewegen, aber Ihr macht keine Fortschritte, oder? Ihr seid in einer Sackgasse, nicht wahr?"

Deshalb kann ich niemanden mitziehen und sagen: ,,Geh nach Osten" oder ,,Geh nach Westen." Aber ich kann etwas im Sinne von ,,Geh zu einem Platz jenseits von hier" sagen. Wenn die Menschen dies hören, antworten sie im Allgemeinen:,,Ja, ich verstehe, was Du gesagt hast." Doch wenn ich sie dann frage, ,,Was wirst Du jetzt machen?", antworten sie, ,,Ich werde dies und jenes machen", oder ,,ich werde dies und jenes versuchen."

,,Warte einen Moment", sage ich dann. ,,Ob Du nach Osten, Westen, Süden oder Norden gehst, alle Wege sind blockiert. Obwohl Du mir sagst, Du hättest verstanden. Es gibt doch keinen Ort, wo man hingehen könnte."

Obgleich sie mir gesagt haben, ,,Ich habe verstanden, daß Selbstentsagung bedeutet, meine Neigungen und Wünsche zu verwerfen und zur Natur zurückzukehren'', eilen sie, statt zur Natur zurückzukehren, von Ost nach West und sagen: ,,Ich werde die Natur schützen.''

Die Menschen reden vom ,,Gehen'' und vom ,,Wiederkommen'', doch sie wissen nicht, woher sie kommen und wohin sie gehen. Sie haben sogar vergessen, was für eine Welt existierte, bevor sie geboren wurden. Während sie sagen, daß sie die Welt des Todes nicht kennen, weil niemand je gestorben und aus dem Jenseits zurückgekommen ist, reden sie gleichzeitig so, als würden sie sie kennen und sagen Dinge wie: ,,Er starb, also solltest Du einen Grabstein für ihn errichten'', und ,,wenn Du für seine Seele betest, wird er ins Paradies kommen.'' Die Menschen machen solche Sachen, weil sie *glauben*. Wenn keiner eine wirkliche Vorstellung davon hat, dann sollte es nichts zu tun geben. Nur jene, die wissen, wie es im Jenseits ist, sollten Gräber, Schreine oder Tempel errichten dürfen. Gautama hat sicherlich verstanden, daß solche Dinge unnötig sind. Weil er dies verstanden hat, hat er seinen Anhängern nicht gesagt, einen Gottesdienst für ihn abzuhalten, wenn er sterben würde. Warum verwenden buddhistische Anhänger heutzutage soviel Energie darauf, Gräber zu errichten, Sutren zu lesen und Tempel zu erbauen? Die Existenz von Tempeln ist der Beweis, daß die Menschen nicht die leiseste Ahnung haben, was das Erreichen der Erleuchtung ist.

Wenn der Mensch in der Lage wäre, in die Welt der Toten zu gelangen, würde er bald herausfinden, ob all diese Feierlichkeit und Frömmigkeit notwendig sind oder nicht. Doch da er nicht dorthin gelangen kann, kann er sich diese Kenntnis nicht verschaffen. Und da er nichts weiß, ist es nicht notwendig, irgendetwas zu tun. Trotzdem gibt er vor, zu wissen, er versteht begrifflich. Die Leute wissen, daß die Schreine und Tempel allesamt nur Götzen in einer begrifflichen Welt sind, dennoch beten sie diese Götzen an und werden davon vereinnahmt.

Darum möchte ich sagen, daß Tempel und Schreine unnötig sind, sie verhöhnen die Götter und Buddha. Jeder glaubt, Buddha oder die Gottheiten seien an diesen Orten anwesend, also gehen sie scharenweise dorthin. Ich selbst habe keinen Schrein oder Tempel, dem ich meine Ehre bezeuge. Das ist möglicherweise der einzige wirkliche Unterschied zwischen mir und anderen. Jeder hat irgendetwas, zu dem er die Hände im Gebet erheben kann, doch selbst wenn ich beten wollte, hätte ich nichts, wozu ich beten könnte. Vielleicht ist die Wahrheit, daß ich nicht befugt und nicht wert bin zu beten.

Das Kind, das Osten von Westen nicht unterscheiden kann, das nicht weiß, ob es zur offenen Huldigung in die Hände klatschen oder seine Hände zum stillen Gebet falten soll, braucht keine Tempel und Schreine zur Anbetung zu besuchen. Darum glaube ich, wenn ich Leute ihre Hände vor Tempeln und Schreinen zum Gebet falten sehe, sie sind da, weil sie noch immer nicht verstehen. Entweder das, oder aber sie sind Zuschauer der Götter und Buddhas, die sich von anderen abheben wollen.

2. Gott und Natur sind eins

Wenn wir von Natur und Gott sprechen, ist unser Geist der Welt der Gedanken und Ideen ergeben. Wenn wir in eine Unterhaltung vertieft sind, konzentrieren wir alles darauf, was wir denken und sagen. Solche Aktivitäten gleichen der Meditation in einer jener neuen Religionen. Da dies genau das Gegenteil vom Geist persönlicher Loslösung ist, macht sich Gott eilig davon.
  Aber wenn man auf das Getreidefeld geht und den Reis oder die Gerste erntet, ist keine Zeit, um sich in der Natur umzuschauen oder an Gott zu denken. Der Verstand arbeitet fast überhaupt nicht. Alles, was man denkt, wenn der Wind bläst, ist: ,,Ich bin ganz verschwitzt" oder ,,Es ist heiß!" Das ist in etwa das, was man denken kann. Wenn man damit beschäftigt ist, den Reis zu schneiden, hat man nichts anderes im Sinn. Der Kopf ist leer — eine völlige Leere. Wenn der Kopf sich leert und man an nichts denkt, kann man mit der Natur in Berührung kommen. Aber je mehr wir an etwas denken, und je mehr wir uns darum sorgen, was wir tun sollen, umso weiter entfernen wir uns von der Natur. Sogar im Haus kann man, wenn die Gedanken träge umherschweifen, hören, wie die Spatzen schilpen, oder die Äste draußen im Wind knarren. Aber wenn man denkt, hört man nichts. Die Augen mögen weit offen sein, aber sie sehen nichts. Deswegen kann man als unbekümmerter Bauer eher das Licht sehen und die Geräusche des Windes und des Wassers hören. Aber es wäre vermessen, zu denken, daß man sich auf diese Weise Gott auch nur ein kleines Stück genähert hätte. Denn indem man beobachtet, daß der Wind bläst und die Vögel singen, schneidet man sich selbst schon ab von der Einheit mit dem, was man beobachtet.
  Die Wahrnehmung ,,Ich habe das gehört", der Gedanke, wie ,,tief diese Empfindung war", die Überlegung, ,,daß ein kühler Wind blies", das sind alles Dinge der menschlichen Sphäre. Schauen ist nicht Sehen, und Lauschen ist nicht Hören. Wenn Gott nicht im Herzen ist, kann man weder etwas sehen noch etwas hören. Selbst, wenn Menschen ein Herz haben, ohne das Herz Gottes wird alles, was sie tun, vergeblich sein. Man könnte sogar sagen, daß ohne dies alles vergeblich ist.

Gott, Natur und Mensch als Einheit

Aus diesem Grund sollte man, statt sich Bäume, die in der Nähe stehen, bildlich vorzustellen, hingehen und die Bäume anschauen und berühren. Es ist besser, hinzugehen und einen Baum anzuschauen, als ihn sich nur vorzustellen, und einen Baum zu berühren, ist besser, als ihn nur anzuschauen. Zu denken, hier sei ein guter Platz, um sich hinzulegen, es dann zu tun und sich einzubilden, es sei einem ein Stück weit gelungen, zur Natur zurückzukehren, hemmt nur die persönliche Entwicklung. Auf diese Weise kann man auch nicht einen einzigen Schritt weiter in die Natur hineingelangen. Wenn man nicht zum Narren wird und sich von seinen Bindungen lossagt, kann man nicht in die Welt der Vögel vordringen.

Spatzen, Hunde und Gingkobäume haben keinen Grund, zum Menschen aufzuschauen. Im Gegenteil, der Mensch muß sich dann und wann in Respekt verbeugen, denn in Wahrheit sind jene die Überlegenen.

Sie geben nur vor, nicht zu wissen. Der Mensch ist in der Lage, den Gingkobaum zu fällen, die Spatzen zu töten und den Hund an die Leine zu legen und ihn herumzuzerren. Deswegen denkt er, er sei mächtiger und intelligenter. In Wahrheit lachen sie über uns — der Ginkobaum, die Spatzen und der Hund. Aber die Menschheit merkt nicht, daß sie ausgelacht wird und beharrt darauf zu glauben, daß sie dies Ding, das Natur genannt wird, gefangen hat und kontrolliert.

Die Arroganz und der Stolz des Menschen haben ihn aus der Umarmung der Natur gelöst.

Wenn der Mensch sich selbst von dieser Überheblichkeit befreien würde, wenn er sich aufgeben würde und zusammen mit Hunden und Katzen nackt auf dem Boden herumkriechen würde, wenn er auf die Bäume klettern, kurz gesagt, wenn er so handeln würde wie Kinder es tun, dann würde er Gott etwas näher kommen.

Aber nein, er nutzt diesen Zugang nicht. Er vergißt diese Erfahrungen; er vergißt all seine Erinnerung an die Kindheit, als er eintauchen und eins mit der Natur werden konnte. Und dann, ist dies erst eine ferne Erinnerung geworden, holt er sie mit sehnsüchtiger Zärtlichkeit wieder hervor. Die Leute wenden sich verschwommenen Erinnerungen zu, reden davon, was für ein reizendes Ding die Natur sei, und drücken dies in Gedichten und Gemälden aus. Weil sie sich in eine unnatürliche Welt begeben haben, sehnen sie sich nun nach der Schönheit der Natur. Sie sind gerührt durch ihre zärtlichen Erinnerungen an diese ferne Vergangenheit, greifen zum Pinsel und halten diese idyllischen Erinnerungen auf Leinwand fest. Dieser Selbstausdruck durch abstrakte Malerei ist ein törichter Fehler. Kann man tatsächlich auf diese Weise mit der Natur in Kontakt kommen? Kann man die Natur wirklich berühren und zeichnen? Ich glaube nicht. Ich glaube, daß wir, aus eben diesem Grund,

Worte haben sollten, mit denen wir die Natur preisen und Gott verehren können. Wir dürfen die Natur preisen, aber wir sind nicht befugt, sie zu kritisieren. Es ist der Inbegriff der Arroganz, die Natur als Anstoß, als Inspirationsquelle zu benutzen, um zu zeichnen, zu schreiben, zu bildhauern oder die Seele Buddhas in eine Statue einzumeißeln. Und der Hochmut, dadurch sein eigenes Sebstbewußtsein unter Beweis zu stellen und dies als Selbstausdruck zu deklarieren, ist unverzeihlich.

Über die Natur lernen entfernt von ihr

Ein junger Mann, der eine Zeitlang auf meiner Farm war, sagte mir am Abend vor seiner Abreise: ,,Ich kehre zurück nach *Kyushu*, um meinen eigenen Weg der natürlichen Landwirtschaft zu beginnen."

Er war ein Jahr bei mir gewesen, und nun sagte er: ,,Ich verstehe, ich hab den Dreh jetzt raus, deshalb werde ich jetzt am Fuße des Berges *Aso* meinen eigenen Weg der natürlichen Landwirtschaft gehen." Während ich still zuhörte, dachte ich: ,,Was kann er meinen mit *seinem* Weg der natürlichen Landwirtschaft?" Es gibt keine X- oder Y-Schule der natürlichen Landwirtschaft. Dieser junge Mann war hierher gekommen, um sein Ich abzustreifen und zur Natur zurückzukehren, doch seine eigenen Worten verrieten, daß ihm dies nicht gelungen war.

Es hat sogar einige Leute gegeben, die für einige Tage zu Besuch kamen, die natürliche Landwirtschaft nach ihrem Geschmack fanden und sagten: ,,Ich werde nach Hause zurückkehren und ein Forschungszentrum für natürliche Landwirtschaft aufbauen." Jetzt bin ich so alt geworden, und noch immer nicht in der Lage, diesem natürlichen Hof einen guten Namen zu geben. Ich habe nicht die leiseste Idee, wie ich das anstellen könnte. Um ehrlich zu sein, habe ich das, was ich tue einfach deshalb ,,Natürliche Landwirtschaft" genannt, weil ich keinen besseren Namen dafür hatte. Es gab nie wirklich eine Möglichkeit, das zu benennen. Ich habe versucht, es ,,Gandhi-Landwirtschaft" zu nennen und ,,Laotse-Landwirtschaft", und ich denke, jeder dieser Namen erfüllt mehr oder weniger seinen Zweck. Ich weiß nicht, ob Gandhi eine solche Art des Anbaus praktizierte oder nicht. Ich habe nur versucht, es so zu nennen, weil ich fühlte, daß er sie praktiziert hätte, hätte er davon gewußt.

Kann ein junger Mann, der nur ein Jahr hier gewesen ist, von *seinem* Weg der natürlichen Landwirtschaft reden, wenn ich selbst sie seit beinahe fünfzig Jahren mit so begrenztem Erfolg betreibe? Das ist dreiste Egozentrik, nichts anderes. Bevor er überhaupt wußte, was Gott oder Buddha sind, machte er Schnitzereien und bezeichnete sich selbst als ,,Bildhauer buddhistischer Motive". Kann man wirklich sagen: ,,Dies ist ein buddhistisches Bild, das ich selber gemacht habe. Dies ist ein Werk des Selbstausdrucks"? Wenn ein Bildhauer, der das Gute und Wahre versteht, eine Skulptur machen würde, dann könnte sogar eine schreckliche Arbeit ein Bild Buddhas genannt werden. Wenn es möglich wäre, vollkommene Schönheit darzustellen, dann könnte das vielleicht Buddha werden, aber vollkommene Schönheit muß das Wahre und Gute sein. Die Frage ist, kann ein gewöhnliches, menschliches Wesen etwas gestalten, was das absolut Wahre, Gute und Schöne ist?

Der Tod Gottes

Die Japanische Radiogesellschaft (NHK) hat vor kurzem eine Dokumentarreihe über Ruinen entlang der Seidenstraße gesendet. In diesem Programm habe ich großartige buddhistische Statuen gesehen, und ich erinnere mich besonders an eine leuchtend bunte Statue, die Buddha in einer tiefen Nische in einer Felsgrotte darstellt. Ich war überwältigt von der Kraft und Energie der Menschen früherer Zeiten, die mitten in der Wüste diese erstaunlichen Werke geschaffen hatten, und von dem Einfluß, der Kraft und dem Glanz des Buddhismus. Sie müssen große Mühen durchgestanden haben, um diese Meisterwerke zu schaffen. Dies zeigt nur die unglaubliche Macht von Religion. Was mich dabei beschäftigt, ist die Frage, ob den vielen buddhistischen Gläubigen, die diese Statue verehrten, dadurch geholfen oder geschadet wurde. Wie sehr halfen die buddhistischen Statuen in jenen Ruinen an der Seidenstraße den Menschen, Gott oder Buddha nahe zu kommen?
Alles, was ich gesehen habe, sind die Dokumentarserie und Photos. Auf den Aufnahmen bemerkte ich große, verwitterte Baumwurzeln. Sie sind möglicherweise die Überbleibsel großer Wälder. Das Gebiet war höchstwahrscheinlich bewaldet, als diese Gebäude, die heute Ruinen sind, und die Statuen entstanden. Vielleicht sammelten sich die Menschen hier und lebten in einer Art irdischem Paradies. Ich vermute, daß die vielen Leute, die erforderlich waren, um Steine zum Bau jener enormen Tempel herzustellen, in diesen Wäldern lebten, und indem sie die Bäume fällten, zerstörten sie die natürliche Umwelt. All dies Grün zu zerstören mit dem Vorwand, buddhistische Statuen zu bauen, kann kaum das Richtige gewesen sein. Wenn die Natur zerstört wird, dann wird auch Gott zerstört. Der Bildhauer buddhistischer Statuen, der nach Selbstausdruck giert, der zuerst den wahren Gott tötet, und dann an derselben Stelle seine eigenen Steinbilder schafft, kehrt die Dinge drastisch um, um es milde auszudrücken. Aus diesem Grund sage ich, es ist richtig, wenn die Ruinen der Seidenstraße zerstört werden. Die Natur darf unter keinen Umständen zerstört werden.
Hätten diese Paläste wirklich dazu gedient, den Geist Buddhas und Gautamas zu vermitteln, dann glaube ich nicht, daß die Natur dort zerstört worden

wäre. Die Regionen entlang der Seidenstraße, die einst aus unberührten Wäldern und grünen Ebenen bestanden, auch in Iran und Irak, sind zu ausgetrockneten Wüsten geworden. Der Mensch hat die Natur, die dort existierte, zerstört und einen Ort geschaffen, aus dem der wahre Gott und Buddha vertrieben worden sind. Mögen die Buddha-Bilder, die er dort schuf, noch so großartig und die Kulturen, die er aufbaute, noch so groß sein: der Mensch kann nicht stolz auf das sein, was er getan hat. Letzten Endes werden die Buddha-Statuen eben nichts weiter sein als Objekte, die anderen nicht den Geist Gautamas vermitteln. Man könnte sagen, daß durch die gewaltigen Bauten ein gewaltiger Fehler begangen wurde. Der Tempel oder die Pagode mögen noch so außergewöhnlich sein; sie können nie zu einem guten Ort werden, wo man Gott versteht. Der Platz wird vielmehr zum Gegenteil, er erzeugt Gottesfurcht und trennt den Menschen von Gott.

In den Ruinen wurden verschiedene Musikinstrumente gefunden. Nun, ich bin mir der Schönheit von Musik durchaus bewußt. Aber während in den riesigen alten Tempeln den entzückten Zuhörern Musikstücke verschiedenster Art vorgespielt wurden, verschwanden die Klänge der singenden Vögel aus den grünen, fruchtbaren Ebenen dieser ehemals von der Natur gesegneten Länder des Altertums — heute China, Iran und Irak. Der Mensch überträgt die aus der Natur fließende Musik auf sein Instrument, und die Leute erfreuen sich an der Musik, die aus dem Instrument erklingt. Aber ist das richtig? Anstatt den Verlust der Fähigkeit zu beklagen, der Musik der Vogelstimmen, die doch wirklich Wahrheit, Tugend und Schönheit in sich trägt, zuhören zu können, lassen sich die Menschen vom Klang des Klaviers hinwegtragen. Aber, birgt diese Klaviermusik wirkliche Wahrheit, Tugend und Schönheit? Wenn der Mensch alles auf den Kopf stellt und sich Illusionen hingibt, dann ist der Niedergang von Mensch und Natur unweigerlich die Folge. Das ist, glaube ich, die Lektion, die die Seidenstraße uns erteilt.

Wenn ich sage, daß die Natur entlang der Seidenstraße verschwunden ist, so scheine ich von der botanischen Natur zu sprechen. Aber vielleicht kann man die Sache auch so betrachten, daß dort einmal eine vor Leben strotzende Natur existierte, in der Gott wohnte. Als all dies verschwunden war, blieben nur leblose Buddha-Statuen und Steinhöhlen zurück. Die Steinhöhlen und die vom Menschen behauenen Buddha-Statuen blieben bestehen, aber in dem Moment, wo die von Gott geschaffene lebende Natur zerstört wurde, verschwand auch der von der Natur geschaffene Gott. Der Mensch zerstörte die Orte, an denen der natürliche Gott (wahres Abbild) wohnte und ersetzte ihn durch einen von Menschen geschaffenen Gott (künstliches Abbild). Es ist ein grober Fehler, zu denken, nur weil die vom Menschen wahrgenommene Natur lediglich eine Projektion der wirklichen Natur ist, könne nichts gegen ihre Zerstörung unternommen werden; ein genauso großer Fehler ist es, andererseits zu denken, alles sei Ordnung, solange die wirkliche Natur (Gott) bestehen bleibt. Wenn die Projektion verschwindet, verschwindet auch das wahre

Bild. Wenn sogar das faktische Bild verschwindet, welche Hoffnung bleibt dann, daß die wirkliche Natur und Gott bestehen bleiben? Sie verschwinden natürlich ebenfalls. Das ist, was ich befürchte. Dasselbe galt für die Filme über die Seidenstraße, die ich gesehen habe. Ich sah Orte, an denen es keinen Gott mehr gibt. Wenn Natur und Gott gestorben sind, bleiben keine wahren Menschen übrig.

Was mich an der abstrakten und theoretischen Frage, ob Gott existiert oder nicht, stört, ist die Tatsache, daß wir, indem wir diese Frage stellen, voraussetzen, daß Gott in einer Welt jenseits des Menschen existiert. Tritt hier nicht ein Gefühl zutage, daß Gott in gewisser Weise jenseits der Natur bleibt? Ich bin etwas besorgt darüber, daß dies zu der oberflächlichen Ansicht führen könnte, Gott gebe es auch noch, wenn die Natur zerstört ist. Der Glaube, daß Gott sogar ohne Natur oder den Menschen existiert, erhebt Gott in so geheiligte Höhen, daß die Gefahr besteht, daß Er von Mensch und Natur völlig abgetrennt wird. Wenn ich sage, daß der wahre Gott jenseits von Natur und Mensch ist, so meine ich das nicht im wörtlichen oder physischen Sinne. Ich beziehe mich vielmehr auf das Transzendieren von Ideen.

Normalerweise denken die Leute, daß der Moment, in dem sie lesen, reden oder Tee schlürfen, die reale Welt ist. Sie glauben, daß die Welt jenseits davon eine unwirkliche, abstrakte Welt ist. Daß ich hier rede und Tee schlürfe, ist eine physikalisch und biologisch wahrgenommene Realität. Aber wir sprechen und handeln hier auf der Basis menschlicher Vorstellungen. Daß ich hier Tee trinke, ist nicht wirklich eine natürliche Situation. Ich bin in diese unnatürliche Stadt Tokyo gekommen, habe eine unnatürliche Mahlzeit hinter mir, und weil ich mehr gesprochen habe als ich sollte, habe ich Durst bekommen. Deshalb trinke ich diesen Tee. Diese Handlung hat ihren Grund in abstrakten, nur für den Menschen geltenden Vorstellungen und Gefühlen. Wir haben Tee hier, und die Leute trinken den Tee. Aber wenn die Tiere und Vögel in freier Natur Wasser trinken, ist das etwas anderes. Vom Standpunkt des Vogels aus ist die menschliche Welt irreal. Die Spatzen, die im nächstgelegenen Park Wasser trinken — das ist eine reale Szene. Dagegen ist diese Szene von Leuten, die in einem besonderen, im japanischen Stil hergerichteten Empfangsraum reden und Tee trinken, eine imaginäre Welt, obwohl sie wie dieselbe Welt wie die der Vögel im Park, wie ein Fleckchen der selben Stadt erscheint. Religiös und philosophisch ausgedrückt, ist dies eine imaginäre Welt, während die idyllische und anscheinend unwirkliche Welt des Vogels dort realistischer ist. Die Welt innerhalb dieses Raumes, in dem wir über Gott und Buddha als abstrakte Begriffe diskutieren, ist eine Welt der trunkenen Träume. Sie ist nichts weiter als eine Welt der geistigen Entspannung.

Die Menschen neigen dazu, Gott und Natur vom Menschen zu trennen. Obwohl zum Beispiel klar ist, daß wir Menschen mit der Zerstörung der Natur durch wissenschaftliche Anbaumethoden und andere menschliche Praktiken letzten Endes ebenfalls zerstört und ebenfalls vom Erdboden verschwinden werden, fragen sich die meisten Leute, ob sich die Natur nicht selbst wieder herstellen wird. Die biologische und ökologische Natur existierte, bevor der Mensch auftauchte, und man nimmt an, sie werde sicherlich weiterbestehen, wenn er wieder verschwunden ist. Wenn wir sagen, daß Gott, Buddha und die Natur transzendent sind, so implizieren wir damit, daß sie, selbst wenn sie zerstört werden, doch irgendwie erhalten bleiben. Aber diese Denkweise ist gefährlich.

Die Wahrheit ist, daß nicht nur die Natur nicht weiterbesteht, sondern Gott ebenfalls zerstört werden wird. Von der Annahme auszugehen, Gott werde nicht zerstört, heißt, die Bedeutung des Wortes ,,Transzendenz'' mißzuverstehen. Der Glaube, daß Gott und Natur jenseits der Welt sind, die wir kennen, läßt die Vorstellung aufkommen, daß sie nicht untergehen werden. Aber das ist nicht so. Wenn ich sage: ,,Gott hilft oder errettet niemanden, er schaut auf ganz andere Dinge, er schert sich nicht im geringsten darum, ob die Menschheit untergeht'', so meine ich damit ganz einfach, daß der wahre Gott und die falsche Menschheit nicht das geringste miteinander zu tun haben. Nach Darstellung der Menschen existiert Gott in einer jenseitigen Welt; es hört sich immer so an, als ob er vom Himmel auf uns herabschaut. Das ist jedoch völlig falsch. Es wäre treffender, zu sagen, daß mit dem Untergang der Menscheit Gott und Natur ebenfalls untergehen werden.

Wenn die Natur untergeht, verschwindet auch Gott. Letztendlich sind Natur, Gott und der Mensch alle Teil eines einzigen Ganzen.

Es gibt nichts Dümmeres und Feigeres, als zu sagen, daß die Natur weiterbestehen wird, selbst wenn das Universum verschwindet oder die Erde durch Atomexplosionen zerstört wird. In den Augen Gottes ist Selbstmord nicht akzeptabel. Menschen töten sich selber und sagen, es mache nichts, wenn sie sich ihr eigenes Leben nehmen. Würde der Erde vergeben werden, wenn sie, wie es ihr gerade gefällt, Selbstmord beginge? Gott schaut sowieso nicht hin, dann ist es schon in Ordnung — so denken die Menschen. Aber sie irren.

Hier liegt die kollektive Verantwortung von Mensch und Gott. Gott zu erreichen und zur Natur zurückzukehren heißt, den wahren Gott leben zu lassen, die Natur zu hegen und zu pflegen und das Selbst wieder ans Licht zu bringen.

Ich glaube, daß dies die Verantwortung und der Zweck des Menschen ist. Das ist sein eigentliches Ziel, denn darin liegt die Quelle größter Freude. Wenn man in der Sprache des Menschen sagt, daß Gott nichts mit dem Menschen zu tun hat, dann schiene es nur recht, zu folgern, daß Gott dem keine Bedeutung beimißt, daß Er es nicht nötig hat, mit zum Gebet gefalteten Händen verehrt zu werden. Aber Gott zu entsagen, heißt, sich selber aufzugeben. Ich würde es so sagen: man hat das Recht, zu sterben, wenn man das will, aber man wage nicht, Gott mit sich hinunterzuziehen und Ihn zu töten.

Die Leute können oft nachempfinden, was ich meine, wenn ich davon spreche, daß Natur und Mensch eins sind; sie sind aber nicht in der Lage anzuerkennen, daß auch Gott ein Teil dieser Einheit ist. Gott wird weggestoßen und in der begrifflichen Welt belassen. Wenn die Menschen verstehen würden, daß Gott und Mensch eins sind, würden sie einsehen, daß mit dem Untergang der Menschheit auch Gott und Natur untergehen; alles löst sich auf. In gewissem Sinne war der Grund dafür, daß ich vierzig, fünfzig Jahre gekämpft habe, meine Unfähigkeit, Gott zu erklären.

Wir dürfen uns nicht mit einer Beziehung zwischen falscher Natur und Mensch zufrieden geben. Es muß eine direkte und echte Verbindung zwischen dem wahren Menschen und Gott gefunden werden.

Unsere Welt ist eine abstrakte, begriffliche Welt. Die Menschen müssen lernen, diese Begriffe, einen nach dem anderen, abzulegen, bis sie endlich erkennen, daß nur das Stück bis zur Ackergrenze die reale Welt ist. Man könnte sagen, daß ich immer bemüht war, eine irreale Welt zur Realität zurückzubringen. Alles, was ich tue, auch das Schreiben von Büchern, hat das Ziel, Verständnis für Gott zu wecken; aber alles, was ich tun kann, ist, so umfassend wie möglich darzulegen, daß Argumente und Diskussionen bei der Schaffung von Verständnis zwecklos sind. Ich argumentiere und debattiere, um für mich selber die Nutzlosigkeit von Debatten über Gott zu erkennen. Man braucht weder Kamera noch Tonbandgeräte, um sich den Vögeln auf dem Feld zu nähern. Kein noch so hoher Forschungsstand wird einem helfen, näher an sie heranzukommen. Egal, wie lange man das Herz des Vogels untersucht: es wird vergebliche Mühe sein. Aber mit dem Verzicht auf derartige Untersuchungen wird man beginnen, die Gefühle des Vogels zu verstehen... Ich kann diese Worte und Gedanken nur immer und immer wiederholen.

Deshalb sollte man vielleicht eher dies und jenes ablegen, als hier Tee und Kaffee zu trinken. Tee zu trinken, der von einem berühmten Meister der Teezeremonie wie *Sen no Rihyu* zubereitet wurde, mag einem helfen, ein wenig von der Atmosphäre Gottes zu erfahren, man wird jedoch dadurch Gott nicht näherkommen. Wenn man das erkannt und sich von solchen Dingen gelöst hat, wird man endlich zu einem Narren und hat einen leeren Kopf. Wenn der Kopf leer ist, nimmt man plötzlich wahr, daß dort drüben ein Vogel singt. Man erkennt, daß der Vogel Gott nahe ist und sieht gleichzeitig, wie weit der Mensch von Gott entfernt ist. Das ist der einzige Weg, der zum Verstehen führt. Zur Entsagung gibt es keine Alternative.

In den fast fünfzig Jahren, in denen ich Landwirtschaft betreibe, habe ich nichts anders getan, als eine nutzlose Methode nach der andern hinter mir zu lassen. Im allgemeinen suchen die Leute nach Sachen, die sie tun sollten. Sogar im Buddhismus werden alle möglichen Arten von Forschung durchgeführt. Sie studieren buddhistische Denker und Priester wie *Dogen* und *Shinran* und *Kobo Daishi (Kukai)*. Sie studieren esoterischen Buddhismus; sie studieren dies und studieren das. Die Leute glauben, daß sie Buddha umso näher kommen, je mehr sie studieren, dabei entfernt es sie nur umso weiter von ihm. Welchen Sinn macht es, all diese Dinge zu untersuchen?

Ich glaube, daß es genügt, sich mit dem Werk *Sanhuo Shihi*, das *Kukai* als junger Mann schrieb, zu beschäftigen. In diesem einen dünnen Buch läßt Kukai nichts ungesagt. Das Stückchen über esoterischen Buddhismus*** oder wie immer man es nennen mag, wurde wahrscheinlich später hinzugefügt.

Ich hatte lange Schwierigkeiten, zu verstehen, warum *Kukai*, nachdem er dieses Buch geschrieben hatte, mit dem Gedanken spielte, zu spiritueller Übung nach China zu gehen. Beim Lesen von *Sankyo Shiki* war mir, als könne es nur von jemandem geschrieben worden sein, der verstand. Wenn dem so gewesen wäre, wäre es nicht nötig gewesen, nach China zu gehen, um dort zu studieren. Es ist merkwürdig, auf einer solchen Verständnisebene angekommen dieses Buch zu schreiben und sich anschließend auf den Weg nach China zu begeben. Ich kann kaum glauben, daß seine wirkliche Intention für diese Reise darin lag, Lehrbücher zu sammeln und Tempel zu bauen.

Die Leute reden über esoterischen Buddhismus, als wäre er etwas besonderes. Ich glaube, es ist ein ketzerischer Weg, der vom Großen Weg des Buddhismus wegführt. Esoterischer Buddhismus ist wie Hexerei. Er erinnert mich an Okkultismus und ist etwas, für das ich kein Verständnis aufbringen kann. Die großen Wege des Buddhismus und des Christentums liegen nicht in solchen Lehren. Sie sind eine großmütigere und tolerantere Welt! Wozu soll man da ein heiliges Feuer zum Gebet oder zur Verehrung Gottes entzünden? Warum soll man, nachdem man immer mehr entsagt hat, bis es schließlich nichts mehr zu entsagen gibt, auf diese Art beten und Gott verehren? Durch das Gebet wird man gestärkt. Die Welt des Buddhismus transzendiert Unterscheidungen über diese Welt, die zukünftige Welt und andere Welten. Die Welt der Religion ist der Verzicht auf alle Unterscheidungen zwischen dieser oder jener Welt und die Transzendenz von Zeit und Raum. Aus welchem Grund sollte man sich also Gedanken darüber machen, ob dies die einzig existente Welt ist, aus welchem Grund sollte man sich über das, was kommt, grämen? Ursache und Wirkung jagen sich gegenseitig, und die Natur ändert sich unablässig; das alles ist jedoch für Gott und Buddha von keinerlei Belang.

In letzter Zeit sind in Japan Schutzgottheiten in Mode gekommen. Im Pflanzen- und Tierreich erzeugen Organismen fast verschwenderisch viele Samen oder bringen zahlreiche Nachkommen zur Welt, von denen viele sterben. Das ist der Gang der Natur und ist für die Mütter kein Grund zur Beunruhigung. Nichts würde die Strafe Gottes eher verdienen als die Schutzheiligen, die die toten Nachkommen wieder zum Leben erwecken und dann die lebenden

---

ANMERKUNG: *** *Kukai* (774-835), auch bekannt unter dem Namen *Kobo Daishi*, war ein buddhistischer Priester, der die Shingon-Sekte gründete und eine wichtige Rolle bei der Einführung des esoterischen Buddhismus in Japan spielte.

Mütter aus Habsucht und Profitgier bedrohen und im Extremfall auch töten würden.***

Die Funktion von Schutzheiligen und von Religion besteht darin, die Menschheit von solchem Zauber in eine freie Welt zu entlassen. Ich glaube, daß es das eigentliche Ziel der Religion ist, über Zeit und Raum hinauszugehen, die Welt der Relativität zu transzendieren. Warum sollte etwas Transzendentales sich über das Jenseits Gedanken machen. Warum sollte jemand, der in der Wirklichkeit lebt, die Wirklichkeit vergessen und sich ganz der Welt der Toten hingeben? Was ich sagen will, ist folgendes: die Leute sollten für solche Dinge überhaupt keine Zeit haben. Es genügt, den Tag voll auszuleben, all seine Kraft dem Heute zu geben.

Es *gibt* keinen anderen Weg, oder? Die Menschen blicken auf die Vergangenheit zurück und lamentieren, und sie sorgen sich um die unsichere Zukunft. Obwohl sie keine Ahnung davon haben, woher sie kommen und wohin sie nach ihrem Tod gehen werden, drehen sich ihre Gespräche um ihre Vorfahren, man erzählt ihnen, daß sie für die Sünden der Vergangenheit in ewiger Verdammnis schmachten werden, sie fangen an, finanziellen Angeboten auf den Leim zu gehen. Es ist das Ziel der Religion, über derartige Dinge hinauszugehen. Es ist nicht ihre Aufgabe, Vergangenheit und Zukunft in Frage zu stellen. Und trotzdem wendet sie sich von der Gegenwart völlig ab und widmet all ihre Aufmerksamkeit Zukunft und Vergangenheit. Es ist eine Tatsache, daß die Religion diese Welt in ein Inferno verwandelt hat. Ich würde gerne laut herausschreien: „Es gibt keine toten Buddhas!"

Die Welt des Nichts finden

Ich habe nie jeden einzelnen Tag so vollständig gelebt wie in der Zeit, als ich gerade meinen Posten als Zollinspektor von Yokohama aufgegeben hatte. Nie zuvor hatte ich so vollständigen Frieden und solches Glück erlebt. Ich lebte in einer Welt voller Freude. Seitdem habe ich mein Leben nur dann gelebt, wenn ich diese glücklichen Tage in mein Gedächtnis zurückrief. Ich fand an nichts anderem mehr Freude. Was immer ich auch dachte und tat, die glücklichsten Augenblicke waren die, in denen sich in meinem Kopf ein absolutes Nichts befand. Bis heute habe ich an vielen Orten viele Dinge getan, die jedoch allesamt reine Ablenkung waren.

In Tokyo habe ich mir Japans beste Buchweizennudeln gegönnt, aber mir reicht die derbe Kost meiner Gartenhütten aus. Wenn ich mir durch die Ar-

---

ANMERKUNG:*** Dies bezieht sich auf *Jizo*, einen Schutzheiligen, der in erster Linie als Retter der Kinder angesehen wird.

beit auf meinem Berg Appetit gemacht habe, ist Buchweizen, der auf demselben Berg gewachsen ist, genau das richtige. Man braucht nichts; es genügt, essen, arbeiten und schlafen zu können. Warum soll man sich alle möglichen berühmten Filme ansehen, wenn man nur ein Fenster öffnen muß, um die grüne Welt dort draußen sehen zu können? Was die Musik betrifft, so kann man sich — je nachdem, wie man es betrachtet — auch am Gesang der Vögel und am Quaken der Frösche erfreuen, wenn man kein Instrument erlernt hat und die Tonleiter nicht kennt; vielleicht sind diese Töne bisweilen eher Geräusche, sie bilden jedoch, indem sie sich auf ihr Art vermischen, ein Orchester der Arten. So kann man durch den Verzicht auf absolut alles und den Bruch mit der Welt der Ideen entdecken, — wie einfach ist das — daß die Welt des Nichts alles hat. Ein Ort, an dem es nichts gibt, hat in der Tat alles und versetzt einen in die Lage, das reichste Leben zu führen, das vorstellbar ist.

Als mich einmal Bauern aus der Präfektur *Yamagata* besuchten, und ich gerade in einer meiner Hütten auf der Spitze des Hügels saß, fragten sie: ,,Warum ist dies der spirituell und materiell ärmste Ort, den wir je gesehen haben?" Ich hätte gerne geantwortet: ,,Liegt nicht die größte Freude und das größte Glück in einer Berghütte, die materiell und spirituell total verarmt zu sein scheint?" Aber ich sagte nichts. Man kann das nicht wissen, wenn man es nie selbst erfahren hat.

Einmal schickte ich einen buddhistischen Priester mit den Worten weg: ,,Gehe zurück und führe in den Bergen hinter deinem Tempel das Leben eines Bauern." Und ich sagte einem Zen-Priester des berühmten *Eiheiji*-Tempels: ,,Du mußt nicht ständig meditieren. Vielleicht versuchst du, durch die Meditation einen Zustand völliger Gelassenheit zu erreichen, aber das schaffst du sehr gut, wenn du deinen Geist nur für eine kurze Zeit von ein oder zwei Minuten vollständig befreien kannst. Gibt es nicht Leute, die zehn oder zwanzig Jahre mit Meditieren verbringen, ohne in der Lage zu sein, ihre Gedanken auch nur ein oder zwei Minuten vollständig auszuschalten? Das zeigt nur, wie konfus der Mensch ist und wie schwer ein Zustand der ‚Geistlosigkeit' zu erreichen ist. Wäre es nicht einfacher, Abstand zu gewinnen, indem man ein völliger Narr wird, hier arbeitet und mit der Hacke in der Hand hinwegzuschweben, statt Zen zu praktizieren? Das konnte der schnellste Weg für dich sein."

Natürliche Landwirtschaft an einem Platz wie meiner Farm zu betreiben, ist wirklich keine schlechte Sache. Aber selbst wenn Menschen ein oder zwei Jahre in meinem Berggarten arbeiten, sehen sie noch die von weitem glänzenden Neonlichter vom *Matsuyama* und denken: ,,Ach, wie gern würde ich in die Stadt gehen, mich in ein Café setzen und wieder mal eine Tasse Kaffe trinken." Sie könnten genausogut in der Stadt leben. Und trotzdem sind sie, wenn sie zurück nach Tokyo gehen, innerhalb weniger Tage wieder bereit, so schnell wie möglich auf den Berg zurückzukehren. *Dogen**** sagt über diese Leute: ,,Wo immer sie auch sind, sie sind nirgendwo." Das ist die Tragödie des Menschen. Es ist eine Tragödie, aber sehen wir den Tatsachen ins Gesicht: wenn man die Wahl hat, mitten in Tokyo oder irgendwo auf dem Lande zu leben, dann ist man auf dem Lande besser dran, denn wer der Natur nahe ist, der ist auch Gott nahe.

Deshalb sage ich, daß der Bauer Gott nahe ist. Mit ,,nahe" meine ich, daß er dort ist, wo es am einfachsten ist, den Vogel des Glücks zu finden. Tatsächlich steht Gott direkt hinter dem Bauern; wenn man sich jedoch nicht herumdreht, entfernt er sich in die Unendlichkeit. Gott kann jedoch nicht wahrgenommen werden, wenn er direkt vor dir steht, weil er dir dann zu nahe ist.

Kinder, Gott und Natur

Solange man Kind ist, versteht man Gott, aber zehn oder zwanzig Jahre später hat man ihn vergessen. Man kann ihnen erzählen: ,,Man muß Gott nicht verstehen. Du hast Gott zurückgewiesen, obwohl du ihn verstanden hast." Selbst wenn Kinder Gott verstehen, versucht der Lehrer, wenn sie in den Kindergarten kommen, mit allen Mitteln, ihnen dieses Verständnis zu entreißen. Wenn Kinderaugen Bilder ansehen, sehen sie die wahre Schönheit, aber der Lehrer zeigt auf die Buntstifte und den Farbkasten und lehrt sie: ,,Das sind die Farben." Von diesem Augenblick an können sie die wirklichen Farben nicht mehr sehen. In dem Augenblick, in dem der Grundschullehrer den Kindern sagt: ,,Das ist grün und das ist gelb", macht man die Kinder glauben, daß die Pigmente vor ihnen eher als die wirklichen Farben Gelb und Grün wahre Farben sind. Sie denken, daß Bäume mit der Farbe ,,Grün" gemalt werden müssen. Das Licht, das von den grünen Blättern fließt, ändert sich von einem Augenblick zum andern, deshalb fragt man sich, ob man nicht das Grün dieser Blätter, in denen der wahre Gott wohnt, in rot, grün oder vielleicht in gelb darstellen soll. Die Natur bewegt sich in einem derartigen Tempo, daß keine Zeit bleibt, sie einzufangen und zu malen. Die Blätter singen ein Lied, und die Tautropfen, die von ihnen herabfallen, machen Musik. Wenn die Lehrer das Grün der Natur in Stücke reißen, die ein einziges Gefüge von Kunst und Musik ist — ein harmonisches Ganzes von Schönheit und Wahrheit und Tugend — und den Schülern alles stückchenweise beibringen, wird auch der Geist der Kinder in Stücke gerissen. Indem die Lehrer sagen: ,,Heute werden wir eine Stunde Dichtung, eine Stunde Musik und eine Stunde Sozialkunde machen", zerteilen sie auch die Zeit in Unterrichtssegmente. In diesem Moment werden auch die Augen, Ohren und Stimmen der Kinder

---

ANMERKUNG:*** (1200-1253). Begründer der *Soto*-Sekte des Zen-Buddhismus.

geteilt. Zuerst sahen die Kinder die Vögel als heilige Vögel, eine harmonische Einheit von Wahrheit, Tugend und Schönheit.

Aber sobald der Lehrer die Kinder lehrt, die Vögel als biologische Objekte zu betrachten, sobald er ihnen zeigt, wie man Vögel darstellt und als Zeichenobjekt ansieht oder wie man ihrer Musik zuhört, sobald Tiere als Objekte moralischer Lektionen gezeigt werden, und den Kindern beigebracht wird, kleine Vögel zu lieben und Schlangen zu hassen, von diesem Moment an wird der Geist der Kinder in tausend Stücke gerissen. Wenn der Geist eines Kindes zergliedert wird, dann werden auch die geheiligten Vögel im Geist des Kindes zerteilt und hören auf zu sein. Kinder haben ursprünglich, wenn man sie läßt wie sie sind, ein wahres Auge für Schönheit und ein Herz, das von wahrer Musik widerhallt. Sie haben ein Bewußtsein, das Moral schlechthin ist, ohne daß man sie Moral gelehrt hätte; sie folgen Gottes Wille und stören nie die Ordnung der Natur.

Von dem Moment an, wo die Kinder in der Schule unterrichtet werden, werden die Vögel zu bloßen Tieren, zu Außenseitern. Und das Selbst wird zu einer von Gott und den Vögeln verlassenen Existenz. Die Stimmen der Vögel können nicht länger gehört, ihre Schönheit nicht länger gemalt werden. Indem die Erwachsenen den Kindern die Liebe erklären, bringen sie ihnen Haß bei. Es ist eine zweifelhafte Sache, daß der Lehrer bewußt darauf abzielt, Wissen und Weisheit zu verbreiten, die dazu dienen, den Menschen von Gott und Natur zu trennen, zwischen allen Dingen zu unterscheiden und alle Dinge auseinanderzunehmen und damit die Verwirrung zu vergrößern. Die Mission des Lehrers sollte darin liegen, zu versuchen, Natur, Gott und den Menschen zu vereinen, eine Integration herbeizuführen, und das Wissen loszuwerden, das den Menschen aus dem Garten Eden vertrieben hat. Der richtige Weg ist, direkt von der Natur zu lernen, wozu keine formalen Studien nötig sind.

Je mehr sich diese Welt weiter entwickelt und die Kultur voranschreitet, desto größer ist die dadurch entstehende Zerstörung von Gott und Natur und umso mehr vergrößert sich die Distanz, die zwischen diesen und dem Menschen liegt. Heute scheinen Gott und Buddha dicht vor dem Untergang zu stehen. Es wird oft darauf verwiesen, daß die Pflanzenwelt sogar in den großen Städten überlebt, daß man dort noch Kultur und Zivilisation finden kann, und es auch dort Schreine, Tempel und Kirchen gibt. Aber man kann wohl auch sagen, daß Gott sich in eine andere Richtung wendet; daß Er in Wirklichkeit entschwunden ist.

Es hat eine Menge wütender Auseinandersetzungen über Atomwaffen gegeben. Viele Menschen denken: ,,Mein Gott, die Menschheit kann doch nicht so selbstmörderisch und dumm sein, die Bombe wirklich zu zünden. Wenn es hart auf hart kommt, wird Gott sicherlich einschreiten und uns retten. Laßt uns also zu Gott beten." Aber zu Gott zu beten, wird nichts nützen, weil es nirgendwo einen Gott gibt, der unsere Gebete erhört. Ich habe gerade gesagt, daß Gott in eine andere Richtung schaut; Tatsache ist aber, daß von dem Augenblick an, wo der Mensch Gott aus den Augen verlor, kein Gott mehr in dieser Welt existierte. Wie oft wir auch die Schreine und Tempel besuchen mögen, wir können den Krieg nicht vermeiden. Unsere Gebete und unsere Frömmigkeit helfen da gar nichts. Ist es nicht eine unverschämte Annahme, davon auszugehen, daß ,,jemand" uns retten wird? Je mehr wir über Krieg und Frieden diskutieren und argumentieren, umso mehr geht der Frieden verloren. Wenn ich mich wiederholen darf: ,,Wer mit dem Schwert lebt, der soll durch das Schwert umkommen." Das ist eine ewige Wahrheit. Wissen zerstört Gott, Natur und den Menschen.

3. Die Natur erschafft Gott

Man nennt Gott den Schöpfer aller Natur, aber man könnte sich diesen Großen Gott auch als etwas vorstellen, das in Mutter Natur als der Kraft, die ihn erhebt und nährt, verborgen liegt. Das Erscheinungsbild Gottes findet seinen Ausdruck im Erscheinungsbild der Natur; geistige Vorstellungen vom Herzen Gottes könnten so aussehen: es erhebt sich aus dem Inneren der Natur und wird vom Menschen aufgefangen.

So wird der Atem Gottes zur Natur, und das Herz der Natur macht den Mensch zum Menschen. Ursprünglich waren Natur und Gott eins; sie hätten nie voneinander unterschieden werden sollen. Natur, Gott und Mensch teilen ein Herz und ein Leben (die Natur, auf die ich mich beziehe, ist nicht die, von der die Wissenschaftler sprechen, sondern sie ist die wahre Form und das wirkliche Wesen der Natur).

Gott ist auf einmal der Dirigent des von der Natur gespielten Orchesters und ein netter, kleiner Künstler, der in die Natur, die sein Heim ist, hineingeboren wird.

Man kann sagen, daß die Natur, die Gott schuf und hegte und pflegte und sich fortwährend verändern ließ, Zeit, Raum und menschliche Intelligenz transzendiert und daß sie in jeder Welt vollständig und perfekt ist. Das ist so, weil alle Dinge und die gesamte Schöpfung auf Erden und im Himmel immer in Wahrheit, Tugend und Schönheit vereint sind und so eine leuchtende Welt bilden. Und alles in der Schöpfung ändert sich im Einklang mit dem Willen des Himmels und bewegt sich stets geordnet und ohne Irrtum.

Die Natur ist sowohl der Schöpfer des Menschen als auch sein größter Lehrmeister. Sensibilität, Verstand und wirkliches Verständnis für den Menschen können sich nur durch Übereinstimmung mit der Natur offenbaren. Beurteilungskriterien für richtig und falsch, tugendhaft und böse, Besonderheit und Mittelmaß, Schönheit und Häßlichkeit, Liebe und Haß können nicht greifen, wo der Mensch den Großen Weg verläßt, der ihm von der Natur gezeigt wird. Für den Menschen hat es nie einen anderen wahren Weg gegeben, als alles Lebenswichtige von der Natur zu lernen und in Abhängigkeit von der Natur zu leben.

Eine von Gott verlassene Menschheit

Der Mensch hat Gott den Rücken gekehrt und offenbar werden lassen, daß er der einzige Organismus auf Erden ist, der der Natur entfremdet ist. Die Geschichte von der Erbsünde, die die Vorfahren des Menschen begingen, als sie vom Baum der Erkenntnis aßen und dafür von Gott aus dem Garten Eden verwiesen wurden, ist nicht nur eine Parabel von Philosophen des Altertums. Auch in unserer modernen Zeit und in Zukunft kann sie das angeborene Fehlverhalten des Menschen schonungslos offenlegen. Der Mensch entstand auf Erden als Kind der Natur aufgrund natürlicher Evolution. Als er Intelligenz erlangte, hat er sich von der von Gott regierten Natur gelöst und angefangen, in vollem Tempo voranzueilen, ein Ketzer, der den Bogen gegen die Natur spannt.

Diese Menschheit, die sich von Gott abgewendet und Ihn aus den Augen verloren hat, ist unfähig, das Herz von Mutter Natur zu ergreifen. Stattdessen läßt sie ihren Gelüsten freien Lauf und entstellt und ruiniert die Natur wie es ihr gefällt. Mit dieser Abwendung von der Natur schaufelt sie sich ihr eigenes Grab.

Philosophisch gesehen ist klar, daß der Glaube, der Mensch kenne die Natur und könne sie zum Aufbau eines einzigartigen menschlichen Paradieses von noch größerem Reichtum und Glück benutzen, nichts weiter ist als eine selbstgefällige Illusion. Der Mensch, der absolut nichts weiß und sich nicht einmal seiner Unfähigkeit bewußt ist, irgend etwas zu tun, ist lediglich ein Ritter, der gegen Windmühlen kämpft.

Unfähig, selbst die wahre Form der göttlichen Natur zu erkennen, ist die Menschheit auf wissenschaftliche Weise fasziniert von den oberflächlichen Gestalten und Bildern der Natur, die nichts anderes sind als Reflexionen menschlichen Wissens. Die Menschheit kann die Prinzipien im Herzen der Natur nicht kennen, und doch geht er blind mit der Natur um und macht sie zu einem Spielzeug; er spielt mit ihr wie mit einem Ball und gerät dabei außer sich vor Begeisterung.

Die Freude, die dem materiellen Überfluß des modernen Menschen entspringt und der Frieden und das Glück, die er beim Genießen seiner Freiheit empfindet, sind nur relative und zeitweilige Illusionen. Es ist offensichtlich, daß sie sich als kurzlebige Träumereien erweisen werden.

Die Wissenschaftler wissen, daß wissenschaftliche Wahrheit nicht absolute Wahrheit ist, doch sie ignorieren diese Tatsache und glauben, daß die intellektuelle Suche nach Wahrheit direkt mit der Weiterentwicklung und dem Wohlergehen der Menschheit verknüpft ist.

Der Wissenschaftler mag sich gelegentlich um die Zukunft sorgen. Aber weil er glaubt, daß menschliches Wissen, Denken und Tun Manifestationen des göttlichen Willens sind, weil Gott Mensch und Natur erschaffen hat, liegt für ihn die Zukunft der Menschheit ganz in Gottes Hand. Er sieht keinen Grund zur Verzweiflung, weil Gott die Menschheit sicherlich aus der Gefahr erretten wird.

Aber es gibt keine göttliche Errettung für den Menschen, der heute allein dasteht, nachdem er sich von der Natur getrennt und Gott vergessen hat. Und die Zeit liegt lange zurück, in der die Menschheit von einem Erlöser wie Christus errettet werden konnte. Wir sind an einem Punkt angelangt, wo ein einziger Knopfdruck von irgend jemandem — nicht von einem grauenhaften Dämon, sondern eher von einem wohlmeinenden Wissenschaftler oder einem wankelmütigen Politiker, einem Soldaten oder einem defekten Roboter — genügt, die Erde zu zerstören. Wenn nicht die gesamte Menschheit die Geschichte von der Erbsünde annimmt und ihren Kurs ändert, wird der Mensch weiter unaufhaltsam seiner Zerstörung entgegenhasten.

Die Zeit ist reif, uns selber ernsthaft zu fragen, was der Mensch ist und warum er, indem er sich von der Natur löste und sich von anderen Lebewesen trennte, anfing, einen eigenen Weg einzuschlagen. Die schwierigste Frage, mit der man zu Beginn einer solchen Betrachtung konfrontiert sein wird, ist die, ob sich definieren läßt, was menschliches Wissen und Denken sind. Die Frage wird lauten: ,,Was weiß dieses Tier, das man Mensch nennt, und was kann es überhaupt wissen?''

Der Wissenschaftler glaubt, er wisse, was der Mensch ist. Oder er glaubt zumindest, es sei möglich, das zu wissen. Aber er geht davon aus, daß diese Fragen nur durch biologische oder geisteswissenschaftliche Forschungen geklärt werden können.

Er merkt nicht, daß man noch nicht einmal dann zu einer grundsätzlichen Antwort kommt, wenn man die Geschichte um die Geburt des Menschen untersucht, den Menschen als Organismus anatomisch auseinandernimmt und das Denken und die Kultur, die Auswüchse seines Menschseins sind, erforscht.

Das ist so, weil die Menschheit mit der Frage: ,,Was ist der Mensch?'' in Wirklichkeit die Fragen gestellt hat: ,,Was ist dies Ding, das man Mensch nennt?'' und ,,Was ist dieser fragende Geist?'' Es sieht so aus, als wären dies

Forschungen, die um den Menschen kreisen, aber das sind sie nicht. Die wirklichen Fragen sind folgende: „Warum hat sich der Mensch als ‚Mensch' gesehen? Wann sah sich der Mensch zuerst in die Lage versetzt, sich darüber Gedanken zu machen, was er ist und warum?"

Der Fuchs und der Dachs wissen, was sie sind und wandern trotzdem nicht in ständiger Suche nach sich selbst umher. Woran liegt es dann, daß nur der Mensch sich in der Suche nach sich selbst verliert? Wie kommt es, daß die Insekten nie Zweifel und Widerwillen gegen ihr Wesen als Insekten empfinden, und nur der Mensch nicht in der Lage ist, zufrieden zu sein? Wann kam es dazu? Solange dieses Rätsel nicht gelöst ist, wird man nicht behaupten können, daß der Mensch sich selbst kennt. Bis zu diesem Tag wird die Saat menschlichen Zweifels fortbestehen.

Das erste und größte Problem für den Menschen besteht darin, zu überdenken, wann und wie die grundsätzlichen Konzepte entstanden sind, die notwendig waren, um menschliches Denken und menschliches Zweifeln in eine Form zu bringen. Das läuft auf die Frage hinaus, wann und warum sich der Mensch an den Vorstellungen von Raum und Zeit festbiß, die den Grundrahmen der begrifflichen Welt des Menschen ausmachen.

Der Mensch glaubt, Zeit und Raum genau zu verstehen, aber er sollte wissen, daß er Raum und Zeit nicht so wahrnimmt, wie sie wirklich sind.

Ich möchte hier zwei Tatsachen noch einmal betonen: in dem Moment, in dem der Mensch die wahre Natur von Raum und Zeit aus den Augen verlor, trennten sich seine Wege von denen anderer Lebewesen; die grundsätzliche Annahme, daß die Menschheit ins Verderben treibt, hat ihren Ursprung in der irrigen menschlichen Vorstellung von Raum und Zeit.

Gott kennt weder Raum noch Zeit

Wissenschaftler glauben, das Wesen der Zeit zu kennen und in der Lage zu sein, Dimensionen wie Raum, Fläche, Größe, Entfernung genau zu messen und zu verstehen. Der Beweis hierfür, behaupten sie, liegt darin, daß der Mensch sein Wissen über Raum und Zeit dazu benutzen kann, mit Erfolg Raketen abzuschießen und Satelliten in die Umlaufbahn zu bringen.

Aber, obwohl Raum und Zeit, wie sie von der Wissenschaft wahrgenommen werden, die Basis bilden, die den Vorstellungen des menschlichen Denkens zugrunde liegt und obwohl Raum und Zeit die fundamentalen Werkzeuge sind, mit deren Hilfe naturwissenschaftliche Wahrheiten abgesichert werden, so weisen sie doch nicht auf die wahre Form von Raum und Zeit in der Natur und machen auch keinen Gebrauch von ihr.

Raum und Zeit, wie sie vom Menschen angesehen und interpretiert werden, sind immer auf Vorstellungen des menschlichen Denkens aufgebaut und haben nur in der menschlichen Welt Gültigkeit (Kant nennt sie *a priori-Begriffe*). Mit anderen Worten, die absolute Raum-Zeit in der Natur ist Gottes Zeit; sie hat keine Form und Gestalt und kann nicht konkret ausgedrückt werden. Sie ist vollkommen verschieden von der Zeit, die der Mensch benutzt.

Die Zeit, die ein Insekt kennt, ist nicht dieselbe wie die zeitliche Dimension, die wir fein säuberlich in festgelegte Einheiten unterteilen. Für ein Insekt ist ein Augenblick eine unendliche Zeitspanne. Wie klein auch immer der Raum sein mag, den ein einzelner Baum oder Strauch einnimmt, so bewohnt er doch einen großen, grenzenlosen Raum. Selbst wenn es den Wissenschaftlern, die dies nicht wahrhaben wollen, nach langen Mühen gelänge, mit Raumschiffen in den Kosmos zu fliegen, würden sie damit den Nebel von Zweifel und Argwohn weiter verbreiten und so die Menschheit in ein kleineres Universum einsperren. Aber sie sind sich dessen weiterhin nicht bewußt. Sie haben noch nicht mitbekommen, daß man ein grenzenloses Universum und endlose Zeit am heimischen Herd finden kann. Stattdessen machen sie sich auf die Suche nach einem Ort, an dem man in Frieden leben kann und werden zu nichts anderem als zu Wanderern durch das Universum.

Man sollte betonen, daß es in den Augen Gottes kein ,,schnell" oder ,,langsam" gibt, obwohl in der Zeit der Natur ,,kurz" und ,,lang" existieren könnten; vielleicht erscheinen im Raum der Natur die Begriffe ,,groß" und ,,klein", aber es gibt kein ,,breit" oder ,,eng". Groß und klein, viel und wenig — das sind lediglich irrige Vorstellungen des Menschen. Weil vom Menschen wahrgenommener Raum und wahrgenommene Zeit nicht absoluter Raum und absolute Zeit sind, sondern nur wissenschaftliche Vorstellungen von Raum und Zeit, verändert sich ihr Wert ständig und Raum und Zeit werden zu etwas, auf das der Mensch bauen kann.

Der Mensch muß erkennen, daß Geschwindigkeit und Reichweite der Düsenflugzeuge, die ihm so wichtig sind, aus der Sicht der kosmischen Zeit, die in Millionen von Lichtjahren gemessen wird, nur ein kurzes Aufblinken des Lichts ist, und daß das kurze Aufblitzen eines verrückten Traumes eines Einsiedlers in seiner Dauer mit Millionen Lichtjahren konkurrieren kann.

Was ist es dann, das der Mensch Raum und Zeit genannt hat? Was ist es, das er benutzt und über das er Tränen der Freude und der Trauer vergossen hat? Für den Menschen sind die Jahrzehnte des Lebens, die hinter ihm liegen, weniger wertvoll als der heutige Tag, und sie können nicht einmal gegen einen Tag der Zukunft getauscht werden. Das heißt, daß der Mensch Raum und Zeit in keiner Weise im Griff hat oder sie kontrollieren kann. Er wird nur durch Ideen von relativem Raum und relativer Zeit hin und her geworfen und dazu gebracht, auf der illusorischen Bühne von leerer Zeit und leerem Raum zu tanzen. Grundsätzlich spielen die Vorstellungen von Raum und Zeit für die wahre Freude und das Glück des Menschen keine direkte Rolle. Sie dienen stattdessen dazu, ihn in Ketten zu legen und zu peinigen.

Die Wissenschaft hat die Zeit kategorisiert, sie in Vergangenheit, Gegenwart und Zukunft unterteilt. Sie hat Kalender und Uhren erfunden und durch die Einführung von Begriffen wie ,,kurz" und ,,lang", ,,früh" und ,,spät", ,,nahe" und ,,fern" den Menschen von der Zeit der Ewigkeit entfernt. Der Mensch hat sich selbst an einer Stelle des unendlichen Raums festgebunden und dort ein Gerüst von Begriffen wie ,,groß und klein", ,,weit und nah", ,,Oberfläche und Körper" eingeführt. Mit dem Wissen über das Ausmaß der Dinge hat sich der Mensch Gedanken über ,,groß und klein", ,,viel und wenig" gemacht; als er ,,Breite" und ,,Qualität" kennenlernte, sah er sich mit der Qual der wachsenden Begierden konfrontiert.

Der einzige Weg, den wahren Raum und die wahre Zeit kennenzulernen, besteht darin, inmitten absoluter Zeit zu leben, die das Raum/Zeit-Kontinuum transzendiert.

Der letzte Weg, der der Menschheit bleibt

Der Mensch ist davon überzeugt, daß er in der Lage sein wird, die makrokosmische Raumzeit in den Griff zu bekommen, weil er angefangen hat, mit Hilfe der Raumfahrtwissenschaften in die Weiten des Weltraums zu fliegen. Und weil die Menschen glauben, die Biologie zeige, wie die Wurzel des Lebens in winzigen Zellen liegt, haben sie sich voll und ganz solcherlei Forschungen verschrieben.

Von einem Punkt jenseits des Raum/Zeit-Kontinuums aus gesehen, gibt es jedoch kein ,,makro" und kein ,,mikro". Die Wurzel des Lebens liegt nicht in Zellen oder in Nukleinsäure. Noch ist es Materie, die aus den Sternen im Kosmos auftaucht und von schwarzen Löchern absorbiert wird. Das wirkliche Leben läßt sich nicht innerhalb der natürlichen Welt, die Gegenstand naturwissenschaftlicher Untersuchungen ist, finden. Eher liegt es in einer Welt, die über die Vorstellungen menschlichen Todes und Lebens und die Dinge und physischen Körper, von denen diese Vorstellung ausgeht, hinausgeht. Bei der Suche des Menschen nach dem Leben muß der Verzicht auf die intellektuellen Vorstellungen vom Leben Vorrang haben, aufgrund derer er zwischen dem, was lebt und dem, was tot ist, unterscheidet.

Glauben die Biologen wirklich, sie könnten durch das Studium der Evolution und Entwicklung der lebenden Dinge in die Lage versetzt werden, die Struktur des Universums zu bestimmen und die Frage zu erhellen, wie Leben entstanden ist? Anstatt das Leben selber zu studieren, jagen sie nur seinen Fußstapfen und seinen Schatten nach.

Nachforschungen nach dem Leben müssen darin bestehen zu wissen, welches Drama das von Gott geschaffene Leben auf der Bühne der Natur gespielt hat. Sie müssen sich eingehend damit befassen, wie dieses Leben lustig und vergnügt umhertollte und Freude, lebendig zu sein, erlangte. Die Biologen, die nicht in der Lage sind, der Musik, die von Gottes Orchester gespielt wird, zuzuhören, und die keinerlei Verwunderung über die Schönheit Gottes, der auf einer großartigen Bühne tanzt, empfinden, machen nur Studien über die Requisiten und die zerbrochenen und ausrangierten Instrumente, die herumliegen; sie begnügen sich mit einem oberflächlichen Blick auf das Leben.

Der Wert des Wirkens des Lebens kann nicht mit dem Zollstock von Zeit und Ausmaß gemessen werden. Die Freude und das Glück, die dem Leben entspringen, kann man nicht durch Vorstellungen von Raum und Zeit erfassen.

Wenn Gott der wahre Kern des Lebens ist, dann sind die Biologen, die denken, sie studierten das Leben, in Wirklichkeit nur dabei, die Ruinen, das Wrack des Lebens zu sezieren.

Die Genetiker wissen heute, daß durch die Nukleinsäuren DNS und RNS im Zellkern genetische Informationen übermittelt werden. Sie glauben, daß durch die Aufklärung dieses Mechanismus' der Mensch das Rätsel des Lebens lösen und seine wirkliche Natur greifen kann. Anstatt jedoch, wie sie glauben, bei der Lösung dieses Rätsels mitzuwirken, tragen die Wissenschaftler nur dazu bei, das freie Spiel des Lebens zu behindern und das Leben der Natur zu stören. DNS ist keine Apparatur, die Informationen erzeugt und auf den Weg bringt. Man sollte es sich eher als eine vorübergehende Relaisstation vorstellen, die von Gott Informationen über das Leben auffängt und an das nächste Informationssystem weiterleitet.

Der Mensch behauptet, das wahre Wesen der Elektrizität in der Natur sei bekannt geworden, als Wissenschaftler die Elektrizität und Möglichkeiten, sie per Kabel zu übertragen, entdeckten. Genauso wird der Mensch behaupten, er habe die Fähigkeit, die Schöpfung von Leben nach seinen Wünschen zu regulieren, wenn er entdeckt, wie Gene übermittelt werden, wenn er Methoden entwickelt, mit denen man Gene nach Belieben kombinieren kann und in der Lage ist, verschiedenartige neue und ungewöhnliche Organismen zu erschaffen. Wenn der Mensch beginnt, Gene von Affen in menschliche Gene und Gene von Mäusen in die von Affen einzupflanzen, wenn er erst einmal fähig ist, ein Geschöpf zu erschaffen, das halb Affe und halb Mensch ist oder die Persönlichkeit einer Maus auf einen Affen übertragen kann, dann hat er sicherlich gelernt, wie man mit dem Leben der Organismen spielt; das heißt jedoch nicht, daß er dann das wahre Leben des Menschen oder des Affen begriffen hat.

Die Freude des menschlichen Lebens bedeutet den großen Affen nichts; der Mensch kann den Gorilla oder den Schimpansen nicht anerkennen, der doch eine ebenso große Ähnlichkeit mit ihm hat wie seine eigenen Kinder; und würde es dem Affen wohl gefallen, wenn er mit der piepsigen Stimme einer Maus ausgestattet würde? Die Wissenschaftler machen einen haarsträubenden Fehler bei der Suche nach der wahren Bedeutung und dem Wert des Lebens.

Der Wert des Lebens liegt nicht darin, daß der Mensch es besitzt. Der wahre Wert des Lebens manifestiert sich nur da, wo das Leben leben darf und mit ganzem Herzen lebt. Es geht nur darum, daß das Leben voll und mit allen Konsequenzen gelebt wird.

So wie der Wert des Menschen nichts damit zu tun hat, ob er zwei, sechs oder acht Arme und Beine hat, so entspringen die Vermutungen der Wissenschaftler, daß Lebensdauer und Vorhandensein oder Nichtvorhandensein von genetischen Mutationen eine direkte Auswirkung auf die Würde des menschlichen Lebens haben, nur ihrer dogmatischen Sichtweise.

Der Wissenschaftler hat der Entwicklung der Gen-Manipulationen mit derart hohen Erwartungen entgegengesehen, weil er glaubt, daß die Qualität der menschlichen Eigenschaften von der Qualität der menschlichen Gene kontrolliert wird. Aber das liegt auf der gleichen Bedeutungsebene, wie wenn jemand ein Make-up aufträgt, um seine Gesichtsfarbe zu verändern, oder wie wenn jemand sich einer kosmetischen Behandlung oder einem schönheitschirurgischen Eingriff unterzieht, um die Form seiner Nase oder die Länge eines Beins zu verändern.

In der Natur selber gibt es keine Unterscheidungen zwischen besser und schlechter. Urteile über die Vorzüglichkeit menschlicher Eigenschaften und über Tugend und Bösartigkeit werden nur vom menschlichen Standpunkt aus gefällt. Die Konsequenz daraus ist, daß alle Vorstellungen des Menschen sich als Fälschungen und Lügengeschichten erweisen. Die Genmanipulationen des Menschen unterscheiden sich in keiner Weise vom Verhalten eines Affen, der sich dabei amüsiert, den Menschen zu imitieren und sich mit kosmetischen Produkten vollzuschmieren.

Wie neu und außergewöhnlich eine Form von Leben, die der Wissenschaftler erschaffen zu haben glaubt, auch sein mag, diese Schöpfung bleibt ein selbstgefälliges Werk des Menschen und kann nie eine höhere Form des Lebens werden, das in der Natur lebensfähig ist. Anders gesagt, die Wissenschaftler haben es nicht fertiggebracht, den Kern des Lebens auch nur annäherungsweise zu berühren.

Obwohl es dem Wissenschaftler freizustehen scheint, mit den biologischen Phänomenen des Lebens zu spielen und in Träumen zu schwelgen, ist es doch klar, daß diese willkürliche und pervertierte Sicht des Lebens bedauerliche Veränderungen hervorrufen und dem Chaos im Reich der Natur Tür und Tor öffnen wird. Das Auftauchen eines einzigen abnormalen Mikroorganismus' könnte die menschliche Rasse in Gefahr bringen.

Die Leute glauben, daß der Mensch die Fähigkeit besitzt, zwischen normal und abnormal zu unterscheiden. Aber ebenso wie selbst der größte Physiker nicht wissen kann, was wirklich normal und was krankhaft ist, ist dem Menschen nicht die Fähigkeit verliehen worden, korrekt zwischen wahrer Natur und dem, was unnatürlich ist, zu unterscheiden. Diese Frage gehört in eine Sphäre, die jenseits der Felder von Medizin und Naturwissenschaft liegt.

Waffen werden durch Waffen, und Wissen wird durch Wissen zerstört. Wenn der Mensch, der sich seiner eigenen Unwissenheit nicht bewußt ist, auf sein Wissen stolz ist und sich vor Einbildung aufplustert, weil er glaubt, die Fähigkeit zu besitzen, die Geheimnisse aller Dinge enträtseln und mit seiner Intelligenz die Natur und das Leben frei kontrollieren zu können, dann wird er sich mit eben dieser Intelligenz selbst zerstören.

Obwohl ich nur ein dummer, wenig redegewandter Bauer bin, bin ich sicher, daß das Folgende stimmt:

Wir brauchen nur natürlich, in Übereinstimmung mit der Natur zu handeln.
Es gibt keinen anderen Weg für uns, als mit vollem Herzen und ganzer Seele nach der wahren Natur und dem wahren Gott zu suchen.
Das ist der letzte Weg, der der Menschheit bleibt.

Ich bin durch natürliche Landwirtschaft zur Natur zurückgekehrt. Das ist der einzige Weg, den es für mich gab.

Ode eines Bauern

Wie viele Jahre bin ich durch diese Welt gewandert, wo auf der Suche nach Gewißheit nichts dasselbe bleibt.
Am Ende eines langen, dunklen Weges liegt ein Kloster auf dem Gipfel des Berges.
Den gewundenen Pfad durch einen Wald dunkler Zypressen steige ich empor.
Eine Nonne tritt heraus, um mich mit einem warmen Lächeln zu begrüßen, die Laterne in der Hand.
Jetzt weiß ich, wo die Wanderungen meines Herzens enden.
Hier liegt die Heimat meiner Seele.

Über dem Zypressenwald geht die Morgensonne auf.
Wenn sich die Morgennebel auflösen, erstrecken sich die fruchtbaren Ebenen von Kyushu vor mir.
Den stillen Lauf der Zeit reflektierend, fließt der Imarifluß ohne Ende in die westliche See.
Der wolkenlose azurblaue Himmel läßt Momente der Ewigkeit sehen. Jetzt weiß ich, wie groß das Herz Gottes ist.
Oh, die Liebe des Herrn; wie kostbar die Hand der Schöpfung.

Die Himmel sind der Sitz Gottes,
die, die die Erde darunter bestellen, sind gesegnet.
(Kommt, laßt uns mit Freuden dem Herrn dienen).
Der Gesang der Vögel auf den Feldern lobpreist Gott.
Die Rapsblüten sprechen von Ihm.
Die Quelle, die aus der Erde entspringt, murmelt ewige Wahrheiten.
Dieser Tag... ein unendliches Leben.

Wenn der letzte Strahl der untergehenden Sonne
das Kreuz auf der Kapelle berührt.
Verkündet die Abendglocke das Ende eines Arbeitstages. Ich danke Gott
für seine Segnungen.
(Jetzt kann ich in Frieden ruhen).

Kapitel IV

Eine wahrhaft grüne Revolution

1. Wir müssen die Wüsten aufhalten

In Fernsehprogrammen über China und Korea habe ich gesehen, daß die Berge dort nicht wie in Japan mit grünen Wäldern bedeckt sind. Einige südkoreanische Regierungsmitglieder, die zu einem Kabinettsbesuch in Japan waren, haben mir einmal auf ihrem Rückweg von Tokyo einen Besuch abgestattet. Ich sprach mit ihnen eine Weile über Akazien, sie nahmen einige Mimosensamen mit (die Mimose ist eine Akazienart) und sagten, daß sie diese auf den kahlen Berghängen Koreas pflanzen wollten.

Ich habe gehört, daß auf den koreanischen Bergen in letzter Zeit wieder Bewuchs ist, in Fernsehausschnitten über die chinesische Mauer und die Seidernstraße habe ich aber gesehen, daß in diesen Gegenden die Situation schon so ist, daß überhaupt keine Bäume mehr da sind. Auch in Afrika legen Kinder weite Strecken zurück und nehmen große Mühen auf sich, um Bäume zum Fällen zu finden. Aber sie machen einfach weiter und fällen, was noch steht. Das erklärt, warum Gebiete, wo einst dichte Wälder standen, sich in kahle Hügel verwandelt haben.

Z.B. Brasilien: seitdem die japanischen Handelsgesellschaften begonnen haben, die Regenwälder am Amazonas zu fällen, um Reis anzubauen, sind die Wälder zu Wüsten geworden. Tatsächlich fangen die japanischen Siedler an, sich darüber Sorgen zu machen und sind sogar zu mir gekommen, um sich Rat zu holen und zu fragen, ob es möglich wäre, dort meine Methoden zu praktizieren. Die dichten Wälder Thailands und anderer Teile Südost-Asiens, die bis vor kurzem als ein großer Holzschatz angesehen wurden, werden zerstört. Zurück bleibt ein verwüstetes Land. Die weltweite Zerstörung der Vegetation hat solche Ausmaße angenommen, daß Baumpflanzkampagnen offensichtlich nicht mehr ausreichen.

Welche Schritte sollten also unternommen werden, um diesen Trend zu bremsen? Ich glaube, daß man sich ensthaft Gedanken über wirksame Methoden machen muß, die das Vordringen der Wüste stoppen. Die gegenwärtigen Aktionen bestehen hauptsächlich aus Bewässerung oder Dammbau.

Ich glaube, daß das Problem, das wir zu lösen haben, darin besteht, die geeigneten Mittel zu finden, um die Vegetation zu schützen. Den betroffenen Ländern Leute zur Verfügung zu stellen, die Bäume pflanzen, Geld geben und andere Hilfeleistungen für die Konstruktion von Dämmen und Bewässerungssystemen zu erbringen, sind Maßnahmen, die sich eher auf die Folgen als auf die Ursachen des Problems richten.

Obwohl ich nicht bezweifeln möchte, daß auch dies notwendig sein mag, ist das Dringlichste, einen grundsätzlichen Weg zu finden, um die Verwüstung zu stoppen. Ich glaube, wir müssen damit anfangen, die wirklichen Gründe dafür, warum diese Länder sich in Wüsten verwandelt haben, ans Licht zu bringen, und wir müssen diese Übel an der Wurzel packen.

Ich habe viele Orte gesehen, z.B. das Zen-Zentrum in *Green-Gulch*, wo Versuche unternommen werden, die Verwüstung mit Hilfe der natürlichen Landwirtschaft aufzuhalten. Vor einigen Jahren bekam ich einen Brief vom Zen-Zentrum, in dem stand, daß die Samen der *japanischen Zeder*, die ich dem Leiter des Zentrums gesandt hatte, gut angegangen waren, und daß einige hundert junge, ein oder zwei Meter hohe Baumstämme auf den umliegenden Hügeln wachsen. Ich hatte diese Samen nach meiner Rückkehr aus den Vereinigten Staaten 1979 geschickt, weil ich glaubte, daß *japanische Zedern* besser wachsen würden, als die enormen ,,Redwoods" (Sequoia sempervirens, Zypressenart) mit ihren schwachen Wurzeln, die ich in *Glacier Forest* gesehen hatte.

Der Leiter des Zentrums starb 1983. Vor seinem Tod sagte er seiner Zuhörerschaft: ,,Nehmt die Samen von Herrn Fukuoka als seine Seele. Pflanzt sie sorgfältig." Als ich das Zentrum 1979 besuchte, hatte ich vorgeschlagen, daß der Fuß der umgebenden kahlen Hügel mit japanischer Zeder bepflanzt werden sollte, die Bergseiten mit japanischen Zypressen und die Gipfel mit japanischen Pinien. Dazwischen sollten Gründüngungs- und Obstbäume aller Art stehen. Seine Schüler scheinen den Wiederaufforstungsplan, den ich für sie aufgestellt habe, sorgfältig ausgeführt zu haben. Ich habe auch gute Nachricht erhalten von einer Gemeinschaft junger Leute in der trockenen Region der *Upperlake Berge*, die versuchen, mit natürlicher Landwirtschaft zu überleben. Sie berichten, daß es ihnen gelungen sei, *Daikon*-Rettiche, Gurken, Kürbisse, Tomaten und andere Gemüse zu ziehen. Aber ich denke mir, daß sie noch einen langen Weg vor sich haben, bevor ihre Bemühungen wirklich Erfolge genannt werden können. Im Moment sind sie kaum in der Lage, genug Nahrung anzubauen, um davon zu leben, deshalb können sie noch nicht die Vegetation auf dem Land ringsumher wieder herstellen. Ich glaube, wie sehr wir die Verluste der Vegetation auch beklagen und Kampagnen durchführen, um unsere Natur zu schützen, wir können nichts anfangen, bevor wir nicht eine genaue Vorstellung davon haben, wie wir das Vordringen der Wüste stoppen und das Land wiederbeleben können.

Länder mit Wüsten müssen gezielte Forschungen darüber anstellen, wie sie dem Voranschreiten der Wüste Einhalt gebieten können. Der Glaube an herkömmliche Wege, die auf große öffentliche Arbeiten wie die Konstruktion von Dämmen und Bewässerungssystemen zielen, scheint schwächer zu werden. Zumindest habe ich diesen Eindruck gewonnen, als mich ein Beamter des Umweltprogramms der Vereinten Nationen zur Bekämpfung der Verwüstung einlud, das Problem mit einigen japanischen Bauern und anderen damit befaßten Leuten zu diskutieren. Ich glaube, er hat in den Ideen, die der natürlichen Landwirtschaft zugrunde liegen, etwas gesucht, was helfen könnte, die Verwüstung zu bekämpfen. Bevor wir versuchen, die Natur wiederzubeleben, müssen wir klar bestimmen, warum die Natur zu Grunde ging. Wir müssen eher lernen, wie wir *nicht töten*, und nicht, wie wir *erlauben zu leben*. Dauernde Anstrengungen, die Natur zu schützen, ohne die Gründe der Zerstörung zu beheben, sind sinnlos.

In Kalifornien habe ich gelernt, daß, obwohl uns die Wissenschaft lehrt, der Regen falle vom Himmel, er in einem metaphysischen Sinne vom Boden aufsteigt. Um die Vegetation wiederzubeleben, müssen wir daran denken, daß die Gräser nicht wachsen, weil wir ihnen Wasser geben. Wenn Gräsern und Bäumen erlaubt wird zu wachsen, verdunsten sie Wasserdampf und oben bilden sich Wolken.

Der Hauptgrund, warum Gras nicht wächst, hat nichts mit Wasser zu tun. Der Mensch ist der Grund. Ich glaube, die Wurzel des Übels ist, daß der Mensch sein menschliches Wissen eingebracht hat, zum Beispiel pflügt er das Land und verbrennt die Vegetation. Es tötet die Gräser, die auf der Oberfläche wachsen, wenn man sie unterpflügt oder verbrennt. Was passiert, wenn man die Vegetation ohne Samen wiederherstellen will? Wird das Land auch nur einer Pflanzenart beraubt, so wird das Ökosystem gestört, und die Folgen breiten sich grenzenlos weit aus. Ein kleiner Anlaß löst eine Panne in der Biosphäre aus, die zu Chaos führt.

Tausende von Jahren Brandrodungs-Landwirtschaft und das in den letzten Jahrtausenden weit verbreitete Brennen von Erde, um Ziegel für Häuser, Tempel und andere Gebäude herzustellen, hatten enormen Einfluß auf die Biosphäre. Heute wie früher verändert das Weiden von Kühen, Pferden und Schafen die Vegetation und zerstört das Land.

Seit einiger Zeit führe ich ein abgeschiedenes und einsames Leben, und ich tue kaum mehr, als einfach das Wachstum und die Veränderungen in meinem Obstgarten auf dem Berg zu beobachten. Als ich mich weigerte, den halb wilden Daikon-Rettich, der am Fuße der Bäume wuchs, herauszuziehen, schalt mich jeder in der Familie. Sie dachten, ich sei geizig.

Die Straße teilt sich in zwei, wenn man eine einzige Pflanze wegnimmt oder einen einzigen Grasstengel oder einen einzigen Strohhalm. Der eine Weg führt zur wissenschaftlichen Landwirtschaft und zerstört die Erde, der andere führt zur natürlichen Landwirtschaft, die den Boden wiederbelebt.

Meine Erfahrung nach Jahren der Beobachtung auf meiner natürlichen Farm hat mich gelehrt, daß es die Fruchtbarkeit des Bodens zerstört, wenn man irgendwelche Tiere, die größer sind als Hühner — z.B. Kühe, Pferde, Ziegen oder Schafe — auf einer Farm, die dafür nicht groß genug ist, grasen läßt. Zu vielen Hühnern das Scharren auf dem Land zu erlauben, ist auch schädlich. Streng genommen hat sogar ein selbstgenügsames Leben in der Hütte einen negativen Einfluß, wie sorgfältig auch alle menschlichen Ausscheidungen und die Asche vom Herdfeuer zur Erde zurückgeführt werden. Der schnellste Weg, das Land zu verbessern, ist, Samen aus Gründüngung und Gemüse zu säen und den Platz unbewohnt zu lassen. Alles was man je tun mußte, war, Gründüngungsbäume zwischen die Obstbäume zu pflanzen und nur einmal Gründüngung und Gemüse zu säen. Der Mensch und große Haustiere sind die Feinde des Bodens.

In einem Sommer vor einigen Jahren kam ein Professor von der Universität Kalifornien nach Japan. Er war auf der Suche nach natürlichen Feinden der Zitruspest. Er besuchte die Farm mit drei Japanern, einem Beamten des Landwirtschaftsministeriums, einem Spezialisten vom landwirtschaftlichen Testinstitut und einem Universitätsprofessor. Ich schlug ihnen vor, unter den Bäumen meines Obstgartens zu suchen. Binnen zehn Minuten fanden sie auf dem zweiten Baum, den sie untersuchten, eine Fliege, die der natürliche Feind einer häufigen Insektenplage in Amerika ist. Meine Besucher sammelten etliche Exemplare dieser Fliege und zogen erfreut von dannen. Bevor er ging, sagte der Amerikaner: ,,Mit Hilfe dieser Fliegen sind wir vielleicht in der Lage, in Kalifornien Orangen ohne Pestizide anzubauen." Alle jene Jahre natürlicher Landwirtschaft ohne Pestizide erwiesen sich in einer unerwarteten Weise als nützlich.

Die Tatsache, daß es diese Fliege in meinem Obstgarten gibt, bedeutet, daß der Obstgarten endlich zu seinem natürlichen Zustand zurückkehrt und anfängt, sich selbst zu erhalten. Ich überließ den Obstgarten ohne Pestizide Jahrzehnte lang ziemlich sich selbst. Eine Zeitlang sah es sogar so aus, als würde er eingehen, aber der Boden wurde besser und die Vegetationsdecke allmählich dichter. Als die Natur anfing, sich hier wieder zu etablieren, begannen die Obstbäume und das Gemüse ohne Dünger zu wachsen. Weil keine Pestizide verwendet wurden, tauchten verschiedene natürliche Feinde auf, und die Bäume fingen an, schöne Früchte zu tragen. Tatsächlich hat mein Obstgarten besseres Obst hervorgebracht als der benachbarte Obstgarten, wo Pestizide gespritzt werden.

In diesem Prozeß der sich selbst regenerierenden Natur liegt das Geheimnis für einen Weg gegen das Vordringen der Wüste. Ich möchte das erklären: Land, das von Vieh abgegrast und von Bauern bearbeitet wird, wird schwächer, und die Artenvielfalt wird geringer. In einer ,, Nichtstun"- Landwirtschaft jedoch, die weder Ziel noch Zweck verfolgt, können Lebewesen aktiv und harmonisch gedeihen. So sollte es sein, ist das nicht faszinierend? Aber wenn der Mensch kommt und die Gräser abschneidet, dann säen sie sich nicht aus, und wenn er Früchte und Gemüse erntet, fallen die Samen davon nicht auf den Boden.

Entscheidend ist also, ob die Zahl der Samen zu- oder abnimmt.

Dies zeigt mir noch einmal, daß meine Art, nach einem Weg zu suchen, dem Fortschreiten der Wüste in Kalifornien Einhalt zu gebieten — ich hatte mit der Aussaat der Samen verschiedener Pflanzenarten begonnen — nicht falsch war. Was ich tat, war, die Samen vieler unterschiedlicher Gemüsearten, Getreidekörner und Gründüngungspflanzen zu mischen und diese Mischung über dem Land auszustreuen. Dies mag als unordentliche und sehr verschwenderische Methode erscheinen. Der Wissenschaftler denkt zweifellos, daß Verschwendung zu Mißerfolg führt. Aber ich denke genau das Gegenteil. Wenn man mit der Natur experimentiert, wird einem schnell klar, daß acht oder neun von zehn Dingen nicht so verlaufen, wie man erwartet hat. Wenn man einen völligen Mißerfolg hat, bedeutet das, daß die Erwartungen nicht mit der Realität übereinstimmen. Das Experiment lehrt einen etwas vollkommen Unerwartetes, etwas Neues und Wichtiges. Darum war ich, als ich einen totalen Mißerfolg erlebte, über den sich die Menschen um mich herum ausschütteten vor Lachen, nicht enttäuscht.

Ich habe ziemlich wenig „ernsthafte Anstrengungen" in irgendeine Art von Forschung gesteckt. Stattdessen habe ich so gut ich konnte versucht, nichts zu tun und meine Fehlschläge genau zu beobachten.

Alles was ich wirklich getan habe, ist Samen zu auszusäen.

▌ Alles fängt damit an, Samen zu säen

Natürliche Landwirtschaft beginnt mit der Frage, wann man welche Samen sät. Bei Reis und Getreide ist die erste Überlegung, an welchem Tag man die Samen säen sollte. Das scheint leicht zu sein, aber den richtigen Zeitpunkt zu erwischen, ist schwierig. Zum Beispiel Gerste: obwohl man sagt, die Aussaatzeit liegt zwischen September und November, sind nur drei Tage wirklich optimal. Mit der Ernte ist es das Gleiche, auch dafür ist eine Periode von drei Tagen entscheidend. Eine Woche zu früh bedeutet einen Verlust von zehn Prozent. Das ist jedoch noch besser, als zu spät dran zu sein. Wenn die Ernte eine Woche zu spät ist, ist die Gerste überreif, die Ähren biegen sich, ein Verlust von 20 Prozent ist die Folge. So groß ist der Unterschied. Der Grund dafür, daß die japanischen Bauern während der Zeit der Reissaat und der Getreideernte im Frühjahr so fieberhaft umhereilen, ist, daß sie befürchten, die beste Zeit zu verpassen.

Wenn man diese Dinge jedoch der Natur überläßt und ruhig beobachtet, wie der Reis reift und der Same natürlich zu Boden fällt, dann wird klar, daß der natürliche Prozeß des Säens sich über einen langen Zeitraum vom Winter bis zum Frühling erstreckt. Wenn man dies weiß, kann man nicht mehr mit Sicherheit sagen, wann man in der natürlichen Landwirtschaft Reis säen sollte. Der Reis könnte an jedem vom hundert Tagen gesät werden. Er könnte am

Ende des Jahres gesät werden, im Januar oder auch im März, April oder Mai. Wenn man aber vorhat, den besten Reis der Welt anzubauen, dann bringt die Wintersaat die besten Erträge. Der einzige Nachteil ist, daß der Anbau von Winterreis viele Probleme mit sich bringt. Dieser Reis ist am schwierigsten anzubauen und erfordert peinlich genaue Methoden. Drei Tage können alles verändern, fünf Tage sind die Grenze und wenn man zehn Tage zu spät ist, ist alles zu spät. So sehe ich es.

Gemüse wie *Daikon*-Rettiche wachsen, wann immer man sie sät. Aber wenn man vorhat, besseren Daikon zu produzieren, als der, der mit wissenschaftlichen Methoden möglich ist, dann wird man zur rechten Zeit und am rechten Ort für die Natur pflanzen müssen, und das ist schwieriger als wissenschaftliche Landwirtschaft.

Ich kann etwas über den rechten Ort und die rechte Zeit sagen, in der natürlichen Landwirtschaft zu säen, aber weder ich, noch irgend jemand anders ist in der Lage, wirklich präzise Angaben zu machen. Es ändert sich mit der Zeit, dem Ort und dem Jahr. Die Natur löst das Problem mit der Zeit, indem sie zum optimalen Zeitpunkt eine große Zahl Samen aussät. Ich kann jedes Jahr Gemüse ernten, weil ich die Pflanzen blühen lasse und so ermögliche, daß große Mengen Samen auf natürliche Weise zu Boden fallen.

Die Samen, die zum Beispiel unter einer einzigen vier Jahre alten Akazie zu Boden fallen, gehen in die Hunderttausende und Millionen. Aber meist wachsen nicht mehr als ein oder zwei Bäumchen aus diesen Samen.

Die Chancen, zu überleben, sind vielleicht 1:10 000. Der Rest verrottet einfach. Den Leuten kommt dies wie ein großer Verlust vor. Es gibt nichts, was so offensichtlich verschwenderisch ist wie die Natur. Die Akaziensamen verschwinden — von Vögeln gefressen, von Mäusen beiseite geschafft, von Ameisen weggetragen. Aber das, was uns als Verschwendung erscheint, ist in den Augen der Natur alles andere als Verschwendung. Daß nur einige Sämlinge aus all den Samenkörnern überleben, ist einfach ein Teil des natürlichen ökologischen Prozesses.

Das Ergebnis von all dem ist, daß wir über natürliches Gleich- und Ungleichgewicht und über Saatzeiten reden können, aber wenn wir das ganze Bild betrachten, dann ist die natürliche Welt so unwahrscheinlich subtil und komplex, daß es vollkommen jenseits menschlicher Fähigkeiten ist, irgend etwas zu verstehen oder zu tun. Mit ein paar Untersuchungen könnten wir vielleicht lernen, daß es nur drei ideale Tage zum Säen gibt und daß unter dieser und jener Bedingung, wir diese und jene Kombination gebrauchen und die Dinge so und so tun sollten. Aber wir können nichts übers Knie brechen.

Es wäre besser, einfach die Arbeit zu tun und den Rest der Zeit damit zu verbringen, ein Nickerchen zu machen, als uns so viele Gedanken über Einzelheiten zu machen. Solche Angelegenheiten können einfach nicht mit wissenschaftlichen und analytischen Kenntnissen angegangen werden. Es sollte kein Versuch unternommen werden, die Natur zu verwalten.

Vom Standpunkt der Akazie aus gesehen, reicht es, wenn zwei oder drei Samenkörner überleben und junge Bäume werden. Ich habe keine Vorstellung, wieviele Akazien z.b. auf 10 Hektar wachsen sollten. Daß die allermeisten Samen Futter für Insekten und kleine Tiere sind, ist überhaupt kein Problem. Äußerlich gesehen ist die Natur unbekümmert und großzügig. Darum ist die natürliche ,,Nichts-Tun"-Landwirtschaft auch möglich.

Auf der anderen Seite erkennen wir, je mehr wir die Natur analytisch studieren, daß sie eine fortgeschrittene organische Ganzheit ist, die mit wissenschaftlichem Wissen nicht begriffen werden kann.

Wenn wir auf diese Weise das Wesen der Natur erfassen und einen natürlichen Weg der Landwirtschaft praktizieren wollten, der sich dies zunutze macht, wäre das Resultat eine unglaublich schwierige und strikte Methode der Landwirtschaft. Dies sind die zwei unterschiedlichen Seiten der natürlichen Landwirtschaft. Auf jeden Fall fängt natürliche Landwirtschaft mit kundigem Säen an. Aber unser Intellekt kann uns nicht sagen, was kundig ist und was nicht.

Kann natürliche Landwirtschaft die Wüsten aufhalten?

Als ich in Amerika war, hat mich der wüstenähnliche Charakter Kaliforniens sehr erstaunt. Die Spärlichkeit der Vegetation in Kalifornien hat ihre Ursache in den vielen Menschen und Haustieren, die dort leben. Viele Leute haben sich an einem Ort gesammelt, um dort zu leben. Sie fällen Bäume, errichten Gebäude, stellen Tempel und Kirchen auf. All dies führt dazu, daß die Vegetation zurückgeht. Dasselbe ist in Japan passiert. Es fing alles mit der kulturellen Entwicklung im südlichen Teil von *Honshu* an. Vor mehr als tausend Jahren wurden überall in den Provinzen Tempel errichtet. Dies endete damit, daß die Bergwälder allmählich verschwanden. Die einfache Tatsache, daß man sehen kann, wie ein Land verarmt, wenn man in ein Gebiet kommt, das eine kulturelle Blütezeit erlebt hat, verdeutlicht die Rolle, die der Mensch bei dieser Zerstörung spielt.

Es ist ganz klar, daß an vielen Plätzen der Welt die Bäume, die auf den Hügeln und Bergen gestanden haben, durch die Brandrodungslandwirtschaft niedergebrannt worden sind und daß die Pflanzendecke verschwunden ist, weil große Haustiere wie Rinder oder Schafe auf dem Land grasen oder dort gegrast haben.

Da wir wissen, daß in Afrika, Iran und Irak weite Gebiete, die einst blühten, jetzt trocken und unfruchtbar sind, kann man vermuten, daß diese Gebiete durch Verletzungen, die ihnen der Mensch zugefügt hat, zu Wüsten wurden.

Wenn der Mensch die Bäume abholzt und sein Vieh das Gras frißt, dann verringert sich der Artenreichtum des Pflanzenlebens ständig. Und diese ,,bereinigte" Pflanzendecke wird leicht zerstört. Wenn das Land von Gräsern wie *Fuchsschwanz* beherrscht wird, dann läßt die vermehrte Reflexion des Sonnenlichts die Bodentemperatur ansteigen. Dieses wiederum stört die Wettermuster und bewirkt die vollständige Verdunstung der Bodenfeuchtigkeit. In dieser Reihenfolge tragen sich die Dinge zu. Das Land wird nicht zur Wüste, weil das Wasser verschwindet. Es gibt grundlegende Bedingungen, die dem Verschwinden des Wassers vorangehen oder es begleiten, nämlich das Verschwinden der Bäume und anderer Pflanzen. Deshalb fängt eine gute und wirkungsvolle Methode gegen das Vordringen der Wüste damit an, die Pflanzen wieder anzusiedeln, die in der betroffenen Region heimisch waren.

Weil man aber angenommen hat, daß die Vegetation wegen Wassermangels verschwindet, hat man, um eine Region wieder fruchtbar zu machen, bisher immer zuerst Wasser dorthin gebracht. Es wurden Dämme und Bewässerungssysteme gebaut. Diese Methode ist nicht nur nicht effektiv, wie zahllose Beispiele in Ägypten und anderswo zeigen, solche Anstrengungen führen oft zu Mißerfolg, weil sich auf den bewässerten Feldern Salz bildet.

Was sollte also getan werden? Nun, das erste wäre, den Boden mit einer Pflanzendecke zu bedecken. Alle Pflanzen eignen sich dazu. Wenn ich um Rat gefragt würde, wie man die Wüsten in Iran und Irak zurückgewinnen könnte, würde ich vorschlagen, in großem Maßstab zu versuchen, Samen von vielen verschiedenen Pflanzenarten zu sammeln, einheimische eingeschlossen, und diese Samen direkt vor der Regenzeit über eine möglichst große Fläche auszustreuen.

Dies mag närrisch erscheinen, aber so kann das Land aus einem hoffnungslosen Zustand herausgeholt werden. Ich möchte betonen, daß ein solcher Versuch auf einer großen Fläche gemacht werden muß. Wenn die Samen auf ein großes Gebiet gesät werden, dann werden, auch wenn 99 Prozent verderben, irgendwo einige Samen aufgehen. Und das wird uns wertvolle Hinweise geben. Mit dem Säen sollte auch weitergemacht werden, wenn man sicher damit rechnet, daß der Versuch im kommenden Jahr und auch im Jahr darauf mißlingen wird.

Auch bei 99 Prozent Mißerfolg sollte alles, was auch nur ein Prozent Überlebensrate zeigt, im zweiten und dritten Jahr wieder gesät werden. Beginnt mit einem Dreijahresplan und rechnet ungefähr drei Jahre lang mit Mißerfolgen, konzentriert Euch darauf, Samen zu säen, soweit das Auge reicht. Ich glaube, daß dies die einzige Möglichkeit ist. Dann sucht nach der wahren Natur — das mag so klingen, als solle man im Trüben fischen. Fangt damit an, herauszufinden, wie die Natur im alten Iran, in Italien oder Holland war. Zieht zuerst Pflanzen heran, die in der Wüste wachsen können, dann versucht nach und nach, die Vielzahl und Anzahl der Pflanzenarten zu erhöhen. Man muß sich fragen, was *jetzt*, zu diesem Zeitpunkt auf einem Boden wachsen kann und darauf muß man eine Antwort finden, indem man viele verschiedene Arten von Samen sät.

Dies ist ein Angebot des Menschen an die Natur. Indem er die Samen sät, läßt der Mensch die Pflanzen nicht wachsen, er liefert das Material, mit dem die Natur ihn lehren kann. In gewissem Sinne ist es ein Opfer an die Gottheiten. Der Mensch läßt den Gott des Landes in dem schwelgen, was er mag. Wenn dem Gott schmeckt, was er ißt, lehrt er den Menschen: ,,Dies ist gut hier."

Der Wissenschaftler vertraut auf sein eigenes Wissen und entscheidet: ,,Dies und jenes scheint hier gut zu wachsen, deshalb ist es vielleicht gewinnbringend ", und er fängt an. Das erste, was er tut, ist, die physikalischen Eigenschaften des Bodens zu studieren und Boden- und Düngertests durchzuführen. Ausgehend von seinen Ergebnissen sagt er den Bauern: ,,Dieser Boden ist phosphatarm, deshalb solltet Ihr Erdnüsse anbauen." Meine Methode ist eine andere.

Die Natur, die wir heute haben, ist unnatürlich; sie ist vollkommene Absurdität, und die beste Methode mit Absurdität umzugehen, ist, eine absurde Methode zu gebrauchen. Fangt bei Null an und sät irgend etwas. Was Ihr tut, ist, die Erde auszuhorchen, indem Ihr Fragen an sie stellt. Tut das, und die Erde wird Antwort geben.

So eine Methode mag verwegen und unverschämt erscheinen, aber sogar ein schlechter Schütze wird schließlich das Ziel treffen, wenn er es oft genug versucht. Geiz hingegen wird nur mit Schweigen beantwortet werden. Die Götter werden auf ein frugales Opfer nicht antworten.

Wenn man seinen ganzen Mut zusammen nimmt und seine ganze Samensammlung über ein weites Gebiet verstreut, wird eine Antwort kommen. Die Wissenschaft mag einem Zweck dienen, aber die Geheimnisse der allmächtigen Natur müssen durch Gottes Augen verstanden werden. Gott wird beizeiten eine erstaunliche und unerwartete Antwort geben. Wenn das geschieht, dann handelt man im darauffolgenden Jahr danach. Und im dritten Jahr stellt man einen Plan auf. Das ist die Reihenfolge, in der man vorgehen kann. Die gleichen Vorgehensweisen und Methoden, um Felder, die mit wissenschaftlichen Methoden kultiviert wurden, in natürliche Farmen umzuwandeln, können benutzt werden, um verwüstetes Land in eine grüne Ebene umzuwandeln. In diesem Sinne liefert meine natürliche Farm besonders faszinierenden Stoff zum Nachdenken. Ich hoffe, darüber später einen detaillierten Bericht abgeben zu können.

Was wird in der Wüste wachsen?

Natürliche Landwirtschaft beginnt damit, Samen verschiedenster Art zu säen und herauszufinden, was auf dem Land wachsen wird. Was wären die Resultate, wenn dieselben Methoden bei dem Versuch, die Wüste aufzuhalten, angewendet würden? Das heißt, wenn die Arten von vielen verschiedenen Pflanzentypen ebenso wie Mikroben, Insekten und kleine Tiere, angesiedelt und sorgfältig beobachtet würden. Alles, was wächst, wie klein es auch sei, würde bestimmt eine Art Schlüssel liefern.

Das erste, was in der Wüste wächst, wäre zum Beispiel der Kaktus. Wenn Kakteen auf trockenem Land wachsen, dann werden andere der Trockenheit angepaßte Pflanzen dort ebenso wachsen. *Mauerpfeffer, Amaranth* und *Wermut* gehen vielleicht auch an. Oder vielleicht werden Pflanzen der Lilienfamilie, wie *wilder Schlangenlauch, Lauch* und *Knoblauch* die ersten sein, die wachsen.

Auf felsigen Hügeln und Bergen, die von Erde frei gewaschen sind, werden einige Gräser in Ritzen und Spalten im Felsen Wurzel fassen. Wenn diese Gräser anfangen zu wurzeln, dann werden Weinarten, Efeu und Kletterpflanzen sich ausbreiten und das Gesicht des Felsens bedecken. Ich habe schon festgestellt, daß *Hirtentäschel* und *Daikon*-Rettich sogar in der Wüste ganz gut wachsen.

Japanklee, Schottischer Geißklee und bestimmte andere Pflanzen der Erbsenfamilie sollten auch bei sandigem Boden gedeihen. Wenn es einmal so weit ist, daß *Kudzu*-Weinpflanzen anfangen, auf kleine Bäume und Büsche zu klettern, dann wird die Erde reicher werden, und die Verwandlung in ein grünes Land wird schnell vorangehen.

Bevor man mit glänzend-blättrigen Nacktsamern rechnen kann, wie *Kampfer, Kastanie* und *Eiche* und Bedecktsamern wie *Kreuzblütlern* und *japanischer Zypresse* und *Pinie*, muß etwas getan werden, um kleinere Organismen wie Farne, Moose, Flechten und Bodenmikroben zu vermehren. Darauf werden Pflanzen folgen, die der Trockenheit angepaßt sind, wie Sesam und kleinere Getreidearten, auch Gemüse der Kürbisfamilie und Gründüngungspflanzen werden bestimmt gedeihen.

Nur Gott selbst weiß, ob diese Vision nichts als sinnlose Träumereien sind oder ob tatsächlich gute Ideen aus der engen und geduldigen Beobachtung der nüchternen, geduldigen Erde entstehen können, die die Verwüstung aufhalten können. Auf jeden Fall müssen wir damit anfangen, es zu versuchen. Die verwüsteten Länder, die wir schon haben, in grüne, fruchtbare Ebenen umzuwandeln, wird nicht leicht sein. Auch wird es keine einfache Sache sein, die fortschreitende Verwüstung, die wir überall auf der Erde sehen, anzuhalten. Doch die Vegetation zu verändern und die landwirtschaftlichen Methoden zu verbessern, sind die wichtigsten Schritte, die unternommen werden müssen. So umständlich dies auch erscheinen mag, meiner Meinung nach ist dies der schnellste Weg, der sich uns eröffnet.

Etwas, was mich auf meiner Reise durch Europa erschreckte, war, daß sogar die reichen, grünen Landstriche, die im ersten Moment so schön aussehen, künstlich sind. Bei dem starken, konservativen Gefühl, das in Europa existiert, hätte ich erwartet, daß die Natur besser geschützt wird. Aber die

Natur, die dort erhalten wird, ist nicht die wahre Natur. Die Erde ist wirklich ruiniert worden. Während meiner Reisen in Europa habe ich erklärt, daß dies die Folge falscher westlicher Anbaumethoden sei. Ich glaube, der Tag ist nahe, an dem natürliche Landwirtschaft als ein Weg gesehen wird, das Land zu heilen.

Organische Landwirtschaft und Ökologie sind selbstvernichtend

Wenn falsche landwirtschaftliche Methoden für den Verfall des Landes in Europa verantwortlich sind, dann ist, wenn dieser Fehler nicht berichtigt wird, weder der schnell zugrundegehenden Natur, noch der europäischen Kultur zu helfen. Man ist allgemein der Ansicht, daß angemessene Maßnahmen getroffen werden, um diesen Verfall aufzuhalten. Aber ist das wirklich so?

Auch in Japan rückte das Problem Umwelterhaltung in den frühen 70er Jahren in den Vordergrund. Damit verbreitete sich das Wissen über natürliche Landwirtschaft und organischen Gartenbau. Aber trotz der hohen Erwartungen unterscheidet sich organischer Gartenbau nicht sehr von wissenschaftlicher Landwirtschaft.
In seiner gegenwärtigen Form ist organischer Gartenbau einfach die Rückkehr zu einer Landwirtschaft, die auf Tierhaltung basiert und Dünger und Kompost verwendet. Weil organische Methoden im Wesentlichen die Methoden sind, nach denen in Japan traditionell gearbeitet wird, können sie wenig dazu beitragen, die wahre Natur wiederherzustellen. Doch nicht nur das, wenn sie irgendetwas bewirken, dann ist es, zur Zerstörung der Natur beizutragen. Es ist wahr, organische Landwirtschaft wirkt als Bremse. Aber da die Bremse auf ein gebrochenes Rad einwirkt, verstärkt dies nur die Gefahr.

Ich bin ganz offen: die organische Landwirtschaft scheint der Erhaltung der Natur zu dienen, wenn ich mir aber die Entwicklung der vergangenen zehn Jahre anschaue, stelle ich fest, daß das nicht der Fall gewesen ist. Vor über zehn Jahren, habe ich angefangen, Mandarinen direkt an Verbraucherkooperativen in Tokyo zu verkaufen, und ungefähr zehn Jahre davor haben einige Leute, die ich kenne, sich zusammengetan und eine organische Landwirtschaftsvereinigung organisiert. Verglichen mit den Anfängen haben die Nahrungs- und Direktverteilungsbewegungen scheinbar Fortschritte gemacht. Aber diese Bewegung ist sehr klein geblieben. Während des letzten Jahrzehnts hat die Welt und die Gesellschaft als Ganzes, statt sich in Richtung Naturerhaltung zu bewegen — genau wie ich es befürchtet habe — den Kurs unaufhaltsamer Zerstörung beibehalten. Nichts ist aufgehalten worden. Die Leute in Tokyo ernähren sich nicht natürlicher, sondern eher noch unnatürlicher — wenn nicht sogar anti-natürlich. In diesen zehn Jahren hat sich der Angriff auf die Natur verstärkt, das Land ist böswillig zerstört worden, und die Qualität der Nahrungsmittel hat sich weiter verschlechtert. Wir können es uns nicht leisten, länger zu warten.

Ich denke, das Problem besteht darin, daß die Leute bereitwillig glauben, durch das Geschrei über natürliche Ernährung, die Entwicklung des organischen Gartenbaus und der wissenschaftlichen Landwirtschaft sei eine Verbesserung eingetreten. Es ist meine Überzeugung, daß die Arroganz und der Irrtum der Studenten in ihrem Denken liegt: ,,Wenn es ein Rechts und ein Links gibt, dann kann ein Gleichgewicht erreicht werden, und die Dinge kommen wieder ins Lot. Solange es die Ökologie gibt, und wir Ökologen haben, werden wir die Natur retten können.

Ich hatte einmal die Gelegenheit, Professor *Akira Miyawaki* von der Universität Yokohama auf einer Versammlung der landwirtschaftlichen Kooperativorganisation zu treffen.

Professor Miyawaki berichtete über den Umweltschaden an den japanischen Zedern am Fuße des Berges *Fuji*, dabei betonte er immer wieder, daß ,,die Natur geschützt werden'' muß.

Nach seiner Rede ergriff ich das Wort: ,,Professor, wenn Sie glauben, daß Pflanzenökologen die Ökologie der japanischen Berge und Täler schützen können, unterliegen Sie einem traurigen Irrtum. Wie Sie wissen, waren es nicht die Ökologen, die die heiligen Dorfhaine geschaffen haben.''

Der Professor hatte einen seltsamen Ausdruck im Gesicht. Später als ich eines seiner Bücher las, wurde mir klar, warum; ich stellte fest, daß er diese Dorfhaine oft erwähnte. Ich nehme an, daß er sich in vollem Wissen um die Grenzen der Pflanzenökologen auf die Ökologie stützt und sich stark für die Wiederbelebung dieser Haine einsetzt. Das Problem ist, daß die Öffentlichkeit die Hände in den Schoß legt und glaubt, der Professor und seine Kollegen würden die Natur für sie schützen, sie schaut bei der Zerstörung der Natur unbeteiligt zu.

Ich möchte das an einem Beispiel erläutern. Leute, denen gesagt wird: ,,Es gibt hier keinen, der dich behandelt, wenn du verletzt bist — es gibt keine Ärzte hier auf dieser Insel'', sind gezwungen, auf sich aufzupassen. Wenn man ihnen aber sagt:,,Wir haben einen Chirurgen und einen Internisten auf der Insel, es wird gut für dich gesorgt, wenn irgendetwas passieren sollte'', werden die Leute nicht mehr für sich selber sorgen. Je mehr sie von Pflanzenökologen und Naturschutzgruppen reden hören, desto weniger macht den Leuten die Naturzerstörung aus. Jetzt, wo wir Umweltschutzgruppen und eine nationale Umweltschutzorganisation haben, ist es so, als würden die Leute sagen: ,,Überlaßt das Feuer der Feuerwehr und den Brandstifter der Polizei.'' Wegen ihrer Fixierung auf Reisen und Freizeit ruft die Öffentlichkeit nach mehr Schnellstraßen und Brücken. Es sieht so aus, als würde die Zerstörung der Natur Japans noch einige Zeit andauern.

Die Erde wiederzubeleben, das Voranschreiten der Wüste aufzuhalten und die Umwelt zu erhalten, das alles kann nicht dadurch erreicht werden, irgendetwas zu tun, sondern dadurch, daß man eine Möglichkeit, die Natur wieder herzustellen nutzt, die Nichtstun erfordert. Die heiligen Haine der japanischen Dorfschreine wuchsen nur deswegen zu natürlichen Wäldern, weil jemand die Felsen und Bäume dort Götter nannte, heilige Strohkränze daran befestigte und sie vor der Axt bewahrte. Die Axt und die Säge sind das Schlimmste. Ihr Auftreten markiert den Beginn der Zerstörung der Natur.

2. Noch einmal Amerika

Ich war 1979 schon einmal in Amerika gewesen, um mir das Land anzusehen und über natürliche Landwirtschaft zu sprechen. Es war die erste Flugreise in meinem Leben gewesen. Etliche Jahre später bekam ich einen sehr freundlichen Brief von einem hochstehenden Indianerhäuptling, der mich einlud, eine natürliche Farm in einem Indianerreservat aufzubauen.

Ich antwortete, daß ich interessiert sei und bekam später noch formelle Einladungen von zwei Hochschulen an der Westküste, die mich baten, an internationalen Konferenzen über natürliche Landwirtschaft als Gastredner teilzunehmen. In den Briefen stand auch, im Falle meines Kommens wolle man ein Zwei-Monats-Programm für meine Reise erstellen, wobei mir in der natürlichen Landwirtschaft aktive Leute als Führer und Dolmetscher zur Verfügung stehen würden.

Ich beschloß, zu gehen, weil ich dachte, daß die Reise schon ihren Zweck erfüllt hätte, wenn ich auch nur einige kleine Erfolge erzielen könnte. Ich startete von Narita aus und flog mit einer Maschine der *Japan Airlines* nach Seattle. Von dem Moment an, als ich am Flughafen in Seattle ankam, wurde mir wirklich alles abgenommen. Ich tat einfach, was mir von meiner Begleitung gesagt wurde. Sie hatten sich gründlich informiert und führten mich zu all jenen Plätzen, die lehrreich für mich waren. Mehr noch, sie hatten ein sehr gutes Reiseprogramm aufgestellt, das mir erlaubte, all das zu sagen, was ich während meiner Reise zu sagen hatte.

Nach der Route, die sie für mich ausgearbeitet hatten, sollte ich vom Staat Washington aus nach Süden reisen, Oregon durchqueren, und dann, vor meinem Abflug nach New York, eine Rundreise durch Kalifornien machen. Neben Vorträgen in den beiden Hochschulen, verschiedenen Schulen und Organisationen waren auch ein oder zwei Besuche auf Farmen mit praktischen Demonstrationen in Techniken der natürlichen Landwirtschaft vorgesehen, deshalb brachte ich mindestens zwei bis drei, manchmal fünf bis sechs Stunden täglich im Auto zu. Vier- oder fünfmal bestieg ich ein kleines Flugzeug. Da ich während meines Aufenthaltes auch noch von Zeitungen, Radio und Fernsehen interviewt wurde, war dies ein ziemlich hartes Programm, das mir kaum eine frei Stunde für mich selber ließ. Im Nachhinein war ich sehr erstaunt darüber, daß ich in der Lage gewesen war, dieses Tempo nahezu fünfzig Tage durchzuhalten. Ich habe eine unbekümmerte Natur, deshalb fragte ich jeden Morgen einfach, wo es diesmal hingehen würde.

Ich wurde oft erst kurz vor der angesetzten Zeit darüber informiert, vor was für Zuhörern ich wie lange sprechen würde. Und ich stieg aufs Podium und nach einem Blick in die Gesichter meiner Zuhörer sprach ich über alles, was mir in den Sinn kam, und ich wurde nie müde, wie lange ich auch sprach. Weil es eine faszinierende und schöne Reise war, vergingen die fünfzig Tage wie im Flug.

Was war aus der amerikanischen Landwirtschaft geworden

Meine Eindrücke nach dieser letzten Amerikareise sind völlig andere als die, die ich auf meiner ersten Reise sieben Jahre zuvor gewonnen hatte. Das Klima, das auf die Landwirtschaft einwirkt, hat sich vollständig verändert. 1979 war ich mit der Vorstellung gekommen, Amerika sei ein grünes Land. Als ich statt dessen verdorrtes, ödes Land vorfand, ließ ich mich darüber aus, wie künstlich die Natur in Amerika sei und daß die landwirtschaftlichen Nutzpflanzen vom Erdöl abhängige Produkte seien. Ich warnte, die Zukunft der amerikanischen Landwirtschaft sei in Gefahr. Meine zweite Reise 1986 zeigte mir, daß ich recht gehabt hatte.

Ungefähr 30 Prozent Nordamerikas bestehen aus trockenem Land, der zentrale Getreidegürtel, wo schlimmer Raubbau betrieben wird, macht noch einmal 30 Prozent aus und weitere 30 Prozent bestehen aus grünen Ebenen. Wälder mit Bäumen, die groß genug sind, um als Nutzholz verwendet zu werden, gibt es nur in wenigen Gebieten, sie stellen nur ungefähr 10 Prozent der gesamten Fläche.

Kurz gesagt, in einem Land, wo schon mehr als die Hälfte Wüste ist oder sich einem wüstengleichen Zustand rapide nähert, schien mir die Lage noch dringlicher als in Afrika. Doch die meisten Amerikaner sind sich über das Ausmaß dieser Veränderungen in ihrem eigenen Land sehr wenig bewußt. Sie finden es zum Beispiel normal, wenn in Kalifornien im Sommer kein Regen fällt, die Gräser austrocknen und die Gegend sich in ein ödes, gelbes Land verwandelt. Sie nennen dies sogar ein kontinentales Klima. Sie waren erstaunt, als ich ihnen sagte, daß, obwohl der Sommer in Japan auch heiß ist, dies dort die Zeit des sattesten Grüns ist.

Wegen der Weite des Landes wiegen sich viele Amerikaner in trügerischer Sicherheit, sie scheinen noch nicht einmal den Wunsch zu haben, ihr Land zu schützen.

Jeder scheint davon überzeugt zu sein, daß diese Tragödie durch einen schleppenden Exportmarkt für landwirtschaftliche Produkte ausgelöst wird, aber es besteht wenig Anlaß, zu glauben, den Bauern könne es jemals gutgehen, wenn ihr Land im Niedergang begriffen ist — selbst wenn sie ihre Feldfrüchte mit noch so viel ,,Ölregen" produzieren. Traurig zu sagen, daß die Allgemeinheit sich dies nicht zu Herzen genommen zu haben scheint.

Agrikulturwissenschaftler und landwirtschaftliche Unternehmer schlagen Gewinn aus der Situation. Sie behaupten, daß sie sogar auf trockenem Land, das seine natürliche Energie verloren hat, jederzeit und überall Feldfrüchte anbauen können, solange Ölenergie und Wasser vorhanden sind. Japanische Wissenschaftler und Bauern pflichten dem bei und glauben, daß es darum in der modernen Landwirtschaft gehe. Sie haben angefangen, den Boden zu behandeln, als wäre er etwas Lästiges, und ich frage mich, ob sie nicht etwas sehr Wichtiges vergessen haben.

Die Farm als Dreh- und Angelpunkt ist heute ein passendes Symbol für die amerikanische Landwirtschaft. Ein Mammutberieselungssystem, rotiert mehrere hundert Meter weit über einem runden Feld und sprengt ständig Wasser. Nur was innerhalb des Kreises liegt, ist tiefgrün. Weil diese Felder inmitten von trockenem Land gelegen sind, kann man sie leicht erkennen, wie hoch man auch fliegt. Aber da das Wasser für diese Sprenger aus Tiefen von mehreren hundert Metern geholt wird, braucht man sich nicht zu wundern, wenn diese Praxis zur Salzbildung auf der Bodenoberfläche führt. Solch eine Landwirtschaft führt zu einer Wegwerf-Landwirtschaft. Nach fünf oder sechs Jahren wird das Berieselungssystem auf dem nächstangrenzenden Land installiert, und das verlassene Land wird zur Wüste.

Ich glaube, daß die Verwüstung des amerikanischen Landes durch grundsätzliche Fehler in den landwirtschaftlichen Methoden ausgelöst wird. Was das Problem noch verstärkt, ist die Tatsache, daß auf verlassenem Land, das zu trockener Steppe geworden ist, die Bodentemperatur auf Grund der reflektierten Hitze stark ansteigt. Ich habe selber Untersuchungen gemacht und herausgefunden, daß die Bodentemperatur auf offenem, mit trockenem Gras bedeckten Land 20 bis 30 Grad höher ist als in Gebieten, die mit grünem Gras bewachsen sind oder in der Nähe von Wäldern liegen. Wenn ein Platz in der Nähe von üppiger Vegetation 30 Grad Celsius hat, steigt die Temperatur auf einem Grasstreifen auf bis zu 70-80 Grad Celsius.

Die Forscher des staatlichen Forstbüros, die die Tests leiteten, waren selber erstaunt über diese Zahlen. Ich hatte vermutet, daß die von trockenem Land reflektierte Hitze das umgebende Gebiet beeinflußt, aber mir wurde noch einmal klar, daß wir keine Zeit verlieren dürfen, die Wüste wieder zu begrünen, indem wir *Daikon*-Rettiche und andere wiederstandsfähige Pflanzen säen.

Auf jeden Fall glaube ich, daß die Armut der amerikanischen Bauern, die auf 2000 bis 3000 Hektar weniger Geld verdienen als die japanischen Bauern auf 100 bis 200 Hektar, im Grunde eine Folge des Bodensterbens ist. Der Boden stirbt, weil sie die Natur aufgegeben haben und von künstlicher Ölenergie statt von natürlicher Energie abhängig sind und weil Händler sowohl die Produktionsmittel als auch den Verkauf an sich gerissen haben.

Die amerikanische Landwirtschaft muß wiederbelebt werden, und es muß ein Programm gegen die Verwüstung durchgeführt werden. Die Begrünung der Wüsten kann der Anfang zur Wiederbelebung der Landwirtschaft werden.

Man hat mir erzählt, daß sich an der Pazifikküste eine Reformierung der Landwirtschaft abzeichnet. Als ich durch die Weststaaten reiste, spürte ich die ersten Anzeichen einer neuen landwirtschaftlichen Revolution selbst, die von den Bauern dieser Region ausging.

Die Lebensmittelmärkte im Freien

Diese Bauern machen den allgemeinen Trend der modernen Landwirtschaft zu sehr großen Farmen nicht mit. Sie haben angefangen, sich in Richtung östlichen Denkens und natürlicher Landwirtschaft zu bewegen. Und dies nicht einfach nur als Mittel, um aus der schlechten Wirtschaftslage herauszukommen. Bei allen Vorträgen, die ich hielt, wurde mir als Autor von *The One Straw Revolution* ein großer Empfang bereitet. Mir schien es jedoch, als würden sie mich deswegen so herzlich empfingen, weil sie in mir eher einen neuen östlichen Denker sahen als einen Lehrer und Wegbereiter der natürlichen Landwirtschaft. In Amerika scheint eine Revolution spiritueller Bewußtheit im Gange zu sein, nicht nur in der Landwirtschaft, sondern auch auf allen anderen Gebieten. Ich spürte das sowohl in den Städten, als auch auf dem Land. Es scheint, als hätte heute jede Stadt und jeder Ort in Kalifornien einen Laden oder einen kleinen Markt, der ausschließlich auf natürliche Nahrung spezialisiert ist. Einige dieser Läden werden von landwirtschaftlichen Kooperativen geführt und machen gute Geschäfte, und das genau neben den Supermärkten. Dies könnt der Anfang eines neuen, sinnvolleren Verteilungssystems sein.

Was meine Aufmerksamkeit besonders auf sich zog, waren die Sonntags- und Morgenmärkte in den Städten. Sie fanden meist auf gartenähnlichen Plätzen, zum Beispiel in Parks statt und waren mit bunten Fahnen geschmückt, es fanden dort Ausstellungen von Straßenkünstlern statt, und es gab Stände, die Souvenirs und Spielzeug verkauften. Lebhafte Live-Musik trug zur Atmosphäre bei. Im Gegensatz zu japanischen Märkten waren die Stände schön dekoriert, und hübsche Verkäuferinnen boten den Vorbeigehenden ihre Waren an.

Es gab viele verschiedene Essens-Stände, wo italienische, indische und französische Gerichte angeboten wurden. Leute in japanischen *happi*-Jacken, rollten geschäftig mit ihren Händen *Sushi* und bereiteten auf kleinen Tellern verschiedene Arten von Tofugerichten zu (von denen es viele in Japan nicht gibt, und die recht gut schmecken). Das Einzigartige an diesen Gerichten war, daß sie alle improvisiert und von Amateuren zubereitet wurden.

In der Mitte des Marktes gab es Stände, die mit Früchten, Gemüsen, Geflügel, lebendem Fisch, biologischem Brot und Kuchen vollgeladen waren. Das Besondere an diesen Märkten war, daß dort nur biologische Produkte verkauft werden durften. Es ist — mit Zustimmung der Käufer — allgemein beschlossen worden, daß keine normalen Supermarktprodukte auf den Markt kommen. Da die Sonntagsmärkte die Domäne biologischer Bauern und Amateurhändler waren, war es kein Wunder, daß die Verkäuferinnen voller Begeisterung waren, und daß die verschiedenen Sachen, von denen viele von Amateuren ersonnen waren, in so einer heiteren und anregenden Atmosphäre verkauft wurden. Zweifellos gibt es dort eine größere Produktvielfalt als in den Supermärkten. Und weil die Sachen frisch sind, gehen die Leute aus der Stadt hier sonntags gern einkaufen. Sie finden es schön, draußen zu essen, ein bißchen im Gras zu liegen und dann, wenn sie ihren Wochenvorrat an Obst und Gemüse gekauft haben, wieder nachhause zu fahren. Ich kann verstehen, warum diese Märkte so populär geworden sind.

Als ich gemächlich über den Markt schlenderte, ganz versunken in den Anblick, in Geräusche und Gerüche, rief von Zeit zu Zeit jemand an einem Stand, an dem ich vorbeikam: ,,Hey, Sie sind Fukuoka, nicht wahr?'' Neugierig betrachteten sie mein *monpe*-Gewand und gaben mir die am ungewöhnlichsten aussehenden Äpfel und Auberginen. Auf einigen dieser Märkte, z.B. in *Davis*, Kalifornien, und *Eugene*, Oregon, schien mich fast jeder Dritte zu kennen. Immer wieder gaben sie meinen Mitreisenden Souvenirs mit. Und es dauerte nicht lange, bis auch ich meine unbeholfenen ,,philosophischen Cartoons'' mit Filzstift auf Karton zeichnete und verteilte. Die Leute freuten sich über die Sketche und hingen sie sofort an ihren Ständen auf.

Die Cartoons von mir wurden oft als Poster am Eingang von Hörsaalgebäuden und an Läden mit natürlichen Produkten aufgehängt. Später stellte ich erstaunt fest, daß sie sogar auf T-Shirts verkauft wurden. Warum sind diese Zeichnungen bei Amerikanern so beliebt?

Diese Märkte wirken sehr orientalisch. Die Amerikaner haben sich lange ihres Individualismus wegen gerühmt. Jetzt, nachdem sie die offene Atmosphäre des Marktplatzes gekostet haben, fangen sie an, sich untereinander in einer offeneren und großzügigen Art, die typisch orientalisch ist, zu begegnen.

Das Herdfeuer ist das Universum... und das Universum ist ein Traum in einem Topf (über dem Topf ist das Zeichen, das Leere bedeutet).

Die wachsende Popularität der japanischen Küche

Ein anderes Phänomen, das man nicht übersehen kann, ist der Boom natürlicher Lebensmittel, dem östliches Gedankengut zu Grunde liegt. Ich wußte, daß die anhaltenden Bemühungen von *Michio Kushi* in Boston und *Hermann Aihara* in Kalifonien, natürliche Nahrungsmittel populär zu machen, dazu beigetragen hatten, eine Hochkonjunktur für die japanische Küche auszulösen. Und auf meinem letzten Besuch in Amerika konnte ich mich selber davon überzeugen, daß die japanische Küche sich als köstliche und gesunde Art des Essens fest in Amerika eingebürgert hatte. In einigen Gegenden ist die japanische nach der chinesischen die beliebteste Küche. Weil die Zutaten gut sind, ist der Geschmack des Essens in den *Sushi*- und *Tempura*-Läden der Großstädte vielleicht besser als das, was man in Japan selbst finden kann.

Die Amerikaner scheinen in ihrem Element zu sein, wenn sie mit japanischen Nahrungsmitteln zu tun haben, angefangen von der Art und Weise, wie sie die Zutaten für ihre *Sushi* aussuchen, bis hin zur Methode, die Sushi zu rollen, den Materialien, die sie für *Tempura* brauchen und wie sie *Tofu* machen. Ja, ich habe sogar den Kommentar von Amerikanern darüber gehört, ob eine Buchweizennudelsuppe gut ist oder nicht. Ich dachte, die Amerikaner wären fürchterliche Köche und hätten keinen Geschmack, aber heute ist es soweit, daß sogar in normalen Küchen Gerichte auf der Basis von Reis gekocht und serviert werden, — sogar Gerichte wie Grütze aus Naturreis, natürlich im amerikanischen Stil verändert und zubereitet.

Wenn die Dinge soweit sind, müssen die Bauern den Bedürfnissen der Verbraucher entsprechen und die Versorgung mit den gewünschten Nahrungsmitteln sicherstellen. Wegen der Verbesserung des kulinarischen Könnens und der Nachfrage nach vielfältigem Gemüse ist zu erwarten, daß die Nachfrage nach biologisch angebauten Nahrungsmitteln steigt.

Bis vor kurzem hatten die Menschen im Westen wegen des in Europa und Amerika herrschenden Mangels an weichen Blattgemüsen (die es in Japan gibt), der begrenzten Anzahl von Wurzelgemüsen, der allgemein geringen Auswahl an Zutaten und der begrenzten Kochkünste einen sehr unterentwickelten Geschmackssinn. Dieselbe Sorte kalifonischer Tomaten wird zur gleichen Zeit in den gesamten USA verkauft. Die amerikanischen Frauen und Männer, Eltern und Kinder, die ohne weiteres Tag für Tag dasselbe essen können, und die amerikanischen Farmer, die glauben, es sei das Allerklügste, mit riesigen Maschinen und auf riesigen Höfen im Sojabohnengebiet nichts als Sojabohnen und im Weizengebiet nichts als Weizen anzubauen, verteidigen die Monokultur aufs Heftigste. Obwohl vieles davon auf das kontinentale Temperament geschoben werden kann, haben viele doch angefangen, sich den delikaten, feinen Geschmäckern, den landwirtschaftlichen Methoden, dem Gedankengut und dem Lebensstil des Ostens zuzuwenden.

Die treibende Kraft zur Auslösung einer größeren Reformierung der amerikanischen Landwirtschaft könnten durchaus solche Veränderungen in der Ernährungsweise der normalen Leute sein, auf die dann eine Verbreitung von Hausgärten folgt.

Natürliche Hausgärten

Studenten aus der ganzen Welt versammelten sich für drei Tage in *Breitenbush*, Oregon, einem Ort, wo es heiße Quellen gibt, um an einem Kolloquium über die Natur teilzunehmen. Es war ein fröhliches Miteinander, einen Teil der Zeit verbrachten wir in Bädern und Saunas, die mit dem Wasser der Quellen erhitzt wurden. So bereiteten wir uns auf die Konferenz vor.

Der Platz lag in einem großen, unberührten Waldgebiet. Es gab Hauptgebäude, Hör- und Eßsaal und Dutzende von Wohnbungalows, die verstreut gebaut worden waren. In einer abgelegenen Ecke des Geländes befand sich ein natürlicher Garten, um die Produkte, die in der Küche gebraucht wurden, anzubauen. Mir wurde gesagt, daß der Garten sich selbst überlassen worden war, nachdem derjenige, der sich darum gekümmert hatte, gegangen war. Als ich das hörte, beschloß ich, einen Workshop im Garten abzuhalten, bevor ich meinen Vortrag hielt. Der erste, der hier Samen gesät hatte, war ein junger Japaner namens *Katzu* gewesen. Und dieser Katzu war als Dolmetscher mit mir unterwegs, Katzu hatte also die Gelegenheit, den Garten, den er vor zwei Jahren angelegt hatte, wiederzusehen.

Katzu sagte mir, daß er die Methoden der natürlichen Landwirtschaft angewandt und Klee auf die ganze Fläche gesät hatte, dazu auf kleinen Stücken die Samen vieler verschiedener Gemüsearten. Als er gegangen war, sei der Garten dann verwildert und mißraten. Es stimmte, der Platz war auf den ersten Blick von Unkraut überwuchert und sah vollkommen chaotisch aus. Jeder hätte den Garten für mißraten gehalten. Aber als ich ihn betrat und genauer betrachtete, sah ich, daß der Klee sich im ganzen Garten verteilt hatte, und es gab nicht soviele Wildkräuter, wie es von ferne ausgesehen hatte. Und: alle Arten von Gemüsen wuchsen zu sehr beachtlichen Größen heran.

Ich faßte das, was ich sah, für die Workshop-Teilnehmer wie folgt zusammen: ,,Als erster Schritt zu einem natürlich angelegten Hausgarten ist das gut. Im ersten Jahr säte der Mensch die Samen, die Natur nahm im zweiten Jahr einige Verbesserungen vor, und im dritten Jahr formte uns Gott einen natürlichen Garten. Die Entwicklung, die dieser Garten durchlaufen hat, ist der deutliche Beweis dafür. Vielleicht sollte ich es nicht so sagen, aber die Gemüse haben geblüht und Früchte angesetzt, weil du den Garten unberührt gelassen hast, Katzu.

Dies zog Vögel und Mäuse an, die die Samen fraßen und über den ganzen Garten verteilten. Sie säten die Samen der verschiedenen Gemüse, die du gepflanzt hast. Wie Ihr sehen könnt, herrschen in diesem Garten viele verschiedene Wachstumsbedingungen. Es gibt trockene und nasse Stellen, Stellen mit armem Boden und schattige Plätze. Aufgrunddessen keimten nicht alle Samen, die hinunterfielen. Man könnte es ,das Überleben des Stärkeren' nennen. Im folgenden Jahr keimten nur diejenigen Samen, die zur rechten Zeit an den rechten Ort auf die Erde fielen. Man kann diesen anscheinend ungeordneten Zustand nicht umgehen, in dem die Pflanzen, die dazu bestimmt sind, eingehen und nur die Überlebenden gedeihen. Aber die Natur zeigt uns schließlich auf diese Weise, wo jede Pflanze am besten wächst. Alles, was man tun muß, ist, dies zu beobachten und dem Beispiel der Natur zu folgen. Weil Klee sich auf dem ganzen Feld ausgebreitet hat, ist alles, was man tun muß, einige problematische Wildkräuter zu unterdrücken, und es wird sich auf natürliche Weise ein hervorragender Garten entwickeln.

Es kommt vor, daß man einen Büschel Weizen und einen Büschel Nacktgerste hat, die nicht vom Mensch gesät wurden. Ihre Ähren haben mehr Körner als normal. Daraus abgeleitet könnte ich mir vorstellen, daß die Beimischung von Nacktgerste und anderen Getreidearten in die Saat, die man sät, interessante Ergebnisse bringen könnte. Knoblauch wächst hier zum Beispiel gut, deswegen würde man bestimmt gute Ergebnisse erzielen, wenn man im Winter und dem darauffolgenden Frühjahr Nacktgerste anbaut, dann Pflanzen der Kürbis-Familie, dann zum Beispiel Zwiebeln und dicke Bohnen, wo Gurken und Melonen gestanden haben. Ich würde auf jeden Fall sagen, daß sich auf diesem Feld, obwohl es mißraten zu sein scheint, dank eines guten Sterns die natürliche Landwirtschaft sehr gut entwickelt."

Ich hatte bis dahin den Eindruck gehabt, daß Diskussionen über natürliche Landwirtschaft leicht vage und abstrakt und dadurch schwer verständlich werden. Aber als ich nach Amerika fuhr und meine Methoden öfter *praktisch* unterrichtete, fand ich heraus, daß es die Leute sehr schnell begreifen. Später, als ich viele verschiedene Höfe besuchte, und den Leuten wirklich zeigte, was ich meinte, waren sogar die, die durch die Theorie nicht überzeugt worden waren, sofort bereit, die Methode auszuprobieren.

Der Grund dafür fiel mir später ein. In Japan ist ein Hausgarten entweder zum Zeitvertreib da, oder um Nahrung für den häuslichen Gebrauch zu produzieren. Wenn es hoch kommt, wollen sie Gemüse essen können, das frei ist von Pestiziden ist. Mir scheint, die Menschen im Westen kommen — im Gegensatz zu solch niederen Beweggründen — zur natürlichen Landwirtschaft aus dem intensiven Wunsch heraus, eins zu werden mit der Natur, ins Herz der Natur einzutauchen und zu sehen, wessen man fähig ist. Weil sie die Toleranz mit sich bringen, die aus dem Wunsch entsteht, mit der Natur zusammenzuspielen, lassen sie sich durch den Anblick einiger Wildkräuter nicht beirren. So wäre das, was den Japanern als ein unattraktiver, schlecht bestellter und von Unkraut überwucherter Garten erscheint, für viele Leute im Westen ein Bild natürlicher Harmonie.

Obwohl jenes Feld viele Wildkräuter haben mag, gebührt ihm Applaus, weil es auch viele große Daikonrettiche und enorme Auberginen hat. Tatsache ist, daß natürliche Landwirtschaft in den Gärten und bei den kleinen Bauern in Europa und Amerika einen guten Anfang gemacht zu haben scheint.

Ein natürlicher Hausgarten

Anders als in Japan sind die Gärten in Amerika ziemlich groß. Viele Leute könnten in ihrem Garten die Nahrung für die ganze Familie produzieren.

Ich habe vorgeschlagen, daß die Leute in Japan ihre eigene Nahrung anbauen sollten und daß eine Familie 1000 qm Land haben soll, auf dem sie leben kann, aber in Amerika habe ich zu meiner Überraschung festgestellt, daß man in vielen Gebieten — wenngleich die Gesetze von Ort zu Ort wechseln — kein Haus auf so einem kleinen Stück Land bauen kann. Wenn der Garten oder das Land um das Haus herum groß genug ist, ändert sich die Umgebung vollständig. Wenn die Japaner wie die Europäer und Amerikaner den Drang verspüren würden, auf die Berge zu gehen und ein Leben in Freiheit und Autonomie zu genießen — Japan hat viele Berge — ist es fast sicher, daß die Bodenpreise in den Städten rapide sinken würden. In Kalifornien zerschneiden Schnellstraßen die trockenen, öden Prärien, aber in dem Moment, in dem man in eine Stadt fährt, erheben sich überall riesige Bäume, so daß man sich fühlt, als würde man in einen Wald fahren. Aber die Straßenbäume sind alle natürliche Bäume und wachsen so dicht, daß man nur einen Schimmer von den Gebäuden erheischt, während man durch die Baumreihen fährt. Die Gärten, die man von der Straße aus sieht, gehören Angehörigen der Mittelschicht. Die Reichen leben weit zurück in den reich bewaldeten Bergen. Es gibt keine Vegetation in den Innenstadtgebieten, wo die Armen leben. Die meisten Städte sind ruhige, saubere Plätze voller Vegetation, aber wenn man die Städte verläßt, kehrt man zur offenen Prärie zurück, wo es keine grüne Vegetation gibt. Zuhause ist es genau umgekehrt. In Amerika sind die meisten Luxusvillen in dichten Wäldern und Urwäldern gelegen. Leider haben die Japaner nicht den gleichen Geist der Unabhängigkeit wie die Menschen im Westen. Das durchschnittliche amerikanische Haus hat einen großen Garten, natürliche Wälder und einen Rasen. Wenn die Leute dort Gemüsegärten anlegen, so kann etwas Besseres entstehen als es in Japan möglich ist.

Auf der idealen natürlichen Farm, wie ich sie mir vorstelle, wachsen Gemüse und Getreide unter einer Mischung von Obst- und anderen Bäumen. Es ist eine Farm, wo Fluß und Berg, Bäume und Gräser ein harmonisches Ganzes bilden. Wenn ich solche Dinge in Japan sage, schauen mich die Leute an, als hätte ich den Kontakt zur Realität verloren, aber in Amerika verstehen die Leute besser, was ich meine und setzen diese Ideen in die Praxis um. Wenn ich zum Beispiel sagte, daß in den Städten verschiedene Arten von Obstbäumen zwischen die Straßenbäume gepflanzt werden sollten, und daß statt Rosen und Blumenbeeten Gemüse gepflanzt werden sollte, so daß die Leute, die vorbeilaufen Früchte pflücken und essen können oder ein paar Rettiche herausreißen und mit nach Hause nehmen können, erregte dies das Interesse der Leute, wo immer ich hinkam. Auf diese Weise würden ,,Hausgarten''-Boulevards entstehen, die jeder nutzen könnte.

Wenn ich über Rasen rede und darüber, wie der Klee in zwei bis drei Jahren den Rasen besiegt und inmitten der Gründüngung Daikonrettich wächst, nachdem man Klee- und Rettichsamen über dem Rasen verteilt hat, fühlen sich die japanischen, chinesichen und andere östliche Hausfrauen am meisten angesprochen. Obwohl die Amerikaner mit meinen Ansichten übereinstimmen, lachen sie, wenn ich darauf zu sprechen komme, weil sie um die enge

Verbundenheit ihrer Landsleute mit der heiteren und ehrwürdigen „Rasenkultur" wissen. Das wäre wirklich eine große Revolution. Solange dieses Problem nicht gelöst ist, bleibt die Anzahl der natürlichen Hausgärten in Amerika begrenzt.

Was ist „Rasen-Kultur"?

Das Lebensziel eines durchschnittlichen Amerikaners oder einer durchschnittlichen amerikanischen Familie scheint zu sein, einige Ersparnisse zurückzulegen, in einem großen Haus auf dem Land zu leben, das von hohen Bäumen umgeben ist, und einen gepflegten Rasen zu haben.
Eine noch größere Quelle des Stolzes ist es, mehrere Häuser zu besitzen.
Man sagte mir, kulturell sei der Rasen eine Folge der Weiden, auf denen die Adligen ihre Pferde grasen ließen. Kurz gesagt, das Ideal der Leute im Westen ist ein aristokratisches Leben. Ihr Lebensstil — in Wäldern auf dem Land zu leben — ähnelt dem eines östlichen Einsiedlers. Tatsächlich jedoch ist er genau das Gegenteil: eine Ausweitung des aristokratischen Lebensstils und sonst nichts.
Wenn Rasen wirklich ein Überbleibsel aristokratischer Kultur ist, dann läuft es wirklich darauf hinaus, die Menschen im Westen aufzufordern, ihren Stolz auf ihre Vergangheit aufzugeben, wenn man gegen Rasen redet. Das steht natürlich nicht zur Diskussion. Für die Menschen mögen Rasenflächen sicher und angenehm sein, für die Natur sind sie bestimmt nicht gut. Wenn die Natur geopfert wird, um Streifen dieses künstlichen Grüns zu schaffen, dann ist die Rasenkultur des Westens ein ganz großer Fehler.
Auf dieser meiner letzten Reise brachte ich meine Argumente gegen die Rasenkultur oft vor, wohl wissend, damit den Haß der Amerikaner auf mich zu ziehen. Mein Beweggrund war die Einsicht, daß es anders nicht möglich ist, die Idee von Hausgärten erfolgreich voranzubringen.
Wenn die Amerikaner sich wirklich von ihrer geliebten Rasenkultur verabschieden und natürliche Hausgärten anlegen wollten, würde ihr Leben daheim sehr davon profitieren. Als ich eines abends in einer Kirche in *Berkely* darüber sprach, beschlossen einige Leute dort, dies bei sich zu Hause zu versuchen. Ich vermute, daß sich zuerst dort etwas tut, wo japanische Hausfrauen leben, und in den chinesischen Haushalten, weil die Chinesen gerne Hausgärten anlegen. Die Bäume und Häuser kennen keine nationalen Grenzen. Wenn Straßen und Viertel ohne Grenzen zwischen Häusern und Farmen entstehen, wenn Bäume auf diesen Straßen überall Früchte tragen und *Daikon* - Rettiche wild blühen, dann wird dies auch ein Anreiz werden, natürliche Hausgärten und Farmen anzulegen. Und wer weiß, dies könnte sogar dazu führen, Samen in der Wüste zu säen.

Lundbergs natürlicher Reis

Die Kampagne, Amerikas Natur wiederherzustellen, hat nicht nur bei kleinen Bauern begonnen, sondern auch auf größeren Farmen. Ich beziehe mich auf den natürlichen Lundbergreis, der in *Chico*, Kalifornien, angebaut wird und in ganz Amerika bekannt ist. Auf meinem ersten Besuch in Amerika sieben Jahre zuvor hatte ich diese große Farm besucht.

Harlan Lundberg hatte dem zugehört, was ich zu sagen hatte, dann war er voller Freude aufgesprungen und hatte gerufen: ,,Das ist unglaublich, das ist eine Revolution!" Ich wußte, daß er kurze Zeit später sechs Mechaniker entlassen und mit natürlicher Landwirtschaft angefangen hat. Ich hatte nichts weiter darüber gehört, wie sich die Dinge seitdem entwickelt hatten. Als ich Lundberg nun wiedersah, sagte er: ,,Seitdem ich Sie getroffen habe, bin ich den Dingen gegenüber viel toleranter geworden. Kommen Sie und schauen Sie es sich an. Jetzt betreiben alle vier Lundberg-Brüder natürliche Landwirtschaft." Auf jeden Fall sah ich, als ich zur Farm hinüberging, vier Silos, die dort nebeneinander standen. ,,Dreihundert Bauern haben sich heute hier versammelt. Wir werden diese Gelegenheit ergreifen, um eine Kooperative der Reisbauern zu gründen, die Menge des natürlich angebauten Reises zu erhöhen und ihn in ganz Amerika zu verbreiten." Harlan beschenkte mich mit einem großen goldenen Medaillon und sagte: ,,Diese Medaille verleiht unsere Gesellschaft Arbeitern mit besonderen Verdiensten."

Danach fuhren wir in einer langen Autoschlange die Straße herunter durch Lundbergs ausgedehnte Felder (Reisfelder, soweit das Auge reicht). Die Kolonne machte an einer kühlen, leicht bewaldeten Stelle halt, und wir feierten dort ein Fest, und die Bauern hörten mir zu. Was mich beeindruckte, war, daß Harlan sich keine Sorgen zu machen schien über die viele Hirse, die ich in seinen Feldern gesehen hatte. Auch von den anderen Bauern, die gekommen waren, um die Farm zu besichtigen, zeigte keiner das leiseste Anzeichen von Besorgnis.

In Japan würde man diese Felder in jedem Fall für mißraten halten. Die Bauern in Japan würden sagen, wenn so viel Hirse in den Reisfeldern wächst, dann haben wir nicht das geringste Interesse daran. Aber die Lundbergs und all die anderen waren vollkommen unbesorgt. Als ich das sah, verstand ich, was er damit gemeint hatte, als er sagte, er sei toleranter geworden.

Als ich darüber staunte, wie er es fertiggebracht hatte, volle sechs Jahre mit Gelassenheit auf diese Hirse zu schauen, bemerkte ich, daß die Fruchtbarkeit des Bodens, der Grund für seinen Erfolg war. Sogar mit all dieser Hirse produzierte das Land genauso viel Reis pro Hektar, wie der durchschnittliche Ertrag in Japan.

Als ich auf meiner ersten Reise bei ihm gewesen war, war er dabei, an organischen Landwirtschaftsmethoden zu arbeiten. Er baute nur alle drei Jahre

Reis an (das Land wurde ein Jahr lang brach liegen gelassen, im zweiten Jahr wurde Sommerweizen angebaut). Aber nachdem wir uns getroffen und geredet hatten, konnte er durch die Methode der natürlichen Landwirtschaft kontinuierlich jedes Jahr Reis anbauen. Dazu kommt, daß er den Reis, weil es sich um ein natürlich angebautes Produkt handelt, zum doppelten Preis verkaufen konnte. Es ist verständlich, daß sein Betrieb sehr gut lief.

Er hat nichts versäumt. Er hat viele Kombinationen von langkörnigem gelben und schwarzem Reis gekreuzt und verkauft diese als besonders schmackhafte natürliche Reisarten. Er hatte Pläne, auch meinen Reis miteinzubeziehen, zusammen mit anderen Arten, und durch Kooperation mit 300 Bauern die Aktivitäten in den gesamten USA auszudehnen. Und er redete davon, wie er es auf diese Weise geschafft hatte, sich niemals dem großen Öl und den Kapitalisten dahinter zu fügen, komme, was wolle.

Das erste Mal, als ich nach Amerika gefahren war, war meine Frau dabei. Sie versuchte mich zurückzuhalten:,,Meinst du, du solltest dich um die Reisproduktion in Amerika kümmern, jetzt, wo wir in Japan einen Reisüberschuß haben und die Regierung davon redet, Reisanbauflächen stillzulegen?" Tatsächlich waren alle in Aufruhr über die Frage des Reisimports aus Amerika, als ich von dieser zweiten Reise nach Amerika zurückkehrte. Aber so wie ich es sehe, machen die beiden Länder, statt die grundlegenden Probleme anzugehen, bloß Show und liefern sich Scheingefechte vor dem Publikum.

Als ich die Begeisterung eines Bauern in Chico sah, — im Herzen des kalifornischen Reisgebietes — der sagte, er wolle meine neue Reissorten anbauen, erkannte ich, daß es ein langer Weg sein würde, bis die Amerikaner sich mit natürlichem Reis ernähren würden. Bevor man sich über Druck aus dem Ausland beunruhigt, gibt es einige Dinge, die auch Japan tun muß.

3. Samen in der Wüste säen

Mein größter Traum ist, Samen in der Wüste zu säen. Die Wüste wieder mit Pflanzen zu bedecken, heißt, Samen in die Herzen der Menschen zu säen. Es heißt, die Erde in ein friedliches, grünes Paradies zu verwandeln.

Die Natur in unserer modernen Welt befindet sich in einem Zustand schnellen Verfalls, und in den Herzen und Köpfen der Menschen herrscht Verwirrung.

Ich glaube, daß die Zeit gekommen ist, die Erde zu erneuern. Wenn wir die Samen der Erde sammeln, sie mischen und alle zusammen vom Himmel streuen würden, um die Erde in ein grünes Paradies zu verwandeln, wo jeder überall frei Nahrung bekommen kann, dann lösen sich die vielen vom Menschen produzierten Probleme von selbst. Für die Gräser und Bäume existieren weder nationale Grenzen noch menschliche Rassen.

Im Sommer 1985 bin ich in Afrika gewesen, wo ich einige Versuche durchgeführt habe: ich verstreute Samen in der Wüste, um herauszufinden, wie die Wiederbegrünung erreicht werden kann. Die Diskussion, ob es möglich ist oder nicht, führt zu nichts. Eine Wüste wieder zu begrünen ist vollkommen unmöglich, solange man nicht mit dem Flugzeug Samen über die ganze Wüste ausstreut. Auch schreitet die Verwüstung mit so einer Geschwindigkeit voran, daß jede andere Methode zu wenig und zu spät wäre. So eine fantastische Vision erzeugt nicht mal ein Lachen in der japanischen Nation. Aber ich fühle, daß dies mehr als nur ein Traum ist, wenn ich in Amerika darüber spreche. Vieles weist darauf hin, daß dies möglich ist, vorausgesetzt, die Entschlossenheit besteht, hinzugehen und es zu tun. Um ein Beispiel zu geben: als wir von Oregon aus nach Süden Richtung Kalifonien fuhren, redeten wir im Auto von der Idee Daikon und Gründüngungssamen direkt vom Auto aus auf das Brachland an der Straße zu streuen. Einer der jungen Leute im Auto nahm einen Beutel heraus, der mit verschiedenen Samen gefüllt, war und sagte, daß er sie mir geben wolle. Als ich fragte, wer er sei, erfuhr ich, daß er Botaniker ist und besonders stickstoffsammelnde Pflanzen sammelt. Er hatte mich einige Tage zuvor sprechen gehört und hatte sich der Gruppe, die mit mir reiste, angeschlossen, weil er von der Idee, Samen in der Wüste zu streuen begeistert war und helfen wollte. Als wir den wundervollen hohen Paß erreichten, kurz bevor wir nach Kalifornien kamen, hielt er das Auto an, gab mir die Samen, die er vorbereitet hatte: ,,Versuchen Sie, sie hierüber auszustreuen.'' Ich streute die Samen vom Gipfel des Passes bis in die Tiefe des Tales. Alle, die mit mir fuhren, begannen, das Gleiche zu tun, und sie riefen: ,,Das ist es, das ist es.'' Die Samen wurden vom Wind ergriffen und flogen weit weg.

Er war nicht der Einzige. Auch in Washington und Kalifornien gab es Gruppen und einzelne Botaniker, die engagierte Forschung betrieben. Diese Forschung wird nicht gut bezahlt und wenig gefördert.

Sie sammeln die Samen von primitiven Gemüsen und Pflanzen, die in einem Gebiet heimisch sind, auch wenn sie nicht kultivierbar sind und versprachen mir, daß sie mir Samen schicken würden, wann immer ich wollte. Unter anderm versprach mir auch der Leiter des Paläobotanischen Gartens in San Francisco er würde die Samen von Pflanzen sammeln, die für Wüstenbedingungen geeignet sind. Ich möchte hier ein Beispiel anführen, das meine Erwartungen stützt, daß die Amerikaner tatsächlich handeln werden.

Ich hielt eines Tages einen Vortrag an der Universität *Ashland* in Oregon, und am folgenden Tag besuchte ich zwei Farmen in der Gegend und führte dort Gespräche. Als ich aufgehört hatte zu reden, erhob sich ein junger Mann und sagte: ,,Seid Ihr nur hier, um zuzuhören, was Fukuoka sagt? Ich bin Pilot und ich habe ein Flugzeug, um Samen auszustreuen. Es ist sogar mit einer Kanone ausgerüstet, um die Samen auf die Erde zu blasen. Was haltet ihr davon?" Als er das gesagt hatte, boten einige Dutzend Leute ihre Mitarbeit beim Samensammeln an.

Dann stand eine alte Frau auf: ,,Ich habe ein großes Stück unbebautes Land, das ihr haben könnt, versucht es und seht, was passiert." Innerhalb von zehn Minuten hatten die Leute beschlossen, die ganze Region wieder zu begrünen.

Die Südseite des Tales hat sich in ein savannenartiges Grasland verwandelt, ohne jede grüne Vegetation, aber die gegenüberliegende Seite des Tales hat bewaldete Berge und ist ein wundervoller, für seine herrliche Aussicht berühmter Platz. Allein der Gedanke, daß so ein Tal sich mit blühendem Daikon füllt, reicht aus, um mein Herz wild schlagen zu lassen.

Ich habe sogar noch etwas Besseres anzukündigen. Ich hatte gehofft, mit Mitarbeitern des Umweltprogrammes der Vereinten Nationen zu sprechen, aber ich hatte kein Glück, weil während der Sommerferien alle verreist waren. Als ich aber nach Tokyo zurückkehrte, nahm ein Franzose namens *Henry Lucy* Kontakt mit mir auf, der im Kongo lebte, und sagte, er hätte von mir durch die *Kushis* in Boston gehört und würde mich gern treffen. Das Ergebnis unseres Gespräches war, daß er mehreren Ländern vorschlagen wollte, Samen mit dem Flugzeug auszusäen, und versuchen würde, die UNO dafür zu gewinnen. Es sieht so aus, als sei er die für solche Dinge verantwortliche Person in der UNO. Lucys Frau sagte den Kushis, ihr jüngerer Bruder sei Industrieller, er besitze eine Reihe von Flugzeugen und könne uns etwa ein halbes Jahr Unterstützung gewähren, für den Fall, daß es mit der UNO nicht so klappen würde.

Wie dem auch sei, wenn die Dinge einmal so weit gekommen sind, dann wird früher oder später jemand Samen in der Wüste säen. Es sieht so aus, als wäre mein Reden während meiner Reisen, die USA sollten ihre Bomber und Raumfähren lieber dazu benutzen, Samen auf die ganze Welt herunterregnen zu lassen, statt Raketen abzufeuern, doch nicht ganz umsonst gewesen.

▌Von der organischen zur natürlichen Landwirtschaft

Mit dem kontinuierlichen Einsatz von genossenschaftlichem Kapital wird die amerikanische Landwirtschaft möglicherweise in noch größerem Maße wachsen. Gleichzeitig werden die Fortschritte von organischem Gartenbau zur natürlicher Landwirtschaft durch die Leute, die einen Hang zu natürlichen Methoden haben, weitergehen. Das Problem ist jedoch, daß die meisten Leute den Unterschied zwischen organischem Gartenbau und natürlicher Landwirtschaft noch nicht verstehen. Sowohl die wissenschaftliche Landwirtschaft, als auch die organische Landwirtschaft sind vom Ansatz her grundsätzlich wissenschaftlich. Die Grenze zwischen beidem ist nicht klar.

Das vordringliche Ziel der internationalen Konferenzen an der Westküste, an denen ich teilnahm, war, zu einem Verständnis der gegenwärtigen Weltsituation zu gelangen und zu überlegen, in welche Richtung zukünftige Aktionen gehen sollten. Die Teilnehmer prüften daher besonders, welche Beziehungen zwischen verschiedenen landwirtschaftlichen Methoden, die gegenwärtig angewendet werden, bestehen (Permakultur, organische Landwirtschaft und verschiedene andere auf neuen Konzepten beruhende landwirtschaftliche Methoden) und wie diese miteinander in Einklang gebracht werden können.

So wie ich es sehe, aber wahrscheinlich bin ich voreingenommen, ist die einzige Möglichkeit, dem Weg der Natur zu folgen, wie er ganz vage zu ahnen ist. Wenn man das tut, werden Techniken entstehen, die über bloße Technologie hinausgehen. Das ist meine Ansicht. Obwohl es immer noch viele verschiedene Formen und Namen dafür gibt, ist es klar, daß meine ,,Grüne Philosophie'' als Grundlage dient.

Es ist natürlich gut, sich allmählich von einer organischen Landwirtschaft zu einer anti-wissenschaftlichen Landwirtschaft zu bewegen, eine existenzsichere und dauerhafte Landwirtschaft anzustreben, oder zu versuchen, zur Natur zurückzukehren, während man das Leben auf einem gut geführten Hof genießt. Dies muß jedoch mehr sein als engstirnige Technik, auch muß es mehr sein als eine vorübergehende Mode. Das Denken und die Sichtweise der natürlichen Philosophie muß im Zentrum jedes erfolgreichen Versuchs stehen, eine Form der Landwirtschaft zu entwickeln, die ein wahrhaft ,,Großer Weg'' der Landwirtschaft sein würde.

Obwohl ich dies auf dem internationalen Symposium betonte, konnte ich erst später, als ich das landwirtschaftliche Institut der Universität Davis besuchte, feststellen, daß eine solche Denkweise Chancen hat. Dieses Institut steht an der Spitze der Landwirtschaftswissenschaft in den USA und ist bekannt für seine führende Rolle auf diesem Gebiet. Nach dem zu urteilen, was ich gehört habe, scheinen es eher die Studenten zu sein, die die Fakultät in eine neue Richtung lenken, als umgekehrt. Als ich erfuhr, daß eines der vielen Projekte dort eine Farm war, die nur von Studenten geleitet wurde, beschloß ich, mich mit den Studenten zu treffen, die dort mitarbeiten. Ich sagte im Wesentlichen das Folgende: ,,Ich gebe zu, daß es interessant ist, primitive Getreidesorten inmitten von zueinander passenden Feldfrüchten und Wiesengräsern zu sehen, aber es ist nicht genug getan worden, um von solchen Schlüsselpflanzen wie Klee und Luzerne Gebrauch zu machen. Getreideanbau scheint den Vorrang zu haben vor dem Bemühen, den Boden wieder lebendig zu machen. Offen gesagt, auf mich wirkt es fast schon so, als würdet Ihr nur in dem Raum herumtasten, der organische Landwirtschaft und natürliche Landwirtschaft trennt. Wenn Ihr so weitermacht, bezweifle ich, daß das, was Ihr tut, viel Einfluß auf die Welt haben wird."

Als sie mich das sagen hörten, bombadierten mich die Studenten, allen voran ein junger Äthiopier, mit Fragen. Ich habe nicht alles behalten, worüber wir geredet haben, aber ich erinnere mich an einige Dinge, die mich die Studenten fragten. ,,Es ist etwas Leeres und Sinnloses an landwirtschaftlichen Vorlesungen, wie kann man durch Bücher eine Beziehung zur Natur bekommen?"

,,Ist es nicht wahr, daß man, je näher man sich der Natur durch natürliche Landwirtschaft nähert, umso weniger für das Wohl der Menschheit tut?"

,,Wie fängt man es an, eine Einheit mit der Natur zu finden? Indem man die Natur beobachtet?"

,,Was ist der Unterschied zwischen Natur und Nicht-Eingreifen?"

,,Glauben Sie, daß der Anbau von primitiven Getreidesorten der schnellste Weg zur Natur ist?"

,,Sie sagen uns, kein menschliches Wissen anzuwenden. Aber verstößt es nicht gegen den Geist der natürlichen Landwirtschaft, genetisch verbesserte Auberginen anzubauen?"

,,Sie reden davon, mit den Feldfrüchten zu sprechen — meinen Sie damit, daß die Aubergine unglücklich ist?"

Diese und viele andere albernen Themen kamen auf. Mit den schwierigen Fragen, die gestellt und den ungewöhnlichen Antworten, die gegeben wurden, hoben sich Lautstärke und die allgemeine Aufregung. Bevor ich mich versah, hatte sich eine große Zahl von Zuschauern um die Studenten herum versammelt.

Ich erinnere mich nicht mehr, wie ich auf jede einzelne Frage antwortete, irgendwie habe ich die Gabe, bei solchen Gelegenheiten spontan ausgefallene Antworten zu geben. Alles, woran ich mich mit Sicherheit erinnere, ist, daß wir an jenem Tag eine sehr erfreuliche Diskussion hatten. Ich glaube, ich sagte beispielsweise etwa folgendes:,,Ihr hört euren Lehrern zu, wie sie unter fluoreszierendem Licht über die Natur sprechen. Darum findet ihr die Vorlesungen langweilig. Wenn ein Mann und eine Frau an einem sonnigen Tag zusammen unter dem kühlen Schatten eines Baumes sitzen, das allein ist schön, nicht wahr? Wenn Ihr wissen wollt, ob die Aubergine glücklich oder traurig ist, fragt die Aubergine. Aber Ihr solltet Euch mehr Gedanken über Euch selber machen, als über die Aubergine.

Wenn die Leute versuchen, Getreide mit ihren Köpfen anzubauen, enden sie als bloße Bauern. Aber wenn sie es mit innerer Anteilnahme anschauen, dann können sie das gesamte Universum durch das Getreide betrachten. Die kosmische und die religiöse Sichtweise sind ein und dasselbe, genau wie die Sichtweise der Gesellschaft und des Lebens. Sie müssen sich nicht voneinander unterscheiden. Wenn man das Herz eines einzigen Daikon versteht, versteht man alles. Ihr seht, Religion, Philosophie und Wissenschaft sind eins, und nichts existiert.

Die Leute haben die Haltung: ,,Ich bin ein Priester und deshalb verstehe ich das Herz Gottes aber nicht das Herz der Aubergine" oder ,,ich verdiene das Brot auf meinem Tisch, weil ich Professor in westlicher Philosophie bin, deswegen habe ich nicht das Bedürfnis, Bauer zu sein und Nahrung anzubauen."

All das ist Unsinn. Die Frage ist, woher die Verwirrung in den Herzen jener Menschen kommt, die sagen, es sei nicht notwendig, das Herz der Aubergine zu kennen oder die sich darum sorgen, daß die Aubergine traurig sein könnte. Der Mensch hat den Geist Gottes aus dem Blick verloren, er weiß Dinge nicht mehr, denn er hat vergessen, daß alles — unsere Nahrung, unsere Kleidung und Behausung — die Schöpfung Gottes ist. Der Mensch hat sich hinausgewagt und begonnen, auf der Suche nach Wissen umherzuwandern, ohne zu verstehen, was das ist: zu wissen. Menschliches Wissen hindert uns daran, das Wesen der Dinge kennenzulernen; es vernebelt und bringt uns dazu, das Wesen der Dinge aus dem Blick zu verlieren. Weil wir wirklich keine Vorstellung davon haben, was natürliches Wasser ist, glauben wir, daß Wasser, das durch die Leitung geflossen ist, das gleiche ist wie Flußwasser.

Die Leute reden davon, Erde zu erschaffen und Wasser zu machen, und dann verschwenden sie Wasser und gehen sorglos damit um, sie berauben es seines wahren Verlaufs und benutzen es auf eine Art und Weise, die niemals beabsichtigt war.

Wenn der Geist menschlichen ,,Fabrizierens" aufhört, wenn menschliches Wissen aufgegeben wird, dann beginnt die Natur zu ihrer eigenen wahren Form zurückzukehren. ,,Die Wiederbelebung der Natur bedeutet mehr als nur zum Anfang zurückzukehren. Es bedeutet, daß Natur eine neue Natur erschafft. Das höchste Ziel meiner natürlichen Landwirtschaft ist die Befreiung des menschlichen Geistes." Als ich am Schluß meiner Rede sagte, dies sei in einfachen, leicht verständlichen Worten das, was ich meinte, sagte eine junge Frau mit einem Lächeln auf ihrem Gesicht: ,,Es ist so leicht zu verstehen, daß ich es überhaupt nicht verstehe." Alle brachen in Lachen aus. ,,Es ist sehr einfach", sagte ich, ,,weil alles nutzlos ist, vergeßt einfach alles, was ich euch gesagt habe." Ein Student erhellte dies noch, indem er sagte: ,,Auch, was Sie gerade gesagt haben, ist nutzlos." Dies rief neues Gelächter hervor. Ich habe noch nie so eine lustige Diskussion erlebt. Als ich den Studenten sagte, sie sollten die Professoren nicht wissen lassen, worüber wir gesprochen hatten, fingen sie an zu kichern. Zwei Herren erhoben sich breit grinsend aus dem Kreis der Zuhörer und gingen nach vorn. Als ich ihnen die Hand gab und auf ihre Visitenkarten schaute, wurde mir klar, daß ich den Präsidenten der Hochschule und den Leiter des landwirtschaftlichen Instituts vor mir hatte. Sie sagten mir, daß meine Rede sie tief beeindruckt hätte und daß sie sich Sorgen machen würden über die Zukunft der Studenten.

Eine Bäuerin hörte den ganzen Tag zu, ohne ein Wort zu sagen. Am nächsten Tag, als ich mir den Sonntagsmarkt in der Stadt anschaute, entdeckte ich, daß sie die Organisatorin des Marktes war. Angeführt von dem äthiopischen Studenten, waren die Studenten und andere, die mit der Schule verbunden waren, eifrig dabei, ihre bäuerlichen Produkte an verschiedenen Ständen zu verkaufen. Viele Leute kannten mich direkt oder indirekt, und wir gaben uns die Hände.

Drei Don Quixotes

Ich möchte kurz beschreiben, was auf den internationalen Konferenzen, die ich besuchte, geschah. Die erste Konferenz fand im *Olympic College* in Washington statt.

Der Campus war ein ruhiger Platz, dicht bewaldet mit großen Bäumen. Die Haupthalle, wo die Konferenz stattfand, war in einer sehr allmählich ansteigende stufenartige Bauweise gebaut. Ich würde sagen, es waren ungefähr 600 Teilnehmer.

Was mich überraschte, war, daß die Begrüßungsansprache bei der Eröffnungszeremonie von einem indianischen Professor der Hochschule gehalten wurde. Er trug einen Federkopfschmuck und eine wunderschöne und würdevolle indianische Tracht. In seiner Ansprache fragte er, was menschliches Wissen sei und bezog sich dabei auf alte indianische Legenden.

Der erste Tag war zum Teil Einführungen von Konferenzteilnehmern verschiedener Nationalitäten gewidmet. Die Hauptreden wurden gehalten von *Bill Mollison*, einem Vertreter der, wie er es nennt *Permakultur* in Australien, *Wes Jackson* von der Universität Kalifornien, der sehr bekannt ist für seine energiesparenden landwirtschaftlichen Methoden und von mir selber.

Im Gegensatz zur modernen Landwirtschaft, die den Boden ausbeutet, ist es mit der Permakultur von Bill Mollison möglich, kontinuierlich auf dem gleichen Boden Landwirtschaft zu betreiben. Seine Methode besteht darin, Farmen zu schaffen, die in der Form von Gärten angelegt sind und neben anderen Pflanzen hauptsächlich mehrjährige Pflanzen zu benutzen. Unter den Verfechtern der organischen Landwirtschaft in Australien und den USA hat er eine ziemlich große Anhängerschaft .

Der Quintessenz von Wes Jacksons Rede war, daß die Landwirtschaft keine Zukunft hat, solange nicht landwirtschaftliche Methoden eingeführt werden, die den Verbrauch von Öl auf ein absolutes Minimum reduzieren. Er schien nach neuen Methoden der Landwirtschaft zu suchen, wobei er bei der Unterstützung der wissenschaftlichen Landwirtschaft verblieb.

Ich wurde von dem Gastgeber als ein Verfechter der natürlichen Landwirtschaft vorgestellt, der die Lehrsätze der modernen Wissenschaft ablehnt und von einer Philosophie des „Nichts" ausgeht. Er fügte hinzu: „Es wird interessant sein, zu sehen wie Herr Fukuoka auf Bill Mollinsons Methode des organischen Landbaus und Wes Jacksons wissenschaftliche Landwirtschaft antwortet."

Am nächsten Tag wurde eine Podiumsdiskussion mit uns dreien abgehalten, drei Leute mit unterschiedlichen Auffassungen sollten den zukünftigen Weg der Landwirtschaft diskutieren. Wir wurden auf der Bühne aufgereiht und abwechselnd gefragt, ähnlich wie bei einem Turnier.

Am Tag davor war uns eine Liste mit den Hauptfragen gegeben worden, deshalb verlief die Debatte recht reibungslos, aber es wurde unerwartet ein absurder Slapstick daraus, der uns das Gelächter des Publikums einbrachte.

Jackson ärgerte Mollison, weil er sagte, daß sein Akzent schrecklich wäre und daß er nicht ein Wort von dem verstehen könne, was Mollison sagte. Was mich betrifft, so hatte ich drei Leute, die mich übersetzten. Jedes Mal, wenn ich etwas sagte, wurde das auf drei unterschiedliche Arten und Weisen interpretiert. Die Leute aus der Zuhörerschaft machten sich einen Spaß daraus, zu fragen, welche der drei Versionen diejenige sei, die ich wirklich meinte. Dies zeigte den Amerikanern, wie schwierig es ist, östliche Sprachen und die östliche Denkweise zu verstehen. Die Zuhörer, gleichermaßen verwirrt und beeindruckt, stellten unsinnige Fragen, denen genauso seltsame Antworten und viel Gelächter folgten.

Am Ende unserer Debatte zeichnete ich ein Bild von Don Quixotes Esel. Auf dem Rücken des Esels reitet Mollison, den ich blind zeichnete. Hinten reitet ein tauber Jackson, während ich am Schwanz des Esels hing und hin und her schaukelte. Ich sagte zu den Zuhörern: „Hier haben wir drei Don Quixotes, die versuchen, den Esel durch die Rückkehr zur Natur davon abzuhalten, wild über das Kliff zu rennen, aber alle ihre Anstrengungen sind umsonst. Was würdet Ihr tun?"

Die drei Don Qioxotes

Dann zeichnete ich Präsident Reagan, der auf dem Rücken des Esels stand und eine Karotte vor seiner Nase hin und her baumeln ließ. „Was bedeutet diese Karotte?", fragte ich. Jemand antwortete: „Geld."

Der Gastgeber lachte über meinen Sketch und sagte, es wäre eine Schande, wenn dies die Ergebnisse des Treffens zusammenfassen würde. Er erklärte die Konferenz für beendet und kündigte an, daß die nächste Konferenz in San Franzisko stattfinden würde.

Die zweite internationale Konferenz wurde eine Woche später in der landwirtschaftlichen Fakultät der Universität von Kalifornien in Santa Cruz abgehalten. Diese Universität hatte ein originelles Äußeres, sie war auf einem sehr weiten Gelände gebaut und das erste, was einen begrüßt, wenn man durch die Eingangstür kommt, ist eine große Wiese, die sich ausdehnt, soweit man blicken kann. Ich hatte nicht den Eindruck, daß ich den Campus einer Universität betrat. Dieses Land war offensichtlich einmal eine Ranch gewesen. Die Universitätsgebäude befinden sich in einem großen Urwald mit großen Bäumen von einigen Metern Durchmesser.

Weil der Wald in seinem ursprünglichen Zustand erhalten wurde, sind die Gebäude hinter diesen enormen Bäumen versteckt und oft schwer zu finden. Meist ist es zu weit, um von einem Gebäude zum nächsten zu laufen.

Während der drei Tage der Konferenz wurden Seminare mit Teilnehmern aus vielen verschiedenen Ländern in ungefähr 10 verschiedenen Sprachen gehalten. Die Seminarteilnehmer konnten die Campusbusse benutzen, die alle 10 Minuten vorbeikamen. Die Busse halfen sogar manchmal Leuten, die sich im Wald verirrt hatten. Irgendwie schien mir diese Art System sehr amerikanisch.

Während meines Vortrags wurden keine anderen Seminare gehalten. Man hatte mir viel Zeit für die Rede gegeben, an deren Ende ich die Konferenz zusammenfassen sollte. Die Halle war mit 800 Leuten voll besetzt, von denen die Hälfte die natürliche Bewegung unterstützte, sie kamen aus vielen verschiedenen Ländern, und die andere Hälfte waren Leute aus der Umgebung, die etwas mit der Universität zu tun hatten. Mir wurde gesagt, ich hätte sowohl Befürworter als auch Gegner der wissenschaftlichen Landwirtschaft unter den Zuhörern zu erwarten. Das soll nur eine Vorstellung davon vermitteln, wie gespannt die Atmosphäre war.

Ich fing damit an, darüber zu sprechen, was mich als jungen Mann dazu bewegt hatte, ein Befürworter der natürlichen Landwirtschaft zu werden. Da ich meine philosophischen und religiösen Ansichten der natürlichen Landwirtschaft so leicht verständlich wie möglich machen wollte, erklärte ich diese mit meinen philosophischen Cartoons. Die Cartoons, die ich mit Filzstiften auf Transparentpapier zeichnete, wurden für das Publikum gut sichtbar auf eine große Leinwand hinter mir projiziert. Ich benutzte auch eine Menge Dias und andere visuelle Hilfen, um die Methoden der natürlichen Landwirtschaft zu erklären und um zu zeigen, wo sie sich befindet. Schließlich gab ich, weil man mich um eine Abschlußbotschaft gebeten hatte, eine Erklärung ab, die den Zuhöreren ins Englische übersetzt und vorgelesen wurde. Sie faßte meine Schlußfolgerungen zusammen und drückte meine Hoffnungen aus. Ich habe vergessen, worüber genau ich an jenem Tag gesprochen habe, aber ich erinnere mich, daß es lustig zuging, den Zuhörern schien die Rede zu gefallen. Als der Übersetzer meine Erklärung vorlas, wurde es plötzlich still. Ich war mir nicht klar darüber, was geschehen würde. Nachdem die Erklärung vorgelesen worden war, fragte der Konferenzleiter, ob noch jemand einen Kommentar abgeben wolle und forderte zwei Leute, die sich gemeldet hatten, auf, ihre Gedanken zu äußern.

Der erste war ein Mann aus Indien. Er sagte, meine Ideen seien die Ghandis, daß es in Indien vor langer Zeit Landwirtschaft ohne Bodenbearbeitung gegeben habe, und er drückte seine Unterstützung für meinen Weg der Landwirtschaft aus.

Der nächste, der sich erhob, war ein sehr einflußreicher Professor für Religion und Philosophie in Kalifornien. Am Tag zuvor waren wir zu unterschiedlichen Auffassungen in den Fragen der westlichen Philosophie gekommen. Er behauptete, Sokrates sei wahnsinnig gewesen. Ich sagte: ,,Obwohl ich die westliche Philosophie ablehne, von Descartes an bis zu den Anfängen, kann ich nichts Falsches an dem entdecken, was Sokrates gesagt hat." Wir trennten uns mit der Übereinkunft, daß wir am nächsten Tag auf der Versammlung zu einer Art Lösung kommen wollten.

Natürlich erwartete ich, daß er eine gegenteilige Auffassung vertreten würde. Er stand auf, drehte dem Podium den Rücken zu, wandte sich den Zuhörern zu und hielt eine fünfminütige Rede.

,,In der westlichen Philosophie haben Descartes, Locke, Kant, Hegel und andere den Prozeß erklärt, durch den die Grundlagen der modernen Wissenschaft gelegt wurden. Fukuoka lehnt die Lehrsätze der westlichen Philosophie ab, und es ist ihm sogar gelungen, die Stichhaltigkeit seiner Einstellung zu zeigen. Das ist eine erstaunliche Leistung, und die moderne wissenschaftliche Landwirtschaft hat keine andere Wahl, als zuzugeben, daß ihre Grundlagen umgestürzt wurden. Ich begrüße Fukuokas natürliche Philosophie und Landwirtschaft als die praktische und theoretische Grundlage für ein neues Zeitalter."

Am Ende seiner Rede ertönte donnernder Beifall, der eine Zeit anhielt. Das traf auch in mir einen Nerv, und ich hatte endlich das Gefühl, das es richtig gewesen war, ein zweites Mal nach Amerika gekommen zu sein.

Hier ist die Erklärung, die ich am Ende meiner Rede abgab:

Eine Erklärung

1.) Laßt uns zu einer Natur zurückkehren, die von Gott regiert wird.
Endlich ist es nun klargeworden, daß das Wachstum der materialistischen Zivilisation dem Menschen kein Glück bringt. Wir sehen nun, daß das sowohl die Natur zerstört, als auch das Herz des Menschen verdirbt. Die materialistische Zivilisation hat sich bis an ihre äußeren Grenzen ausgedehnt, sie basiert auf einem Denken, dem eine dialektische Entwicklung zu Grunde liegt. Heute sehen wir eine Epoche des Zerfalls und der Zerstörung. Das nächste Zeitalter muß umkehren und ein Zeitalter spiritueller Kultur werden, die zurückkehrt nach innen, zu einer Natur, die von Gott regiert wird.

Dies muß ein Zeitalter der Vereinigung sein, in dem wir den Weg des Nichts-Tuns und des Nicht-Wissens einschlagen und dadurch die wahre Natur des Menschen erhellen. Wir müssen nun die nach außen gerichtete dialektische Entwicklung beenden und uns auf ein Zeitalter buddhistischen Zusammenziehens und Zusammenströmens zubewegen.

2.) Laßt uns dem wilden Wüten der Wissenschaft Einhalt gebieten.
Der Wissenschaftler muß sein eigenes Gebiet kennen und selbst die Verantwortung übernehmen, um dem wilden Wüten der Wissenschaft Einhalt zu gebieten. Wissenschaftliche Wahrheit kann nie absolute Wahrheit sein. Von weitem gesehen, vom Sitz Gottes aus, ist wissenschaftliche Wahrheit immer unvollständig und besteht nur aus falschen Schlußfolgerungen. Sie verändert sich mit Zeit und Raum und führt so die Welt in die Irre. Sie kann nur falsche Werte schaffen und den Menschen falsche Freude bereiten. Der Mensch muß demütig über die Tatsache nachdenken, daß er die wahre Natur nicht kennen und sie sich nicht zu Nutze machen kann, indem er durch unterscheidendes Lernen Wissen anhäuft und die Natur analysiert. Was als ,,Hochtechnologie" betrachtet wird, ist in Wirklichkeit nur nebensächliche Technologie. Besonders Naturwissenschaftler müssen aus dieser Dummheit erwachen, die sie mit dem Rückenschild des natürlichen Lebens hat spielen lassen und die sie veranlaßt hat, euphorischen Illusionen nachzujagen, die nichts sind, als bloße Schatten des Lebens. Die Freiheiten, die durch die Naturwissenschaften errungen wurden, führen zum Roboterdasein und zur Entwurzelung der Menschheit und bringen uns dem Tag des Untergangs näher.

3.) Wir müssen uns beeilen, eine menschliche Charta für das 21. Jahrhundert aufzustellen.
Wir müssen heute die Religion in eine Religion verwandeln, die Religion transzendiert, wir müssen die Philosophie zu ihrer ursprünglichen Reinheit zurückführen und die Wissenschaft durch eine Wissenschaft ersetzen, die moderne Wissenschaft ablehnt.

Um dies zu erreichen, sollten wir eine Weltkonferenz abhalten, die Weise aller Religionen zusammenbringt, aller Philosophien und Wissenschaften, ebenso wie Politiker und Wirtschaftswissenschaftler, Kunst und andere Bereiche und uns beeilen, eine Charta der Menscheit aufzustellen, die als Kompaß für den zukünftigen Kurs der Menschheit dient. Anders als bei anderen Konfernzen, sollte der Zweck dieser Versammlung *nicht* sein, zu argumentieren und zu debattieren und so Uneinigkeit und Verwirrung zu stiften. Eine Zusammenkunft weiser Männer und Gelehrter hätte zum Ziel, aufzuzeigen, was wirklich notwendig ist und was nicht.

Sie hätte zum Ziel, dasjenige auszusortieren und zu verwerfen, was der Mensch an Wissen, Wissenschaft und ketzerischen Religionen nicht braucht und diejenigen Prinzipien klar herauszustellen, die als notwendige Wegweiser für die Schaffung des wahren Menschen dienen — einfache, aufrechte Menschen der Nicht-Handlung, die zur Natur zurückkehren.

4.) Wir müssen die Verwüstung der Erde stoppen.

Heute kann der weltweite Verlust der Vegetation nicht mehr mit passiven ökologischen Bewegungen, die Natur zu retten, wettgemacht werden. Wir müssen erkennen, daß die Gründe für die Verwüstung in den Fehlern der materialistischen Zivilisation und der modernen wissenschaftlichen Landwirtschaft liegen, und daß wir grundlegende revolutionäre Veränderungen herbeiführen müssen. Friede und Freiheit werden auf der Erde entstehen, wenn Natur und Mensch eins werden und die Erde in ein Paradies verwandelt wird, reich an Vegetation und Nahrung. Die Gräser und Bäume haben keine nationalen Grenzen.

Laßt uns die Samen verschiedener, gegen Trockenheit resistenter Gräser, Bäume und Getreidearten alle auf einmal über die Gebiete der Erde ausstreuen, die sich in Wüste verwandelt haben. Dies ist der einzige Weg für die Wiederbegrünung der Erde. Laßt uns anfangen, mit Bäumen und Gräsern die nationalen Grenzen aufzuheben. Die Befreiung der Völker der Welt sollte an diesem Punkt beginnen. Das schlage ich vor.

Die Rückgewinnung der Wüste im Zen-Zentrum

Ich besuchte noch einmal das *Zen-Zentrum* in *Green Gulch* am Standtrand von San Francisco, in dem ich auf meiner ersten Amerikareise gewesen war. Das Gebiet, in dem sich dieses Zentrum befindet, besteht aus an der Spitze kahlen Bergen, bedeckt mit einer Vegetation, die an Savanne erinnert, aber ein Blick auf den Nationalpark aus Wald, der ganz in der Nähe ist, läßt vermuten, daß dieses ganze Gebiet einmal üppig bewachsen und durchaus stark bewaldet war.

Der Leiter des Zen-Zentrums, ein wichtiger Indianerhäutling, der mich auf meinem ersten Besuch in Green Gulch geführt hatte, war nicht mehr da.
Der Rotholzwald bedeckt ein weites Gebiet mit mächtigen fast hundert Metern hohen Bäumen. Vor Jahren, als ich ihm erzählte, daß die Mischung der Bäume, die im Park wachsen, und die Ökologie des Unterholzes sehr stark an die Urwälder Japans erinnern, hatte er gesagt: ,,Du magst klein sein, aber du bist ein Riese des Ostens." Ich erklärte, daß, obwohl der Rotholzwald schnell wächst, er flache Wurzeln hat und leicht umstürzt. Ich versprach, ihm die Samen einer bestimmten Zedernart zu schicken, die tiefe Wurzeln hat.

Als ich ihm nach meiner Rückkehr aus Japan ein Paket Samen schickte, sandte er mir als Geschenk eine handgeschnitzte Tasse aus der Spitze eines Rotholzbaumes.

Ich hörte, daß er die Zedernsamen sorgfältig eingepflanzt hatte. Auf meinem zweiten Besuch im Zen-Zentrum war das erste, was mir gezeigt wurde, ein großes Photo von ihm kurz vor seinem Tod. Umgeben von seinen Anhängern saß er aufrecht im Bett und pflanzte Samen in eine Keimschale. Bevor er starb, gab er seinen Anhängern Anweisungen: ,,Pflanzt die Samen sorgfältig, sie sind Fukuokas Seele, wenn sie keimen, pflanzt die jungen Bäume in dem Tal dort drüben."

Als ich erkannte, wie liebevoll er, der mit seinem liegenden Körper an Buddha erinnerte, von jenen Samen gedacht hatte, die ich ihm geschickt hatte, und wie sehr auch er nach einem Weg gesucht hatte, die Wüste wieder zu begrünen, fühlte ich einen dicken Kloß in meinem Hals aufsteigen, und ich konnte nichts sagen.

Ich ging mit mehr als einem Dutzend Leuten zu dem Platz, an dem seine Leute, seinen Anweisungen gemäß, die jungen Bäume gepflanzt hatten, Dort fand ich mehrere hundert Zedernbäumchen, die zu einer Höhe von knapp zwei Metern herangewachsen waren. Jedes Bäumchen war mit Draht eingezäunt und an einen Stahlpfosten gebunden. Mir wurde gesagt, daß dies dazu diente, die Rehe fernzuhalten. Ich sah nun, daß er und seine Anhänger sehr viel Arbeit hatten aufwenden müssen, die ich niemals auch nur vermutet hatte.

,,Der große Lehrer freut sich sicher sehr, daß Sie gekommen sind, Herr Fukuoka," sagte jemand, ,,er schläft nun dort drüben auf dem Berghang." Der Platz, den er mir zeigte, war ein Abhang auf der anderen Seite des Tals. Ich konnte eine Steinpyramide aus kleinen Steinen, vielleicht drei bis vier Metern Durchmesser erkennen. Es erinnerte mich an die rohen Gräber, die ich in der somalischen Wüste gesehen hatte. ,,Herr Fukuoka, der große Lehrer ruft Dir zu ‚Laßt uns Samen säen in der Wüste!'"

Halb im Scherz sagte ich: ,,Sieht wie ein angenehmer Schlafplatz aus, ich hätte nichts dagegen, mich zu ihm zu legen." Dann brach ich plötzlich in Tränen aus und konnte nichts mehr sagen.

Ja, wirklich, hier lag jemand, der ein wahrer Sämann war. Als ich daran dachte, daß er vielleicht der einzige war, der wirklich verstand, der einzige, der mit mir zusammen hätte leben und sterben können, stand ich dort für eine lange Zeit und dachte noch nicht einmal daran, die Tränen wegzuwischen, die meine Wangen herunterströmten.

Warum sollte ich, der noch nicht einmal geweint hatte, als meine eigenen Eltern starben, nun weinen?

Ich kannte den Grund nicht. Ich habe in diesen 50 Jahren nur zweimal geweint. Das erstemal 1979, als ich einen Vortrag im Sommercamp von *French Meadow* hielt: Ich hatte angefangen, mich zu erinnern und sprach von meiner Verwandlung an jenem Frühlingstag vor langer Zeit, als ich ein junger Mann von 25 Jahren war. Als ich anfing, zu fragen: ,,Was ist wahre Natur?" schluckte ich plötzlich bei meinen Worten und Tränen kamen herauf. Ich mußte die Unterhaltung stoppen.

Die Situation jetzt war eine völlig andere, aber irgendwie schien es mir, als wenn es die gleichen Tränen wären. Er ist nicht mehr da. Weder sein Körper, noch seine Seele bleiben noch länger in dieser Welt. Es gibt keine andere Welt. Da ich weiß, daß sogar jene Welt, in die seine Seele wandert, nicht existiert, kann ich weinen. Ich fühlte, daß die Tränen von einem Punkt jenseits von Tod und Leben vergossen wurden, daß es eher süße Tränen des Freudentaumels gewesen waren.

Die Leute des Zen-Zentrums müssen ähnliche Erinnerungen gehabt haben. Sie ließen mich allein dort stehen. Sie blickten in den blauen kalifornischen Himmel und machten sich langsam auf ihren Weg zurück. Dabei sprachen sie fröhlich von ihm.

Über den Autor

Masanobu Fukuoka, 1914 in einem kleinen Dorf auf der Insel Shikoku in Südjapan geboren, machte im Anschluß an seine Schulzeit eine Ausbildung als Pflanzenpathologe. Er bekam eine Stelle als Zollinspektor im Hafen von Yokohama. Seine Aufgabe war es, die Pflanzen zur Ein- und Ausfuhr auf mögliche Krankheiten hin zu untersuchen.

Sein Leben änderte sich radikal, als ihn – er war 23 Jahre alt – Zweifel überkamen. Er stellte alles in Frage, was er über die „Segnungen" der modernen Wissenschaft gelernt hatte. Er erkannte, daß sich der Mensch mit all seinen erworbenen Kenntnissen angesichts der Natur, die absolut ist, nicht als Wissender und Herrscher über die Natur begreifen darf und daß die „Errungenschaften" der Zivilisation bedeutungslos sind.

Er begann, ein einfaches Leben als Bauer zu führen und fing an, natürliche Landwirtschaft zu betreiben, in dem sicheren Vertrauen darauf, daß nur die Natur den wahren Weg kennt,.

Seinem ersten Buch *Der Große Weg* hat kein Tor folgte sein zweibändiges Hauptwerk *Rückkehr zur Natur* und *In Harmonie mit der Natur* (alle auf Deutsch im pala-verlag erschienen).

Heute lebt Masanobu Fukuoka zurückgezogen auf seinem natürlichen Hof in Japan.

Andere Bücher aus dem pala-verlag

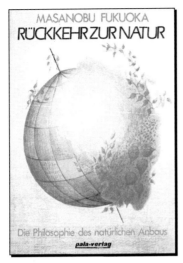

Masanobu Fukuoka:
Rückkehr zur Natur
ISBN: 978-3-923176-46-5

Masanobu Fukuoka:
In Harmonie mit der Natur
ISBN: 978-3-923176-47-2

Graham Bell:
Der Permakultur-Garten
ISBN: 978-3-89566-196-9

Graham Bell:
Permakultur praktisch
ISBN: 978-3-89566-197-6

Lebensraum Garten

Irmela Erckenbrecht:
Die Kräuterspirale
ISBN: 978-3-89566-190-7

Irmela Erckenbrecht:
**Wie baue ich
eine Kräuterspirale?**
ISBN: 978-3-89566-220-1

Irmela Erckenbrecht:
**Neue Ideen für
die Kräuterspirale**
ISBN: 978-3-89566-240-9

Dettmer Grünefeld:
Das Mulchbuch
ISBN: 978-3-89566-218-8

Naturschutz erleben

Wolf Richard Günzel:
Das Insektenhotel
ISBN: 978-3-89566-234-8

Wolf Richard Günzel:
Das Wildbienenhotel
ISBN: 978-3-89566-244-7

Sofie Meys:
Lebensraum Trockenmauer
ISBN: 978-3-89566-249-2

Wolf Richard Günzel:
Der igelfreundliche Garten
ISBN: 978-3-89566-250-8

Gesamtverzeichnis bei: pala-verlag, Postfach 11 11 22, 64226 Darmstadt
www.pala-verlag.de • E-Mail: info@pala-verlag.de

Die Originalausgabe dieses Buchs erschien bei
Japan Publications, Inc.
unter dem Titel:
The road back to nature
Regaining the paradise lost

Übersetzung aus dem Japanischen ins Englische: Frederic P. Metreaud
Übersetzung aus dem Englischen ins Deutsche: M. von Oppen

ISBN: 978-3-923176-63-2
© 1987 Masanobu Fukuoka
© für die deutsche Ausgabe 1990:
pala-verlag, Darmstadt
Deutsche Erstausgabe
2. Auflage, 1999
pala-verlag, Rheinstr. 35, 64283 Darmstadt
www.pala-verlag.de
Lektorat: Christine Waßmann
Umschlaggestaltung: Atelier Heine, Mühltal
Druck: Books on Demand, Norderstedt
www.bod.de
Printed in Germany